Tentativas de Mitologia

Coleção Debates
Dirigida por J. Guinsburg

Equipe de realização — Revisão: Sergio Buarque de Holanda;
Produção: Plinio Martins Filho.

sérgio b. de holanda
TENTATIVAS
DE MITOLOGIA

 EDITORA PERSPECTIVA

Copyright © Editora Perspectiva, 1979

Direitos reservados à
EDITORA PERSPECTIVA S.A.
Av. Brigadeiro Luís Antônio, 3025
01401 — São Paulo — Brasil
Telefone: 288-8388
1979

SUMÁRIO

Apresentação	7
1. Cultura & Política	37
2. Um Mito Geopolítico: A Ilha Brasil	61
3. Da Alva Dinamene à Moura Encantada	85
4. Sociedade Patriarcal	99
5. Ingleses no Brasil	111
6. Ainda Ingleses no Brasil	117
7. Tradição & Trasição	125
8. Notas sobre o Barroco	141
9. Hermetismo & Crítica	167
10. Poesia & Positivismo	181
11. Essência & Existência	199
12. Vária História	205
13. Fundadores da Europa	211
14. As Cartas Chilenas	221
15. Arcades & Românticos	231
16. Gosto Arcádico	241
17. Depois da "Semana"	273

APRESENTAÇÃO

Em artigo de 1952 aconteceu-me opor dúvidas à hipótese do historiador português e meu saudoso amigo, Jaime Cortesão, segundo a qual um mito geopolítico a que denominou da "Ilha Brasil", teria governado todo o processo da expansão lusitana nas partes do aquém-mar. Prontamente tratou Cortesão de contra-argumentar pelas colunas de *O Estado de São Paulo* e do *Diário de Notícias* do Rio de Janeiro, seguindo-se então, ao longo de várias semanas, um debate amistoso em que defendíamos nossos pontos de vista contrários. O diálogo viu-se interrompido pela viagem que o ilustre historiador precisou fazer à Europa, levando a incumbência de identificar e possivel-mente recolher materiais que se destinariam à exposição histórica programada entre as celebrações do IV.º Cente-nário de São Paulo e que se realizaria, com efeito, sob orientação sua. Em virtude desse imprevisto, que interrom-peu nossos debates, ficou sendo minha, provisoriamente, ao que esperávamos, a última palavra, embora Cortesão

7

contasse retomar o assunto logo que a ocasião própria se oferecesse. Não há muito, encontrei, no meio de papéis guardados, carta sua, datada de Lisboa a 5 de setembro de 1952, onde me advertia: "quanto aos meus artigos sobre a Ilha Brasil, a viagem, a estadia em Portugal, e os novos trabalhos, obrigaram-me a interromper a série. Recomeçarei".

Não recomeçaria. Sucedeu que, logo em seguida a seu regresso da Europa, em fins do mesmo ano de 52, me tocou a vez de ausentar-me do país — e a ausência duraria cerca de dois anos —, de sorte que, preso a novos afazeres no estrangeiro, me vi forçado a praticamente cessar minhas colaborações em nossa imprensa diária. É a minha parte no debate, já velho de perto de três décadas, o que se reimprime agora nas páginas subordinadas ao título: "A Ilha Brasil: um Mito". O título do artigo de minha autoria que serviu de ponto de partida para toda a série — *Tentativa de Mitologia* — prestava-se, posta no plural, a designar uma coletânea de artigos onde prevalecem os de cunho polêmico, e minha pouca imaginação, somada à opinião de que seria feliz um título semelhante, não me deixaram procurar outro melhor para o presente volume.

Bem sei que as controvérsias onde me meti não mostram sempre a mesma serenidade de ânimo guardada durante o diálogo com Cortesão, mas acho que foram poucas. Nunca supus que o rigor próprio dos críticos muito compenetrados da seriedade de seu ofício, como foi meu caso, reclamasse o *sermo durus* e o *hablar fuerte,* embora muito me custasse, em certos momentos, evitar esses descaminhos a que o viés polêmico pode levar. Relendo agora o estudo que abre este livro, dedicado a uma obra de Oliveira Viana, chego por vezes a perguntar-me se a ênfase dada a enganos patentes, a flagrantes inconseqüências e a critérios anacrônicos, que se encontram nessa obra, não parecerão trair uma espécie de triunfalismo de censor bisonho, que se compraz em dar quinaus num autor consagrado e provecto. Haverá grande vantagem, por exemplo, em denunciar seu recurso constante a argumentos biológicos já caídos em um descrédito mortal ao tempo em que ele, Oliveira Viana, ainda apelava para seus préstimos sempre que queria explicar os fundamentos de nossa sociedade e de nossa política? A resposta está nisto, que tais inconseqüências — e não se trata, aliás, de miudezas desprezíveis —, estão longe de representar o alvo maior da minha crítica. O alvo maior está numa vasta construção jurídica e política, expressa nas leis trabalhistas, da era de Vargas, a que a ela pretende fornecer o necessário suporte científico.

Não custa ao autor lembrar como a Consolidação das Leis do Trabalho muito deveu a sua própria influência e cooperação, quando servia como consultar jurídico do ministério competente. Contra os que, capciosamente a seu ver, insistem em falar na inspiração fascista de tal legislação, objeta dizendo que nasceu das nossas mais puras tradições, sem a interferência de modelos exóticos. E nesse ponto invoca suas próprias observações, falando confusamente na suposta existência no Brasil de um complexo de normas e regras "militante, vivaz, estuante de vida e sangue", brotado espontaneamente da cultura do Povo-Massa, e acrescenta que tudo isso é sensível ainda, sobretudo entre nossas populações rústicas, principalmente no litoral. De passagem, não deixa de realçar a presença ali de uns portugueses "ruivos e ossudos", que quase ninguém viu segundo suponho, num tributo à própria obsessão com as características raciais. Ainda aqui se revela a importância que atribui aos argumentos biológicos, sempre de extraordinária serventia para as suas teorizações. Pode perguntar-se no entanto se, ao tentar discernir os traços dominantes na cultura do "povo-massa", não cuidaria ele de encontrar aquilo que, de antemão queria encontrar, *norteado por elucubrações de autores que refletiam sobretudo o clima espiritual do século passado,* mas continuavam a ter lugar de honra no seu panteão.

O estudo que dediquei a Oliveira Viana saiu primeiramente numa série de quatro artigos. Foi, ao que parece, depois de ler o artigo inicial, e sem esperar pelas conclusões, que se apressou em escrever-me uma carta onde, em termos por demais amáveis com o crítico, procurou rebater alguns de meus argumentos. É o seguinte o teor da carta, que pela primeira vez se publica:

Meu caro crítico.

Fico-lhe grato por distinguido em sua crítica como um dos seus autorizados críticos. As dúvidas

9

encontradas na maneira de compreender as expressões encontradas e nos conceitos sobre a *Escola Culturalista* são decorrentes da diversidade de pontos de vista. Devo lembrar-lhe entretanto que o conceito sobre Spengler e sua influência está em Imbelloni, *Culturologia* e em Radin principalmente. Devo dizer-lhe que há um profundo equívoco seu quando vê em minha crítica à Escola Culturalista intuitos *polêmicos*. Não, contesto-o vivamente. Não tive intuitos polêmicos. O que fiz foi uma *mise au point* da escola no seu estado atual, com a das constantes decepções por que vem passando. Polemizar com quem? Não ha tal. É uma obra de pura isenção, afastada dela toda e qualquer *bias*. Veja-a sob esse aspecto que acertará sempre. É o que lhe pede o sempre admirador e patrício obrigado, sempre atento leitor.

Oliveira Viana

Um engano no sobrescrito fez com que essa carta se transviasse para outro endereço. O resultado foi que só me chegaria às mãos, graças à obsequiosidade de quem a recebeu por engano, e que me localizou em São Paulo, quando tinham sido já publicados os artigos restantes. Se o autor os leu, soube afinal que nossas divergências eram mais fundamentais do que acreditava. Não devia ignorar, aliás, que assim fosse, pois, na própria dedicatória, datada de março de 1949, com que me encaminhou sua obra, já havia aludido às nossas "divergências profundas sobre a interpretação do Brasil". Não contaria convencer-me, assim como jamais esperei poder abalar as certezas inarredáveis que em seus escritos parecem às vezes ganhar feição apodíctica. No entanto, a impressão que dele me havia ficado em um único encontro pessoal que tivemos, apresentados por amigo comum, foi a de um homem meio tímido, de ameno trato e naturalmente predisposto ao diálogo, até onde entrassem em discussão algumas das suas convicções mais teimosas. Não destoa, aliás, semelhante impressão daquilo que puderam escrever amigos seus, encarregados mais tarde de organizar para publicação as obras que deixará inéditas. Os quais registram, na nota preliminar ao volume 2.º e póstumo de *Populações Meridionais,* a opinião de que nunca julgava definitivos seus livros, provavelmente porque os subestimaria.

Em todo caso é fora de dúvida que suas possíveis hesitações, e sua tendência para transigir, esbarravam em limites precisos. Tendo sido discípulo de Alberto Torres, partilhava com o pensador fluminense de um pronunciado pendor para os regimes políticos autoritários ou destituídos de base popular. Acabará aplaudindo até mesmo o golpe de Estado de 1937, que não tinha cabida nas previsões do mestre, além de identificar-se de corpo e alma com todo o sistema então instaurado, que dele recebera colaboração solícita e prestigiosa. Depois dos acontecimentos de nossa história mais recente, quando o poder arbitrário de um Estado policial-militar ganhou adeptos justamente entre muitos dos que outrora condenaram o longo consulado getuliano, apelando para razões éticas ou jurídicas, já não há muito sentido naqueles debates de acentuado sabor maniqueísta, que costumavam proliferar, já há trinta e quarenta anos, sobre tal período da vida nacional. Nada diziam essas razões a quem, como Oliveira Viana, aprendeu a relegá-las para o domínio do utópico, que é um dos pólos de seu universo mental. O outro pólo é o *orgânico*. Mas para bem entender esta palavra, conforme se depreende de muitas reflexões e comparações suas, é preciso ter em conta que ela não aponta só, ou de modo necessário, para formas inerentes e pertinentes aos organismos vivos, uma vez que também pode aludir a coisa fabricada, fabricável ou retificável pela ação do intelecto humano, e não só num sentido metafórico. No caso, o orgânico pode confundir-se até com o mecânico.

Quando se considere este ponto, explica-se melhor o que há pouco foi dito de seus argumentos organológicos. E é a partir deles, em particular da noção de raça, que chegam a assumir tão vasta importância cm vários escritos seus. Em todos podemos encontrar generosamente citados, os nomes dos mais famosos profetas do racismo, Gobineau, Ammon, Vacher de Lapouge, além de Ratzel, e até seus últimos dias — morreu em 1951, aos 28 de março —, jamais deixará de pronunciar-se sobre qualquer assunto que seja, no campo das ciências do homem, sem escorar-se, reverente, nos ensinamentos daqueles mestres diletos, como se tivessem verdadeiramente atingido um *nec plus ultra* do saber. Tão visceralmente o haviam impregnado esses ensinamentos que, embora pudesse admitir o generalizado desprestígio a que, afinal, haviam sido condenados — mas que não admitia de boa mente —, tudo inclina a crer que atribuía a circunstância a um capricho que iria passar de moda no dia em que as muitas truculências cometidas já antes e durante a última guerra mundial, em nome das mesmas doutrinas racistas, estivessem apagadas da lembrança dos homens de boa fé.

É de admirar como confiança tão tenaz posta em uma doutrinação que não pode ser separada, a rigor, do ideal da pureza étnica, acabasse perfilhada por alguém como o próprio Oliveira Viana, que a ninguém podia enganar sobre sua condição de mestiço, com dose razoavelmente carregada de sangue africano. Um fato como esse, que pode parecer, quando menos, curioso, ele apenas procurará subestimá-lo, à sua maneira, ao apelar para certa opinião, que achou adeptos entre autores nacionais, como seja a de que se vai processando, entre as populações brasileiras, uma infalível tendência para o branqueamento e até a "arianização", resultantes do influxo e caldeamento cada vez mais poderosos de novos contingentes migratórios, procedentes de áreas habitadas por gente de raça nórdica ou "ariana". E ao mesmo tempo, aliado a esse fator, se verificaria um deperecimento constante, entre nós, da descendência de índios e de negros. Em abono desta pretensão, tem havido quem chegue a alinhar dados estatísticos à primeira vista impressionantes, embora muitas das conclusões deles extraídas e, para começar, até mesmo os dados utilizados, não se prestem a suportar qualquer análise crítica verdadeiramente isenta e, em muitos casos, tudo indica que correspondem a um *wishful thinking,* mais do que a fatos cientificamente demonstrados. É evidente que os próprios sectários de tal crença não iriam ao ponto de acreditar que ela possa verificar-se nos dias atuais ou em benefício deles próprios. De qualquer forma, só a segurança radiosa de que os estigmas deixados pela miscigenação não passam ao cabo de coisa contingente e transitória, contribui para deles retirar muito da gravidade que haveriam de ter, se constituíssem uma espécie de irremissível caligem, tão irremissível como se diz que hão de ser as penas do inferno.

Não parecia difícil mostrar a inconsistência e o anacronismo dessas idéias. Por isso não achei necessário deter-me nelas, sem denunciar ao mesmo tempo, e principalmente, todo um credo político onde podiam abrigar-se idéias semelhantes, mas que tinha meios de viver sem elas e, no nosso caso brasileiro, o mais provável era que as dispensasse. Foi por julgar odiosas e, mais do que isso, altamente contagiosas, certas posições antidemocráticas abraçadas por Oliveira Viana em um momento em que a crise ainda muito recente dos regimes totalitários havia deixado no seu rescaldo inúmeras frustrações, já prontas para a qualquer momento ressuscitá-las com redobradas forças, que me impus a tarefa de criticar severamente seu livro novo. Encarando-as de outro prisma e em outra oportunidade, Astrojildo Pereira já havia mostrado admiravelmente a presença dessas posições radicalmente antidemocráticas do autor, em trabalho impresso primeiramente na *Revista Nova* de Mário de Andrade, Paulo Prado e António de Alcântara Machado. Agora, porém, o assunto passava a oferecer algumas dificuldades sérias. Não deixa O. V., é certo, de mostrar-se avesso aos esforços que se faziam no sentido de contrariar a mentalidade estadonovista, como acontece em uma das notas ao volume segundo (pág. 25) que alude à Constituinte de 1946, quando prevalecia, são suas mesmas palavras, "o pleno *delírio da democratização*". Mas, se ainda alude a princípios corporativistas, evita dar-lhes maior ênfase e até procura reformulá-los de tal modo que os figurinos italianos em que, de fato, havia buscado sua inspiração, com outros se confundem e se tornam menos visíveis a olho nu.

Também já não se deixa arrolar tranqüilamente com alguns apóstolos indígenas de regimes autoritários como Francisco Campos, Azevedo Amaral, os integralistas, além de seu velho mestre, Alberto Torres. Já se sabia que, mesmo no Brasil, tais regimes podem exacerbar-se até os maiores extremos da estupidez violenta, embora se presumam amparados nos íntimos anelos do povo. O autor vai ao ponto de crer, agora, que toda coação é condenável e é ineficaz, tão ineficaz quanto o liberalismo, que ele sempre condenou. O que afincadamente busca é, como já foi dito aqui, descobrir todo um sistema de leis que se possam apresentar como emanação espontânea daquilo a que chama o povo-massa, e que, assim sendo, são afinal insofismavelmente aceitas. Em tais condições, como chamar de coator um poder que busque cumpri-las? O que resta saber é se não partem de pressupostos ilusórios e, em suma, fraudulentos, as operações que dão forma a tal sistema, gerado pretensamente nas entranhas do povo, mas que são como se tivessem saído da cartola do prestidigitador.

A crítica a que achei necessário sujeitar tais doutrinas não podia tolerar complacências, e feita, embora, com o cuidado de respeitar suscetibilidades, assumiria, quase inevitavelmente, uns ares de suficiência sobranceira, em geral mais irritantes para um autor consagrado e por tantos títulos digno de respeito, do que uma franca e desabusada agressão. Assim sendo, os termos da carta que dele recebi a propósito do artigo, valeram-me por uma lição de humildade intelectual. Na época não me aproveitaria muito a lição, e o fato é que, no meu ofício de crítico de livros e de idéias, nada faria para impedir alguma reação menos amena do que as de Jaime Cortesão e Oliveira Viana. Nos dois casos eu havia lidado com matérias que se situavam de algum modo dentro de meu círculo de interesses e até de ocupações, relacionado principalmente com os estudos históricos, desenvolvidos em parte durante prolongada estada em Berlim, de onde traria cerca de vinte anos antes dois capítulos, quase completos, de meu livro de estréia. Estudos que havia apurado depois no Rio de Janeiro, durante estreito convívio que ali mantive com Henri Hauser, um dos mais notáveis historiadores de seu tempo, vindo da Sorbonne na leva dos 16 professores convidados a ir lecionar na efêmera Universidade do Distrito Federal por iniciativa de Anísio Teixeira, organizador e primeiro reitor do estabelecimento. Esse convívio, somado às obrigações que me competiam, de assistente junto à cadeira de História Moderna e Econômica, sob a responsabilidade de Hauser, me haviam forçado a melhor arrumar, ampliando-os consideravelmente, meus conhecimentos nesse setor, e a tentar aplicar os critérios aprendidos ao campo dos estudos brasileiros, a que sempre me havia devotado, ainda que com uma curiosidade dispersiva e mal educada.

Com igual zelo eu me lançara a outras ciências humanas, e sobretudo à literatura e à filosofia, chegando mesmo a acumular acerca dessas especializaçeõs apreciável grau de informação e de leituras. Se essa versatilidade de minhas preocupações não justificava por si só o primeiro convite que recebi para professor universitário, o fato é que me encaminhou para a crítica literária em jornais de mais de um Estado, numa época em que a imprensa diária não dispensava os rodapés de crítica. Ultimamente, ao reunir os recortes que ainda tenho guardados, desses artigos, para eventual republicação, verifiquei que boa parte deles versa, apesar de tudo, sobre história e estudos brasileiros. Não eram essas as coisas que o público, em média, por conseguinte os diretores de jornal, gostava de encontrar nos rodapés. Quando aceitei a incumbência de fazê-los, movido por necessidades mais imperiosas do que minha vontade ou vocação, o remédio era fazer o que se podia esperar sobretudo de um crítico literário, por pouco que a palavra "literário" não precisasse ser interpretada numa acepção demasiado estrita. O caso foi que logo cuidei de enfronhar-me em tudo quanto houvesse de mais atual então e de mais fecundo no tocante às técnicas de criação e crítica literária, comprando ou encomendando no estrangeiro publicações especializadas, ou apelando para a boa vontade de amigos melhor informados do que eu sobre o assunto, que se prontificaram a emprestar-me livros ou revistas de que ia necessitando. Já tinha em casa bom número de obras, geralmente em francês ou alemão, acumuladas durante anos, que seriam de bom serviço para a atividade a que agora era chamado. De repente, um inesperado convite recebido da Divisão Cultural do *State Department* em Washington, D. C., através da embaixada no Rio de Janeiro, para uma visita de três meses aos Estados Unidos, iria permitir-me trazer, de volta ao Brasil, toda uma pequena biblioteca a respeito do *new criticism* anglo-americano, que já ia encontrando, entre nós também, adeptos fervorosos e em geral pouco transigentes.

A rapidez e a facilidade relativa com que, de posse de tamanho e tão variado acervo, passei a absorver muitos conhecimentos que haviam escapado até então a minha órbita, confundiram num primeiro momento, até amigos meus dos mais chegados, como Afonso Arinos de Melo Franco ou Otto Maria Carpeaux, e houve quem manifestasse de público sua surpresa diante da massa de informações que passaram de súbito a revelar meus escritos sobre coisas que nunca, antes, eu mostrei conhecer tão intimamente. Manuel Bandeira, ao registrar minha volta à crítica, após uma fase de profundo desinteresse pela poesia e a ficção, e de sedução pelos estudos históricos, comentou: "Ninguém diria também que voltasse de ponto em branco, a par de tudo o que se passara no mundo das letras. Tomou pé da noite para o dia". Referi-me à facilidade "relativa" desse meu aprendizado, porque, apesar da opinião em contrário de amigos, a facilidade foi mais aparente do que verdadeira. Só eu sei o que isso me custou de aplicação obstinada, às vezes quase desesperada, de arrebatamentos, vigílias, insônias, leituras ou releituras, paciências, impaciências, horas de transe e desfalecimentos. Para sair-me sofrivelmente das empreitada que aceitei, teria de passar por isso, sem me descuidar de desfazer depois as marcas do meu esforço ainda sensíveis. Parecia-me indispensável dissipar essas marcas, que eram como andaimes destinados a desaparecer na construção acabada. Com isso, com a preocupação de não sobrecarregar meus textos com nomes e citações de autores mal conhecidos da maioria dos leitores, sabendo que eles servem principalmente para impressionar os inseguros e os basbaques, e até com o cuidado de não mostrar tudo o que eu conhecia de tal ou qual matéria em discussão — mas sem incorrer no risco de passar por mal informado, defeito que seria imperdoável em um crítico, personagem naturalmente presunçoso, pois que se faz passar, no fundo, por onisciente —, procurava alijar de meus escritos tudo quanto tivesse um ar de coisa postiça, e dar, com isso, ao conjunto, um aspecto de razoável espontaneidade.

Não direi, aliás, que também nesse particular, me terá movido o empenho de satisfatoriamente cumprir minhas obrigações de crítico. Mesmo porque não houve nesse caso nada de parecido com uma improvisação, como sucedeu, até certo ponto, quando precisei absorver às pressas alguns dos recentes e complexos problemas de técnica e crítica literárias. Sucedeu, ao contrário, que, forçado agora pelo tirocínio de quem há de redigir cada semana um artigo novo sobre matéria nova, me obriguei a procurar aproximar-me, na linguagem, de um ideal de correntia clareza. Essa clareza, que não me era natural, eu vinha tentando realizá-la de longa data. É provável que ela me tivesse sido já inculcada por alguma prática jornalística, mormente de jornalismo político a que me dediquei durante algum tempo. Isso, porém, em grau menor do que na crítica, pois as crônicas parlamentares publicadas diariamente — minha seção no *Jornal do Brasil* intitulava-se "O Dia dos Senadores" — saíam sem assinatura. Tinham, como convém, o caráter impessoal das crônicas atribuíveis à redação da folha, e era o bastante para que delas se excluíssem a busca da originalidade na expressão, da prosódia enviesada, dos vocábulos abstrusos, da pomposa erudição, que costumam ser, infalivelmente, a marca da fábrica dos escritores ainda incipientes. Encerrada essa espécie de serviço militar obrigatório, com minha ida para a Alemanha, julguei-me afinal dotado de uma forma de expressão suficientemente flexível, e impessoal, para ousar a tentativa de abordar qualquer assunto, até mesmo a crítica literária.

Seja como for, o que eu consegui realizar, mal ou bem, nessas tentativas de abordagem crítica, não me veio como um desafio do tempo ou como dádiva milagrosa. Veio de uma conquista gradual e alcançada largamente sobre um vício meu, não sei bem se adquirido ou congênito, que me fazia desenvolver quase sempre meu raciocínio como se falasse ou escrevesse só para mim, ignorante do interlocutor presente ou do leitor eventual. De onde as obscuridades freqüentes em que tropeço ainda hoje, quando me ocorre passar os olhos sobre um dos meus antigos escritos, e que escapavam outrora, por mais que me advertissem vários amigos a respeito delas. Só aos poucos me fui compenetrando da necessidade de melhor trabalhar minha linguagem, ao menos a linguagem escrita (sem dar, no entanto, a impressão de coisa trabalhada), de modo a que a comunicação se fizesse sem estorvo. Depois disso, a verdade é que não faltou quem me acusasse de cuidar em demasia do bem escrever. Acredito, no entanto, que semelhante preocupação, onde ela existe, pode ser, em muitos casos, condicionada, e no meu ela o tem sido com certeza, pelas limitações de quem, exatamente pelo fato de não se sentir o que se chama um escritor de raça, em outras palavras, por saber que é incapaz de expressar-se,

17

ao correr da pena, nos termos mais adequados, se vê obrigado a procurar suprir essa deficiência pelo exercício de uma vigilância constante sobre a própria dicção, embora sujeitando-se ao perigo de torná-la por vezes artificiosa. Foi para obviar esse mal que, em dado momento, cheguei a valer-me, mesmo em artigos publicados, daquela fala brasileira, inventada por Mário de Andrade, que tinha entre seus alvos o abreviar a distância grande que, nos tempos heróicos do modernismo, julgávamos separar nossas formas coloquiais de nossa literatura escrita, muito marcada, esta, ao que nos parecia, pela influência dos clássicos portugueses.

A mesma experiência havia sido tentada por outros, e em alguns, como Prudente de Moraes, neto, produziu bons resultados. No meu caso, entretanto, falhou redondamente, pois desse recurso que me tinha parecido o mais próprio para desterrar a fala artificiosa, resultou-me, ao contrário, uma dicção desajeitada e visivelmente forçada. Malograda essa tentativa, que iniciei com toda a boa vontade, resignei-me a voltar, quase sem perceber, ao português normal, procurando, quando muito, desbastá-lo de uma ou outra forma que me soassem como alheias à dicção brasileira e, por isso, menos naturais e até pedantescas. O abuso e, a bem dizer, o simples uso da mesóclise, tão do gosto de alguns autores, ainda que menos freqüentes em nosso discurso oral, está por exemplo em tal caso. Duvido que, em escrito meu se encontrem formas tais como "dir-se-á" ou "poder-se-ia", facilmente substituíveis, aliás, e já me aconteceu devolver a um editor, trabalho em últimas provas, porque o revisor, julgando que assim melhor sairia meu estilo, recorreu por conta própria, e sem avisar-me, à construção mesoclítica. Convenho em que tudo isso não passa de uma idiossincrasia minha, tanto mais quanto não me furto ao emprego ocasional — não sistemático — de palavras ou locuções caídas em longo recesso, e que ganham, no meu entender, nova expressividade, num contexto de expressões que o hábito gastou em boa parte.

Constantemente alerta para os problemas da linguagem, Manuel Bandeira, no mesmo artigo onde comentou minha volta à crítica literária (melhor teria sido falar em meu ingresso na crítica, pois minhas incursões anteriores nesse terreno tiveram caráter esporádico e fortuito) chama atenção, em trabalhos de minha autoria, para algum timbre arcaizante: "O estilo de Sérgio", observa, "na sua atual clareza e lógica, foi uma conquista. Há hoje um certo casticismo em sua prosa, mas não é o dos clássicos portugueses. Tirou-o, suspeito, das atas da Câmara da Vila de São Paulo, das ordens régias e dos testamentos quinhentistas". Sabia com certeza, mas não o diz no artigo, que, apesar de grande ledor, a prosa literária em língua portuguesa, excetuada a de Machado de Assis, era então, para mim, uma quase incógnita. Só mais tarde comuniquei-lhe que, mesmo antes de ler as atas da câmara, ainda aluno de preparatórios, fui muitas vezes à antiga Biblioteca do Estado de São Paulo, à Praça João Mendes, e ali pude tomar conhecimento de velhos cronistas portugueses, entre eles, pelo menos de um do Quatrocentos, o sempre admirado Fernão Lopes. Não o da Crônica de D. João I, mas sim as de D. Pedro (o Cru), e D. Fernando, pois sei que as li, às vezes saltando páginas, em um dos 5 vastos calhamaços da coleção de Inéditos da História Portuguesa, da Real Academia, onde os últimos aparecem, mas não o primeiro. Mesmo lendo-as um tanto sumariamente, delas guardei apontamentos tomados em caderno de exercícios escolares, e lembro-me de ter feito essa leitura com mais prazer do que a das Décadas de João de Barros, que achei desgarradas, e assim mesmo comprei-as, na velha Livraria Gazeau, do largo, hoje Praça da Sé, ali a dois passos da Biblioteca.

Essa curiosidade pelos cronistas antigos não significaria já o sinal de uma vocação embrionária para o estudo da história. Pelo teor das notas tomadas, concluo que um dos motivos do entreter-me em tais escritos, era a presença neles de palavras e construções curiosas que, para meu gosto da época, tinham o seu tanto de cômicas, e, não raro, de algumas escabrosidades, que se intrometem na linguagem, aliás bem solta, daquelas austeras personagens que, por dever e deleitação, escreviam a história do reino lusitano, e assim também das que faziam ainda mais do que escreviam essa história, e é o que se dá com Albuquerque o *terribil*. De muito acostumado que fiquei com formas tais, não seria de admirar se, com o tempo, apelasse insensivelmente para elas, impressionado pela força de expressão que possam transmitir, mais ou menos como outros recorrem aos estrangeirismos, a neologismos e até a giria, esperando acordar o leitor para um tipo de sensibilidade que a linguagem escrita, entorpecida pela usura, já não chega a provocar. De qualquer modo, não foi realmente a ambição de valer-me de um tipo de prosa "literária", por julgar que assim seria mais própria de uma crítica dita literária, isto é, não foi a vontade de escrever bem, em um dos sentidos mais comuns da palavra, o que me conduziu a tais recursos, e sim o desejo de usar de uma linguagem mais precisa e expressiva do que propriamente bonita. Ou, como se prefira, de uma linguagem onde a boniteza da forma, se ocorresse, fosse proveniente apenas da claridade maior, introduzida nela pela feliz expressão: feliz, não porque floreada ou frondosa, mas porque exata e incisiva, embora achada, talvez, ao cabo de longa e acurada busca.

É neste ponto que cabe melhor insistir sobre o que já foi dito aqui acerca das vantagens que hão de resultar, para o escritor, de um vigilante zelo e de uma constante atenção. Da atenção que ajude a eliminar o adorno inútil, a exuberância, a redundância distraída, tudo, enfim, quanto parece inessencial na comunicação. E, além disso, que convida à concisão, quanto mais não seja, porque uma atenção demorada se torna afinal fatigante. Há, é certo, autores muito bem dotados que, para escrever bem, podem dispensar tais exercícios, por serem capazes de atinar de chofre, e sem esforço, com a forma desejada e justa. Mas não seriam casos de exceção? Estas explicações não envolvem todos os possíveis significados do que se entende por escrever bem. Na acepção mais genérica, o bem escrever equivale ao escrever corretamente do ponto de vista da gramática. Não há, convém dizê-lo, uma correspondência obrigatória entre as duas acepções diversas. Pode mesmo acontecer, e, com freqüência acontece, que uma obra, redigida, embora, num impecável vernáculo, venha a tornar-se de difícil leitura e entendimento, e o contrário também acontece.

De minha parte, e em realidade só posso entrar nestas explicações a partir de uma experiência pessoal, se, apesar de tudo, não consegui bem redigir, com aquela clareza e lógica de que falou Manuel Bandeira, tenho a certeza, ao menos, de que pelejei por alcançar esse resultado. Poderia dizer o mesmo com referência ao outro modo de escrever bem, que consiste na sujeição necessaria à boa lei da gramática? Confesso que bem gostaria de fazê-lo, e que se isso nem sempre acontece, é por ignorância minha, por comodismo ou descuido de ir certificar-me a todo momento no dicionário, quanto à forma correta. Geralmente deixo esse trabalho e em particular as questões ortográficas, tão sujeitas a mudança, aos cuidados de algum revisor de confiança, desde que não leve seu zelo ao ponto de alterar meu modo pessoal de exprimir-me. Não se trata, em todo caso de preocupações obsessivas. Nas dúvidas, prefiro descansar na lembrança do conselho que me deu João Ribeiro, ao tempo em que trabalhei no *Jornal do Brasil*. Era comum encontrarmo-nos na redação, onde, ao levar sua colaboração semanal, não deixava de ir entreter-se por momentos, com Múcio Leão e com Barbosa Lima Sobrinho — o redator-chefe —, que eram seus amigos diletos, na sala onde eu também tinha minha mesa de trabalho. Em um desses encontros, aproveitei a presença de quem era havido como dos melhores conhecedores do idioma vernáculo no Brasil, para tirar umas dúvidas sobre qual seria a forma correta entre duas proposições. A resposta veio pronta. "A rigor", disse, "seria esta", e indicou-me uma das alternativas apresentadas. "Mas", acrescentou, "se preferir, não hesite em usar da outra. E quer saber mais? Procurando com cuidado, verifica-se que um sem-número de formas condenadas hoje pelos gramáticos são autorizadas pelos melhores clássicos da língua. E digo-lhe de uma vez por todas. Não se preocupe muito com essas coisas, que é perder tempo. Na dúvida, procure guiar-se pela eufonia, que é sempre a boa conselheira, e estará certo".

Meu convívio com o autor do *Fabordão* foi relativamente breve, e se sua natural bonomia me incitava por vezes a assumir para com ele um tom menos cerimonioso, a grande diferença de idades que nos separava não permitia entre nós um trato verdadeiramente íntimo. No entanto, por superficial que fosse, esse convívio me foi valioso e creio que, em certo sentido, me marcou muito. Não que chegasse ele a influenciar-me como crítico ou, e muito menos, como historiador que também era. Meus pontos de vista e meus critérios de julgamento destoavam bastante dos seus e, em geral, dos de homens de sua geração, uma geração cujos mais ilustres representantes se tinham formado, intelectualmente, na leitura de Spencer, Taine, Renan, às vezes Buckle, entre outros, estranhos ao círculo de minhas preocupações. Só na idade madura, se não já na velhice — que freqüentemente serve de resguardo contra a injúria dos tempos —, se viu ela surpreendida pelo furacão da Primeira Guerra Mundial, que desmascarou as ilusões do progresso, abalou o sentimento de segurança e fez com que se desvanecesse toda esperança em dias melhores. Preso, embora, às imagens de um passado próximo, nas aparências, mas para os moços já bem remoto, João Ribeiro não deixava de vislumbrar a facticidade da condição gerada por essa herança. É o que ajudará a explicar, no seu caso, uma capacidade de aquiescência sem sobressaltos, mas também sem adesão plena, às manifestações espirituais e artísticas tendentes a desafiar os cânones consagrados em quem, como historiador, e porque historiador, não se amarrava a uma visão estática de tantos dias idos e vividos.

Com Graça Aranha, aproximadamente da geração de João Ribeiro, foram mais prolongados os meus contatos e também mais estreitos. Nem deixarei de confessar que sucumbi um pouco a seu poder de sedução, que parecia, de fato, irresistível à época em que nos conhecemos, e mesmo a sua extraordinária capacidade de proselitismo. De uma expansividade generosa, atento a problemas que os moços lhe propunham, ao menos um grupo de moços entre os quais eu, o mais velho, ainda não tinha chegado aos 25 anos de idade, era, em tudo, a perfeita antítese de João Ribeiro, em geral mais recolhido em si mesmo, mais despreocupado no vestir-se e, ao menos à primeira vista, pouco dado a efusões. Viveram, no entanto, no mesmo passado, tiveram, com pouca diferença, os mesmos mestres, e mostraram em comum, certo lastro de cultura germânica, o que era pouco freqüente no Brasil de então. O sergipano, em quem era mais sensível essa particularidade, absorveu-a à custa de acurados estudos e de uma demorada viagem à Alemanha, de sorte que podia ler no original principalmente os clássicos e filólogos germânicos. Ao passo que, em Graça, o interesse pela cultura alemã se prenderia antes a uma reminiscência de sua filiação juvenil à Escola do Recife e ao seu entusiasmo pela oratória em mangas de camisa de Tobias Barreto que, segundo episódio que gostava de contar-nos, levou-o, ainda de calças curtas, a saltar a grade que o separava dos mais velhos para ir levar seu tributo de admiração pessoal ao mestre que tão brilhantemente sobressaíra.

Contudo, a convivência mais direta que, diplomata de carreira, lhe foi dado manter com alguns representantes mais conspícuos do pensamento filosófico e da criação estética na Europa, se enriqueceu seu espírito, não parece ter nele operado uma transformação mental profunda. A própria guerra, que a seu modo viveu, tomando-se de paixão pela causa das potências aliadas ou, mais exatamente, da França, onde, com isso, ganhou a estima pessoal de algumas celebridades, não chegaria a desprendê-lo de uma juventude que, nele, parecia eterna. Continuará a viver como se as coisas, os homens, as idéias, não tivessem mudado de lugar durante os quatro anos de morticínio, como se a verdadeira conflagração não tivesse acontecido, isso talvez porque o desfecho que tão ardorosamente desejou, e que se realizou como o havia desejado, não lhe deixou encarar os lados catastróficos do acontecimento. Foi como se a grande hecatombe se resumisse para ele num grande festival, no baile da vitória.

Resultado: por paradoxal que assim pareça, o paladino, entre nós, do "espírito moderno", só sabia sentir o mundo do após-guerra, como se vivêssemos numa espécie de prorrogação da *belle époque*. Quando muito, acharia necessárias algumas discriminações naquele ontem, para bem correspondermos às exigências dos novos tempos. Nada de ceder a tentações traçoeiras, que designava com o prefixo de negação "in" posto no plural. Sendo como era, o contrário de um cético, aqueles seus misteriosos *Ins* que, para os mal-avisados, podiam passar por uma espécie de fórmula cabalística, apenas queriam indicar a negação da alegria de viver e da capacidade de entusiasmo. Gostava da expressão direta, isenta de sutilezas. Separava-se, com isso, daqueles que continuavam a deliciar-se com a leitura de Renan, por exemplo, ou de Anatole France. No entanto a tradução inglesa de seu *Canaã,* prefaciada por Guglielmo Ferrero, trazia bem vistosa na sobrecapa esta recomendação do último: *The Great American Novel.* Nada o impedia, porém, de criticar constantemente o que chamava, abusando do gosto dos trocadilhos, de "anatolices" (e assim também de "renasneiras").

23

O ideal de renovação não se limitava, para ele, à esfera do literário e do artístico. Queria um Brasil modernizado igualmente na vida política. Pouco nos falava, é verdade, sobre tais assuntos, mas não escondia suas simpatias pelos "tenentes" da década dos vinte, e insistir em seu desejo de uma modificação radical das práticas da Primeira República. Não tenho elementos para saber se esse desejo e aquelas simpatias ele as transferia também à questão social ou se não quereria apenas a ascensão ao poder de homens novos que conservassem, quando muito apurando-os, os velhos estilos.

Sobre a Revolução Russa de 1917 e sobre a nova experiência que lá se processava, mostrou-se por mais de uma vez reticente. Sua curiosidade a respeito não era, certamente, insaciável, e Karl Marx, ao que eu saiba, não figurava em sua galeria de heróis intelectuais. No entanto contou-nos mais de uma vez que esteve, quando jovem, na iminência de ingressar numa colônia anarquista de Kropotkin. Mas tocava nesse ponto para excusar-se de ser grande admirador do Visconde François-René de Chateaubriand, sem que o atraíssem nele o político *ultra,* ainda menos, o católico, pois não gostava de conservadores e, na qualidade de materialista (tipo Escola do Recife?) repugnou-lhe sempre o cheiro de sacristia. Sentia profundas afinidades com o estilista Chateaubriand, não com o homem e suas idéias: por isso preferia estar bem com os anarquistas, que ficavam no pólo oposto.

Seu interesse pelos movimentos de vanguarda eram geralmente melhor definidos no campo das belas-letras e do pensamento. É verdade que mesmo no campo das letras esse interesse não era indiscriminado. Alguns dos mais reputados autores surgidos com o após-guerra, ou que só com o após-guerra encontraram seu público ideal, podiam, em certos casos, figurar em seu *Index* ao lado de Anatole France ou de Renan. Um desses autores que começava a conquistar muitas devoções entre gente de sua roda, liquidou-o sumariamente com poucas palavras: "Proust? Já o li. Esse não *nos* rejuvenesce". Também advertia seriamente alguns dos nossos que andavam às voltas com coisas tais como a "arte negra", Freud, Surrealismo, os primitivos e "toda essa história de subterrâneos da consciência". São velharias e representam, em suma, uma tentativa de volta ao romantismo que vai durar como fogo de palha. Aliás a solução para tais problemas já foi dada, e só não a conhece quem não a quis conhecer, disse. Percebi que ele estava pensando em seu próprio jargão filosófico, isto é, nas complacências com o "terror cósmico", denunciadas em sua *Estética da Vida* como um cruel estorvo no caminho que leva até à "perpétua alegria".

O tom professoral, apesar disso, ele tratava de contorná-lo e evitá-lo ao menos nos primeiros tempos. Eu pessoalmente, e outro tanto posso dizê-lo de alguns dos meus amigos mais próximos, admirava nele o homem, bem mais do que o escritor, e nunca pertenci aos entusiastas incondicionais de *Canaã,* seu livro mais conhecido. Também não deixávamos de opor reservas a sua preferência manifesta pelos espetáculos mais visíveis e radiosos do mundo exterior, por mais que ele nos quisesse convencer de que no Brasil, país tropical, e principalmente no Rio de Janeiro, eram esses os que devíamos principalmente cultivar. A divergência nesse ponto tornou-se clara quando Marinetti, o Duce do Futurismo incluiu o Brasil no itinerário de seu apostolado pré-fascista. Partidário da vida ativa e dinâmica, o italiano tinha por onde seduzir aquele que acabava de lançar o ideal estético do "objetivismo dinâmico", tomado, aliás, a um artigo de crítica musical do Barão Boris de Schloezer. Por coincidência, a visita de Marinetti verificou-se num dos momentos em que Blaise Cendrars, outro monstro sagrado das letras de vanguarda, se achava entre nós. Acontece que os dois não se suportavam e chegaram a destratar-se publicamente em encontro casual numa rua de S. Paulo. Não é impossível que, sabedor do caso, provavelmente por intermédio de Marinetti, que lhe teria comunicado as razões, más ou boas, dessa ojeriza pelo genebrino passou a estranhar que preferíssemos a companhia deste à do chefe do Futurismo, que ele recebeu de braços abertos, passou a acompanhá-lo constantemente pelas ruas do Rio de Janeiro, e recomendou-o vivamente ao público, em discurso no Teatro Lírico, enquanto estudantes, na platéia e torrinhas, parodiavam uma canção carnavalesca, e ensaiavam uma vaia, que só não foi adiante devido, talvez, ao prestígio pessoal de que desfrutava Graça Aranha. Pouco valeu a relutância que alguns de nós mostrávamos para com Marinetti e contra o rótulo de futuristas, porque num dos seus célebres manifestos, que de volta à Europa fez imprimir o estrepitoso poeta, aparece um vastíssimo elenco dos valentes *futuristi brasiliani* onde estavam os nomes de todos os que nos considerávamos apenas "modernistas", evidentemente encabeçados pelo do autor de *Canaã*.

Não custou muito a Cendrars perceber a pouca simpatia que lhe votava "l'ami de Marinetti". Pagava-lhe, aliás, em igual moeda. Procurava imitar-lhe o modo de pôr o chapeu à cabeça, virando para cima um lado da aba. A imitação deixava aliás muito a desejar, mesmo porque, tendo perdido o braço direito durante a guerra, não podia usar bengala, parte obrigatória da indumentária graciana. E por muito que impostasse a voz, a fim de imitar as tiradas filosóficas do amigo de Marinetti, sua incapacidade de falar português, mesmo sofrivelmente, além do cigarro pendente a um dos cantos da boca, e de que não se livraria nem para falar, já inutilizavam a mímica. Referindo-se certa vez ao objeto de suas frustradas imitações, disse-nos: "Cuidado com esse homem. Ele se toma terrivelmente a sério, e ainda há gente que se presta a servir-lhe de platéia". Não sei dizer se essa "gente" éramos nós, porque também podia dizer respeito a Paulo Prado, anfitrião de Cendrars no Brasil e muito amigo de Graça. Este, por sua vez, não podia ver com bons olhos a ascendência exercida sobre seus amigos mais jovens pelo poeta francês, aliás suíço, que o tratava com visível frieza e talvez fosse um dos responsáveis pelos estragos que fazia o "terror cósmico" na mais jovem geração que ele procurava encaminhar para destinos mais altos. Tal suspeita mais se aguçou quando soube que freqüentemente íamos ao encontro de uns sambistas mulatos (Donga, Pixinguinha, Patrício Teixeira etc.), levados por Cendrars, que já os conhecia da temporada parisiense do grupo dos *8 Batutas*. E seriam esses músicos também acumpliciados com o terror cósmico? Mas como separar a música popular do carnaval que, em seus folguedos dionisíacos, seria como uma antecipação da "perpétua alegria"?

Não eram freqüentes, ao menos nos primeiros tempos, as ocasiões em que Graça fazia prevalecer o ar de chefe de fila. Eu pessoalmente, não poderia ter com ele, como não tive com João Ribeiro, e pelos mesmos motivos, uma real intimidade — jamais me sucederia, por exemplo, deixar de tratá-lo de "o senhor" —, e apesar disso conhecemos um grau de familiaridade que poucas vezes sucede entre pessoas de idades tão diferentes. De fato deixava-nos inteiramente à vontade até para contrariarmos vivamente suas opiniões, acabando por mostrar-se de acordo com nossos argumentos, embora pudesse agir, nesses casos, um pouco à maneira de advogado do diabo. E se a dissensão era real, não deixando margem a qualquer dúvida, conformava-se momentaneamente com ela, manifestando a esperança de que algum dia lhe daríamos inteira razão. Foi capaz de entrar comigo numa espécie de disputa de tiro ao alvo, só porque tive o desplante de vangloriar-me em sua presença de ter boa pontaria, podendo atestá-la com a caderneta de reservista recebida no Tiro de Guerra n.º 35, em São Paulo. Graça não se interessou em ver a caderneta, mas queria tirar a coisa a limpo. Fomos, com efeito, ambos e creio que um terceiro, ao *stand* de tiro ao alvo existente na Praia do Leme. Só não posso dizer que foi total o fiasco meu, porque comecei bem, acertando na primeira vez. Mas errei redondamente nos outros nove disparos.* E tanto mais pesou-me o castigo de minha gabolice, quanto os companheiros espalharam o caso a Deus e todo o mundo. Era comum a esse tempo irmos juntos da cidade ao Hotel dos Estrangeiros, onde Graça morou por longo tempo. De passagem pelo Flamengo deparávamos muitas vezes com moças e rapazes, em seus *maillots* ainda severos e pernilongos, segundo o costume daqueles velhos dias. Vinha infalível, então, seu comentário: "Que maravilha! Estamos na Grécia !"

Eu não costumava pôr muito reparo na fatal comparação, ainda quando me parecesse excessiva. Um dia, porém, o objeto dessa admiração se revelou ser uma dama já de meia idade ou mais, e notável corpulência, que comprimidas as carnes em demasia, parecia quererem debruçar das vestes pelas aberturas naturais. Foi então que me surpreendi, perguntando-lhe: "Mas então é assim a sua famosa concepção estética do Universo?" De súbito, e antes mesmo de acabar a frase, veio-me a impressão de estar dizendo um impropério. E a impressão fez-se mais nítida quando ele me perguntou muito sério

---

* Falsa modéstia de minha parte, que corrijo em tempo. Porque, além de acertar no primeiro, acertei também no décimo e último. Mas foi só.

o que pretendia eu com aquele "famosa". Esbocei uma explicação, sabendo, entretanto que em casos tais a emenda costuma sair pior do que o soneto. Pareceu aceitar minha meia desculpa e logo mudou de assunto, sem demonstrar contrariedade. Apenas, quando chegamos ao hotel, não me convidou para entrar, como acontecia de outras vezes. Senti que nossa familiaridade havia tropeçado numa barreira. Não foi aliás a única naqueles dias. Um demônio implicante parecia arrastar-me a provocá-lo, sem proveito para ninguém, por mais que depois me viesse sempre uma ponta de remorso. Assim aconteceu quando ele me declarou um belo dia que certa escultora achou que sua cabeça lembrava um imperador romano. E eu, com o ar mais inocente do mundo, observei que os imperadores romanos não usavam bigodes, salvo depois que deram de deixar crescer barbas. "Mas é verdade que isso já acontece muito *pro* fim", acrescentei. Dessa vez sua reação não teve a veemência que eu poderia esperar. Limitou-se a comentar: "Muito *pró* fim? Vejo que até você deu de acompanhar o Mário de Andrade nesse negócio de fala brasileira". Mas só isso já denotava acrimônia.

Chegamos logo à conclusão e comigo ao menos um companheiro, mais moço do que eu, de que o autor consagrado apesar das aparências em contrário recebia mal toda opinião nossa que esbarrasse em suas próprias doutrinações. Tendíamos com isso, os mais moços, a perder até nossos ares ceremoniosos a que fazia jus um homem tão ilustre, que apesar de tudo se dignava acolher-nos e procurar-nos. Admirávamos esse homem e tínhamos gosto em admirá-lo, tanto que, reagindo intimamente contra muitos dos seus princípios, procurávamos silenciar sobre essas reações, sabendo que, de outra forma, tocaríamos numa corda que nele era particularmente sensível. Mas é provável, por outro lado, que ainda não tívessemos uma noção perfeita de nossa desvalia e imaturidade, pois a modéstia verdadeira é virtude que só costuma nascer, quando nasce, com os primeiros fios de cabelos brancos. Só vagamente vinha-nos a idéia de que o termos fundado uma revista que, durante o pouco tempo em que viveu, centralizava todo o movimento modernista, ocupando o lugar deixado vazio com a morte de *Klaxon,* a publicação nascida em São Paulo da Semana de Arte Moderna, e à qual eu próprio havia pertencido, explicava um pouco a relativa projeção que chegamos a ter nesse movimento e que parecia incompatível com nossa pouca idade.

Não era possível, em todo caso, evitar que um clima de recíprocas intolerâncias, de rivalidades, de vaidades, de primazias reivindicadas, triunfasse afinal dos cautelosos silêncios que nos impúnhamos. A crise que quisemos evitar, poderia surgir a um momento qualquer e surgiu antes mesmo da extinção de *Estética*, a nossa revista, para a qual Graça, por iniciativa própria, se propôs fazer, e com efeito fez, o artigo de apresentação, o que aceitamos de bom grado, além de sugerir-nos o nome que teria, com o qual concordamos sem entusiasmo e à falta de melhor alvitre. Devo dizer que nessa crise, de que já tratei em outra oportunidade e que foi comentada na correspondência hoje impressa entre Mário de Andrade e Manuel Bandeira, a parte que coube a Graça, ao menos na etapa final, foi antes a de um apaziguador, mas eu próprio já me desinteressara bastante das questões de literaura, e pensava em escrever um livro para o qual tinha até nome pronto: deveria chamar-se *Teoria da América* conforme comuniquei então a Prudente, meu comparsa constante em todos os prélios intelectuais, onde ultimamente me vinha envolvendo, e de que ele deu testemunho em depoimento ditado pouco antes de seu desaparecimento. Dediquei-me ainda por algum tempo ao jornalismo e, muito passageiramente, até a magistratura. Saturado das leituras, acabei por desinteressar-me desse vício. Tanto que, um belo dia, resolvi distribuir entre amigos quase todos os meus livros, sobretudo os de literatura. Depois segui para o estrangeiro, lamentando apenas o separar-me por longo tempo de amigos diletos, embora contente com o poder apagar de minha lembrança pessoas menos estimáveis a meu ver e idéias que me iam importunando.

Do que não me livraria depressa era do projeto de *Teoria da América*, pois justamente durante a estada no estrangeiro naqueles meus *Wanderjahre* alemães, ela principiará a ganhar forma definida. O contato de terras, gentes, costumes, em tudo diferentes dos que até então conhecia, pareceu favorável à revisão de idéias velhas e à busca de novos conhecimentos que me ajudassem a abandoná-las, ou a depurá-las. Recomecei a ler, e reco-

29

mecei mal, enfronhando-me agora em filosofias místicas e irracionalistas (Klages, etc.), que iam pululando naqueles últimos anos da República de Weimar e já às vésperas da ascensão de Hitler. Minha iniciação marxista no Brasil, frustrada depois de uma conversa tediosa com Otávio Brandão, um dos próceres comunistas no Rio, não bastava para tirar-me do beco sem saída em que me afundava, e voltar a ela seria voltar um pouco ao ambiente intelectual que eu quis deixar, deixando o Brasil. Foi só depois de conhecer as obras de críticos ligados ao "círculo" de Stefan George, especialmente de um deles, Ernst Kantorowicz, autor de um livro sobre Frederico II *(Hohenstaufen)* que, através de Sombart, pude afinal "descobrir" Max Weber, de quem ainda guardo as obras então adquiridas.

Os livros de Weber e um pouco as lições de Meinecke, em Berlim, indicando-me novos caminhos, deixarão sua marca na minha Teoria da América. Quando voltei ao Brasil em 1931 trazia um calhamaço de suas 400 páginas. Dele tirei o essencial de um estudo histórico encomendado por Claudio Ganns para uma luxuosa revista nova. Aceitaram-no apesar de sua extensão, e ainda o acresceram de muitas ilustrações. O título dado deve ser sugestivo, pois foi dado posteriormente a uma coleção, hoje vitoriosa, de estudos brasileiros que dirige Fernando Henrique Cardoso: chamou-se *Corpo e Alma do Brasil.* Convidado a ampliá-lo num livro que teria também esse título, Manuel Bandeira chamou-me a atenção para um volume de cronista mundano bem conhecido, que se chamava *Corpo e Alma de Paris.* Era uma razão decisiva para mudar o título, e quando alguns anos depois saiu meu livro, com quase dois capítulos tomado a esse artigo (todo o restante foi redigido de novo sem nada que lembrasse a antiga "Teoria"), já se chamava *Raízes do Brasil,* nome que ainda conserva hoje, na sua 12ª edição.

Depois disso, não deveria eu esperar muito até que circunstâncias novas me fizessem recuar da resolução de abandonar a literatura, passando agora ao exercício da crítica de livros. Grande foi minha responsabilidade ao aceitar a proposta do *Diário de Notícias* do Rio de Janeiro, para me incumbir do rodapé que Mário de Andrade, chamado a outros afazeres, se via na contingência de largar. Simultaneamente deveriam sair meus artigos semanais em São Paulo, na *Folha da Manhã,* que assim se chamava então a atual *Folha de São Paulo.* Aqui mesmo já foi lembrado como o nome de crítica literária, segundo os usos da época, não obrigava o autor dos rodapés a cuidar unicamente das chamadas belas-letras, mas forçava-o, ao contrário, a certa versatilidade, que tende cada vez mais a perder terreno, com a crescente complexidade das diferentes disciplinas. É verdade que as desvantagens da versatilidade se fazem menos sensíveis no caso particular dos estudos históricos do que se pode esperar, e nem cabe reiterar aqui tudo quanto escreveu Lucien Fèbvre, renovador de tais estudos, contra o espírito de especialização na historiografia.

Deve-se ainda ao mesmo Fèbvre a observação, que outro autor de sua linhagem pôde resumir concisamente, ao afirmar que o perfeito historiador precisa ser um grande escritor: "le parfait historien doit être un grand écrivain". Evidentemente não se trata de programa, pois não é bom historiador e menos ainda grande escritor, quem o queira ser e simplesmente porque assim o quer. Mas é fora de dúvida que, devendo lidar largamente com fenômenos particulares, para revivê-los em suas pulsações e em sua espessura, a fim de que se integrem em quadros amplos, onde ganhem nova dimensão e significado mais alto, precisa o historiador valer-se de recursos de expressão que não sejam os de mero relatório ou o de uma exposição científica. Se não for assim, jamais alcançará o estatuto de historiador. Será quando muito, um antiquário, um cronista e na melhor hipótese, conforme a sábia observação de Sir Isaiah Berlin, um arqueólogo. Nenhum historiador sensato pode gabar-se de ter realizado na perfeição seu difícil mister mas nenhum historiador pode esquivar-se a um esforço nesse sentido.

E como não creio que possa haver uma história "pura" também não cumpriria exigir coisa semelhante da crítica, seja ou não seja "literária". Meu saudoso amigo, Astrojildo Pereira, publicou certa vez um livro que traz o título de *Crítica Impura.* Belo título, sobretudo porque assume, de entrada, e galhardamente, uma posição oposta a certos modismos, que apregoavam um ideal ascético, negador da vida terrena e chegavam a querer na crítica um *pendant* para o que se chamava "poesia pura": o autotelismo, segundo a fórmula adotada e combatida por T. S. Eliot. Quanto a mim, julgo que o exercício da crítica, mesmo que a não aperfeiçoasse, não transtornou minha vocação principal, de historiador. Inclino-me à suposição de que ela me foi ao cabo proveitosa, embora não seja eu o melhor juiz para dizê-lo.

Como crítico não poderia sinceramente acusar-me de comodista ou de pouco atento à exigência de pesquisas apuradas a respeito da coisa criticada, o que também pertence ao ofício do historiador, e creio, por outro lado, que o convívio com os estudos históricos, assim como a "hibernação" no exterior, onde me familiarizei com usos e gostos alheios ao meu mundo, inclinaram-me de algum modo para a complacência, mais do que para a intolerância corrosiva e sem apelo. Se busquei constantemente esquivar-me ao ceticismo impressionista, também não me deixei seduzir pelos critérios dogmáticos, mesmo onde pelejei por combater idéias contrárias a meu modo de pensar, como aconteceu nas críticas a Oliveira Viana. Apesar de contrárias e até porque contrárias, não me achava suficientemente longe delas para tentar entendê-las com isenção, e sempre temia cair em enganos. Se tenho a presunção de sair-me com relativa segurança nas críticas de poesia, por exemplo, é talvez porque, sem ser poeta, mas acreditando-me dotado de alguma sensibilidade, já isto bastava para criar a distância conveniente entre o crítico e o objeto da crítica. Com algumas exceções, suspeito que, nas páginas que se seguem, me aproximei até certo ponto daquela máxima metodista que dizia: a um homem, meu caro, não se pode enaltecer e nem insultar, "my friend, a man can neither be praised nor insulted". Quando menos, a segunda parte dessa máxima, tenho certeza de a ter seguido à risca, ainda quando o não fizesse sempre com os bons modos que seriam de desejar.

Assim terá parecido aos autores de algumas comunicações apresentadas a um congresso de filosofia reunido aqui em São Paulo por iniciativa, se não estou enganado, do Professor Miguel Reale, justamente à época em que eu me dedicava a escrever meus rodapés de crítica. Um deles, muito jovem à época, e que já não pertence aos vivos, tomou com extrema vivacidade a defesa dos colegas, acusando-me de seguir os "critérios historicistas" de I. A. Richards, e, com isso, me converter em "palmatória do mundo". Era forte demais e o nome do professor, inglês a quem nunca segui, basta para mostrar que era falsa, pois Richards foi sempre refratário a tudo quanto pudesse lembrar aquele epíteto... Recebi outros revides de alguns dos participantes do dito congresso, e cheguei quase à conclusão de que também há lugar para filósofos na tribo das gentes irascíveis.

Não encontrei, infelizmente, entre meus recortes, o artigo onde me vejo erigido em palmatória do mundo, ou outras coisas de igual jaez. Nem sequer pude achar muitas de minhas próprias resenhas críticas, e pareceu-me não valerem, em geral, a pena de uma busca em coleções antigas de jornais, visando à sua possível republicação neste, ou no volume companheiro deste, que saiu já como 2ª edição de meu livro Cobra de Vidro. Abri exceção em um caso, no da única peça que me faltava de uma série a que eu dava alguma importância. Para suprir a falta recorri à boa vontade de um amigo, Claudio Abramo, que conseguiu afinal localizá-lo na coleção pertencente à Folha de São Paulo e dele me forneceu cópia xerográfica, pelo que lhe deixo aqui os melhores agradecimentos.

A ausência de recortes de resenhas dedicadas a comunicações apresentadas ao congresso de filosofia é até certo ponto compensada pela existência de um debate com ele relacionado e que teve por motivo um trabalho sobre a linguagem poética ou sobre poesia e positivismo da lavra de Euríalo Canabrava. A polêmica alcançou larga repercussão na época, segundo o atestam pronunciamentos feitos sobre ela, em entrevistas ou artigos, por personalidades tais como Manuel Bandeira, Otto Maria Carpeaux, Augusto Mayer, Cassiano Ricardo, Péricles Eugênio da Silva Ramos e certamente outros. O ter dado em parte o pretexto para tamanho ruído, confesso que me açulou a vaidade. Com o tempo, entretanto, pude descobrir que o mérito maior por essa repercussão não me pertence, nem a Canabrava, e sim a Prudente de Morais, neto, que era diretor do suplemento do Diário Carioca, e se empenhava naturalmente em ver prestigiado o crítico oficial da folha e seu constante amigo. Para tanto teve o cuidado de promover várias daquelas entrevistas, de onde eu freqüentemente me saía bem, até que o assunto transbordasse para outros jornais, pelo menos do Rio e de São Paulo.

O fato dessa repercussão ter sido provocada, não impediu, entretanto, que o tema discutido se prestasse — ainda se presta? — a despertar um interesse real e, talvez espontâneo. Se não bastasse para justificar a reprodução aqui dos debates, serviria ela para ilustrar alguma coisa do clima de opinião que prevalecia na época. Tal como ocorreu nos casos das polêmicas com Oliveira Viana e Jaime Cortesão, o que se reproduz aqui é tão-somente a parte que me pertence no debate havido. De outra forma seria preciso enfrentarem-se problemas tais como o da dualidade — e multiplicidade — de direitos autorais em livro que traz estampado no rosto um só nome de autor, o meu, por muito que me agradasse ver também reproduzidos os textos de meus contendores. Acresce, no caso presente, que meu contendor, muito empolgado então por orientação muito vizinha das correntes que, bem ou mal, se intitulavam neopositivistas, deu posteriormente novo rumo ao seu pensamento, de sorte que, segundo todas as probabilidades, já não subscreveria muito do que consta de suas contraditas. Nossa polêmica, conforme se pode verificar, manteve em geral o tom amistoso que nossas boas relações pessoais bastariam para explicar, se motivos outros já não o autorizassem. É verdade que em um dos últimos artigos da série, seu temperamento facilmente explosivo parece ter feito ato de presença. Não tenho guardado esse artigo, mas a substância do que nele se continha foi impressa pelo *Diário Carioca* em minha resposta final, e algum leitor curioso poderá encontrá-la neste volume (pp. 195 a 197).

Tal como se deu com a 2ª edição de *Cobra de Vidro*, os escritos aqui publicados provêm basicamente de trabalhos de crítica saídos em primeira mão no *Diário de Notícias*, do Rio da Janeiro, e na *Folha de São Paulo*, finalmente no *Diário Carioca*, aproximadamente até 1952, inclusive. Entretanto julguei apropriado acrescentar-lhes no presente volume, dois outros trabalhos que, saídos independentemente de minhas atividades regulares como crítico dos jornais citados, têm laços de afinidade com alguns, insertos nesta obra. São eles os trabalhos intitulados "Árcades e Românticos", saído em *O Estado de São Paulo* a 20 de outubro de 1956, e "Da Alva Dinamene à Moura Encantada", impresso igualmente em *O Estado,* nos números de 24 de novembro e 1 de dezembro do dito ano. O último provocou erudito comentário de Augusto Meyer, em artigo que com o título de "Pretidão de Amor", também saído em *O Estado de São Paulo,* Suplemento nº 75 de 1958. Dado o alto valor dos subsídios apresentados pelo escritor rio-grandense ao tema por mim tratado, pareceu-me avisado acrescentá-los ao mesmo, com indicação da fonte, além de outros dados por mim encontrados posteriormente. Esses acréscimos obrigaram-me, em parte, a reescrever meu artigo, com notas de pé de página; diversamente do que acontece com os demais artigos do livro, provenientes de trabalhos de crítica regular, que de ordinário dispensam tais notas. Também no estudo intitulado "Árcades e Românticos", foi acrescentado aqui ao texto de *O Estado de São Paulo,* outro anterior, intitulado "Uma Epopéia Americana", saído no *Diário Carioca,* de 27 de dezembro de 1953, em correspondência datada de Roma, onde o escrevi. Por fim, quando já se achava em provas este volume, pareceu-me acertado juntar-lhe o estudo intitulado "Gosto Arcádico" — nº 16 da presente coletânea —, inserto no livro de homenagem a Antonio Candido, recentemente impresso com o título *Esboço de Figura.* Em versão anterior havia saído esse estudo na *Revista Brasiliense,* de São Paulo, nº 3 de janeiro-fevereiro de 1956. Tendo sido completamente refundido e acrescido de subsídios novos, para figurar na dita *Homenagem,* a publicação desta retirou-lhe o cunho de ineditismo ou quase ineditismo que desaconselhavam sua inclusão em *Tentativas de Mitologia* enquanto não estava impresso o *Esboço de Figura.*

1. CULTURA E POLÍTICA

Oliveira Viana, principia seu amplo estudo sobre as *Instituições Políticas Brasileiras* protestando contra o uso e abuso que vêm fazendo ultimamente do conceito de "cultura" os responsáveis pelas tentativas de explicações da sociedade humana. Para o ilustre pensador, que inaugurara com sua análise memorável das nossas populações meridionais uma fase nova nos estudos para o melhor conhecimento do Brasil, aquele conceito já vai ocupando lugar desmesuradamente vasto na pesquisa científica e torna-se cada dia mais intolerante e ambicioso.

A relutância com que recorre afinal aos seus préstimos, há de parecer estranha aos que se habituaram a aceitar idéias e palavras segundo seu simples valor fiduciário. Contudo não se dirá de boa mente que provenha, essa relutância, de mero capricho pessoal ou sequer de hábitos vocabulares inveterados, como os que encontramos entre alguns autores, particularmente franceses, adversos até hoje ao seu uso no moderno sentido antropológico. Dessa espécie de convencionalismo lingüístico é bom dizer, aliás, que não tem conseqüências sempre deploráveis. Há pouco pude testemunhá-lo ao tomar parte nas reuniões do comitê organizado em Paris pela UNESCO para o exame e debate de contactos de «culturas».

Se acontecia estar a palavra com um francês, ou com alguém que se exprimisse em francês, ao termo "cultura" substituía-se invariavelmente "civilização" sem que os argumentos se tornassem menos inteligíveis. Uma e outra expressão queriam abranger, em suma, o conjunto global de crenças, idéias, normas de vida, valores, técnicas, tipos de produção e de artefatos que o indivíduo, em geral, recebe da sociedade antes como um legado tradicional do que em conseqüência de sua atividade criadora. Assim entendidas elas podiam ser quase rigorosamente permutáveis.

Para bem avaliar a natureza das objeções íntimas de Oliveira Viana ao termo "cultura", nessa acepção, convém notar, antes de tudo, que ele cai num ligeiro engano ao entender que "em seu sentido etnográfico" esse termo é de generalização recente fora da Alemanha, e só se teria expandido graças à publicação da obra famosa de Spengler, que é de 1918, ou mais exatamente, de sua tradução inglesa, que é de 1922. Isso equivale a esquecer que, se existe livro clássico na antropologia anglo-saxônica, é o de Tylor, intitulado justamente *Primitive Culture*. E que esse livro antecede de meio século à publicação da obra de Spengler. Ao contrário do que sustenta Oliveira Viana, pode-se observar, sem exagero, que a expansão na Alemanha da palavra *cultura* «em seu sentido etnográfico», dataria da publicação da obra inglesa de Tylor, que é de 1871 ou, mais provavelmente, de sua tradução alemã, que é de 1873.

Se me parece que esse engano é, em si mesmo, de proporções ligeiras, estou longe de supor, no entanto, que não possa redundar em conseqüências mais graves. Uma destas estaria, a meu ver, no empenho sistemático do autor em procurar relacionar o conceito de «cultura», a uma suposta entidade metafísica, pairando acima das vontades e dos atos dos homens, e que se casaria bem com a concepção popular da *Kultur* alemã. Existiria mesmo uma fase, no seu entender, a que será possível chamar de "criacionismo pan-culturalista". "É", diz, "a fase de Frobenius, de Spengler e dos pensadores que os precederam, Graebner, Schmidt, Ratzel" (p. 41). E há lugar, no mesmo barco, para muitos outros, não obstante certas discrepâncias que os separam entre si. "Escola nova", observa, "o culturalismo está como tomado de euforia da novidade". E acrescenta:

Errado (...) estará quem pensar que todos os princípios, ideais e conclusões desta escola sejam coisa indiscutível e pacífica. Há grande divergência entre os autores. Mesmo na América do Norte, onde se aclimou, é *uma* escola apenas, que vive ao lado de outras escolas, tão autorizadas quanto ela e que explicam a evolução da sociedade e da vida social por outros fatores (p. 38).

Á indistinção fundamental que apesar de tudo se introduz aqui, com o emprego de expressões tais como "escola", "teoria", "doutrina", "postulado", cumpriria opor alguns reparos. Em primeiro lugar parece excessivo dizer-se de Spengler e de sua hipótese metafísica da Cultura ou Alma Cultural, que tivesse exercido qualquer influxo apreciável sobre o desenvolvimento da etnologia norte-americana ou até da alemã. Seu prestígio pertence, cada vez mais à esfera da subciência. E o mesmo é exato com relação a Frobenius e à idéia tão cara a esse pensador, de que a cultura "é sempre sujeito e o homem objeto".

A importância de Frobenius na história dos métodos antropológicos vem de motivo bem distinto: vem da ênfase com que em dado momento, afirmou a seu modo o ponto de vista do chamado difusionismo, fornecendo apoio científico, por um lado, aos que desejavam libertar-se do princípio das "idéias elementares" representado por Bastian — segundo o qual certas manifestações culturais paralelas podem surgir independentemente de contatos em lugares muito diferentes, no espaço terrestre, — e por outro, às tentativas de superação do evolucionismo.

E se é certo que seu nome surge mencionado em alguns escritos junto com os de Graebner e Schmidt, dificilmente o será por outras razões. Razões essas, que levaram Oliveira Viana a congregá-los na mesma capela. Graebner, tanto quanto Schmidt e muitos outros, jamais acolhe em seus escritos o misterioso *Paideuma* de Frobenius, essa "cultura" concebida como organismo vivo, capaz de sujeitar os homens a seu poderio despótico. Tão contrários são, em verdade, os pontos de vista respectivos que o próprio Frobenius, em uma das suas últimas obras (cf. *Schicksalskunde im Sinne des Kulturwerdens,* Leipzig, 1932, p. 68) acusou aqueles autores de terem utilizado e ampliado o pensamento que ele mesmo formulara, suprimindo no entanto a doutrina da natureza orgânica da Cultura. "De modo", acrescentava, "que o método veio a desembocar numa verdadeira mecânica". Ora, acontece que esse "natureza orgânica da cultura parece justamente corresponder àquilo que Oliveira Viana, com pouca corrupção, intitula "criacionismo pan-culturalista".

Mais estranha ainda do que a inclusão de Graebner e Schmidt nesse conjunto é o fato de associar-lhes, ainda sob a hospitaleira etiqueta do pan-culturalismo, o nome de Ratzel (para só lembrar mais este caso, pois a lista é grande). Não se trata, afinal, de uma "doutrina" (ou "escola") que, segundo suas afirmações, põe à margem as teorias sobre a importância do meio físico? E não foi Ratzel quem, ao contrário, sempre afirmou que o meio físico ou, em suas palavras, o substrato terrestre, "regula com cega brutalidade o destino dos povos"? Haverá lugar aqui para qualquer onipotência da Cultura, tal como o presume Oliveira Viana?

É exato que o nome de Ratzel também anda algumas vezes, e não só neste livro, associado ao de Frobenius. A associação vem, nesses casos, do fato do antropogeógrafo alemão ter tentado definir e classificar os movimentos migratórios consoante suas próprias teorias geográficas. Para ele, as manifestações culturais paralelas dependem de tais movimentos e não das idéias elementares. Contudo as teorias difusionistas alemãs, inglesas ou norte-americanos, nada têm a ver, é preciso repeti-lo, com as famosas hipóteses da Alma da Cultura ou do Paideuma.

Mas o sincero rancor que Oliveira Viana parece dedicar ao que chama "escola culturalista", pode-se dizer que é totalitário, cego, avesso, por conseguinte, a estas precisões. E eu ousaria pensar que algumas das suas críticas chegariam a ser quase plausíveis se feitas com mais senso das nuanças e menos iracúndia. Quando se ampara, por exemplo, nos pontos de vista do Professor Gordon Allport para censurar a ênfase que muitos sociólogos e etnólogos dão ao papel das instituições culturais, negando importância apreciável ao indivíduo, ele não faz mais do que reportar-se, passageiramente, é verdade, e sobretudo com ânimo polêmico, aos que vão tentando, com justos motivos muitas vezes, a revisão de certas premissas longamente arraigadas e aceitas sem crítica nos estudos sociais.

Um exemplo particularmente brilhante de semelhantes tentativas pode encontrar-se no livro de Robert S. Lynd — *Knowledge for What?* — que se publicou em Princeton em 1945. E outro, num dos anexos à obra posterior, e por tantos aspectos valiosa, do sociólogo e economista sueco Gunnar Myrdal — *An American Dilemma*. Mas se ambas criticam o "fatalismo" e o rígido determinismo das Ciências Sociais e da Etnologia, a nenhum ocorre seriamente lançar a culpa por esses pecados a tal ou qual escola. O mal vem de muito longe, vem aparentemente das raízes que o pensamento sociológico deitaria de algum modo na filosofia da Era das Luzes e nas suas concepções do "bem comum", da "harmonia dos interesses", do *laissez faire,* concepções que continuarão a alimentar as Ciências Sociais até os nossos dias.

E é mais do que provável que métodos tais como o dos "círculos culturais", apesar da aversão que lhes tem o pensador brasileiro, representaram ao seu tempo uma superação, parcial e muito incompleta, embora, dessa atitude tradicional. Não deixa de ser interessante que à página 47 do seu livro, Oliveira Viana recorra ao professor McIver para enfrentar os "culturalistas", citando, entre aspas, este trecho de uma das suas obras, *Society* (New York, 1937):

Investigações sociológicas mais recentes contestam a afirmação de que, nas sociedades primitivas, o indivíduo seja completamente dominado pelo grupo — a horda, o clã ou a tribo —; que ele obedeça às determinações da sua sociedade, às suas tradições, à sua opinião pública, às suas leis, com uma obediência passiva, servil ou de hipnotizado.

Quem se dê o trabalho de recorrer ao texto original há de ver, contudo, que essas observações de McIver, aparentemente tão aptas a servir às investidas de Oliveira Viana, não alvejam nenhum etnólogo ou sociólogo dos nossos dias, mas sobretudo um pensador político do século passado, Bagehot, cujas idéias fundamentais em

41

nada se aproximam, ao contrário, das que exprimem os mesmos etnólogos e sociólogos.

No texto original, à pág. 387, o que se pode ler e que procuro traduzir, é o seguinte:

Nenhum ser humano é de fato uma encarnação tão pura do espírito de rebanho. O selvagem primitivo foi pintado assim por autores tais como Bagehot, mas a antropologia mais recente contestou a afirmação...

E segue-se só então o resto do trecho traduzido por Oliveira Viana e por ele endereçado, bem à revelia do autor, contra as pretensões de certa ciência social norte-americana ou alemã. Por onde se mostra como a fidelidade do pensador brasileiro ao anticulturalismo é exaustiva e não admite partilha.

A longa exposição que nos faz de suas reservas ao emprego da expressão "cultura", no sentido antropológico, é em verdade uma apologia e uma tentativa de justificação das idéias que vem defendendo desde o seu primeiro livro. Até aqui recusava-se ele obstinadamente a recorrer ao conceito, fosse porque este não parecia estar em moda entre nós, quando iniciou sua série de estudos sobre nossa formação social e histórica, fosse — e principalmente — porque encerra uma ambigüidade, prestando-se a ser confundido com a idéia de cultura intelectual.

A primeira dessas objeções desapareceu com o tempo, e mesmo a segunda já não tem muita razão de ser, desde que, por obra de alguns antropólogos e sociólogos, a palavra se incorporou finalmente, com o novo sentido, ao nosso vocabulário. Não há mal, pois, em que, prosseguindo agora seus trabalhos anteriores, iniciados com *Populações Meridionais do Brasil,* passe à investigação do papel da cultura na formação de nossa sociedade política e na evolução e funcionamento do Estado no Brasil, que é propriamente o objeto do presente estudo. O mal estava menos, aliás, no uso da expressão do que no abuso a que teriam chegado os adeptos do que chama "criacionismo pan-culturalista". Os quais, "vendo na sociedade cultura e nada mais", teriam concluído que os homens se conduzem dentro do grupo à maneira de autômatos, cumprindo os preceitos, ritos e tabus estabelecidos, com uma exatidão de bonecos mecânicos.

Embora haja evidente exagero em atribuir-se a qualquer dos antropólogos expressamente censurados por Oliveira Viana, conclusão tão grosseiramente radical, é lícito admitir que sua crítica não é por certos aspectos destituída de fundamento. O exagero viria em parte de se ter ele amparado largamente em argumento do Professor Allport, que são argumentos de psicólogo, não de sociólogo ou antropólogo e que, levados às suas conclusões extremas, resultariam, com todas as probabilidades, em substituir-se à "falácia do grupo", ou da Cultura, a "falácia da personalidade".

Não me pareceria tão importante insistir nisto, se não julgasse que a atitude aqui assumida por Oliveira Viana abalroa violentamente o ponto de vista verdadeiramente fundamental deste e também de outros livros de sua autoria. E ouso supor que os recursos polêmicos propiciados pela sua argumentação de natureza psicológica venceram momentaneamente, neste caso, o gosto da coerência. Tudo quanto se opusesse ao "culturalismo" deveria converter-se, assim, em água para seu moinho.

É significativo, a esse propósito, que não deixe de enaltecer, na antropologia de tendência funcionalista, uma via de salvação para os que não se conformam com os métodos de Graebner ou Schmidt, de Boas, Kroeber ou Wissler. Pois se é certo que, referindo-se principalmente a autores do século passado, tenham os representantes de tal tendência criticado algumas vezes a crença numa cega submissão aos costumes ancestrais, ou seja à tradição cultural, como característica dos povos "primitivos", não é especialmente por esse aspecto que se distanciam eles dos métodos históricos ou difusionistas (o "pan-culturalismo" de Oliveira Viana). A própria insistência com que apresentam a cultura como um todo, em contraste com o critério por assim dizer atomístico e comparatista adotado pelos outros, está longe de favorecer os argumentos polêmicos de que, se socorre o pensador brasileiro.

Veja-se, por exemplo, como o próprio Malinowski pioneiro das tendências funcionalistas nos descreve o popel dominante e determinante que caberia à herança social sobre seus portadores:

43

A cultura, *diz*, modifica profundamente os dons inatos dos homens, e assim, no mesmo passo em que os beneficia, impõe-lhes obrigações e deles exige a renúncia, para o bem comum, de considerável parcela das liberdades pessoais. O indivíduo há de submeter-se à ordem e à lei. Há de aprender a conhecer e respeitar a tradição. Deverá adaptar a língua e ajustar a laringe a certa variedade de sons, e ainda conformar o sistema nervoso a certa variedade de hábitos.

Essa descrição, que pertence ao verbete "Cultura" da *Encyclopaedia of Social Sciences,* de 1937, e que reaparece, por vezes com as mesmas palavras, na obra póstuma do mesmo autor, sobre a dinâmica da mudança de cultura, de 1945, parece prestar-se, tanto como certas afirmações dos etnólogos "pan-culturalistas", àquela caricatura dos "bonecos mecânicos", exibida por Oliveira Viana. Mas o simples fato de terem os funcionalistas denunciado certas insuficiências, em outros aspectos, dos métodos utilizados por tais etnólogos, é o bastante para canonizá-los. A estes, em verdade, é que se ajustariam aparentemente com mais propriedade algumas das reservas que àqueles endereça o investigador das *Instituições Políticas Brasileiras.*

Entretanto as causas da parcialidade, justificável ou não, de nosso autor, transparecem claramente de trechos como o seguinte, que se pode ler à pág. 55 de seu livro:

O meu ponto de divergência com os antropologistas americanos da escola culturalista, Boas e seus seguidores, é que eles consideram a "cultura" como um sistema social que encontra explicação em si mesmo, ao passo que eu, embora aceite a concepção central da etnologia americana — do regionalismo das áreas de cultura — contudo não aceito o pan-culturalismo desta escola, que quer explicar em termos de cultura, até os fenômenos fisiológicos e se recusa a fazer intervir na formação e evolução das sociedades e da civilização, os fatores biológicos, negando qualquer influência ao indivíduo ou à raça e à sua poderosa hereditariedade.

É bem possível, com efeito, que a maioria dos etnólogos atuais — e não apenas aqueles que Oliveira Viana denomina "culturalistas" — deixe de dar maior peso a fatores biológicos, e que as pretensões tantas vezes extravagantes dos partidários das doutrinas raciais tenham contribuído para semelhante atitude. Por outro lado, no entanto, o abuso de que se incriminam os que ousam explicar "em termos de cultura até os fenômenos fisiológicos" não é provavelmente mais escandaloso do que o dos "raciólogos" que pretendem fazer valer a importância dos fatores biológicos na explanação de fenômenos culturais. São estes fenômenos, em realidade, o objeto próprio da Etnologia e parece natural, por isso mesmo, que os seus especialistas concentrem a atenção de preferência neles.

Acresce que a exigência de se considerarem ao lado desses, e a qualquer preço, os fatores estritamente biológicos, tem por base a crença numa inevitável correlação entre Cultura e Raça. Ora, a Etnologia quer ser, e é legítimo que o queira, uma disciplina objetiva, que funda suas conclusões em dados verificáveis, e aquela crença não encontrou apoio, até agora, em nenhuma verificação muito precisa.

Um dos embaraços prováveis a essa verificação está no caráter vago e vário que tem assumido o conceito de raça, desde que o problema começou a ocupar os cientistas. Todos sabemos como, durante grande parte do século passado, a Etnologia não se preocupou fortemente com traçar limites nítidos entre domínios respectivos da Cultura, da Língua e da Raça, nem em estabelecer métodos de investigação apropriados a cada um desses domínios. O resultado foi a formação de certas noções confusas, de que ainda são exemplo expressões tais como "raça germânica", "arianismo", e outras, que durante longo tempo perturbaram numerosos investigadores, mas que não puderam resistir — nem sequer na Alemanha nazista resistiram apesar do interesse político que havia em resguardá-las, — ao exame de pesquisadores mais autorizados.

Quanto à pretensão de se estabelecerem hierarquias raciais ou hierarquias culturais, não parece extremamente fácil sustentá-las com critérios desapaixonados. É notório que o predomínio político e técnico dos povos nórdicos representa sucesso demasiado recente na história, para que, sobre esse terreno móvel, se possam erigir construções duradouras. E a suspeita de que aquela preeminência esteja longe de ser fato definitivo, impõe-se cada dia com maior nitidez. Forçoso é aceitar a advertência de um antropólogo de quem, aliás chega a dizer Oliveira Viana que é dos poucos tratadistas americanos do seu gosto:

O branco, *observa Ralph Linton,* está cada vez mais sendo colocado numa posição em que faz parte da prudência capitular de bom grado.

Todavia o notável pensador brasileiro inscreve-se entre os que não se conformam facilmente com a sabedoria de semelhante advertência. A básica desigualdade entre as raças, no sentido de Gobineau e Chamberlain, é para ele verdade axiomática; não tolera dúvidas, nem requer demonstração. De onde o lugar, para alguns despropositado, que sempre ocuparam em seus escritos os problemas da herança biológica. De onde, também, sua vontade atual de, estudando expressamente a "cultura", não encarar "seu aspecto puramente etnográfico", mas considerá-la", como um complicado mecanismo que as sociedades constroem, "para selecionar, distribuir e classificar os valores humanos, gerados em seu seio pelas matrizes biológicas da Linhagem e da Raça".

Não parece muito necessário insistir a este propósito no que já acima foi dito sobre as transformações, ainda hoje em curso, das primitivas e vagas idéias que se associavam à palavra "Raça", para agora acrescentar que a aparente complexidade que Oliveira Viana pensa introduzir no exame do problema das culturas é, ao contrário, uma simplificação e, do ponto de vista da pesquisa científica, um retrocesso. Retrocesso às posições daqueles audazes pioneiros da Etnologia, que, não dispondo ainda de elementos seguros para uma acurada análise, postulavam a suprema indistinção entre fenômenos culturais, raciais e lingüísticos.

Ao primeiro relance, a atitude que se exprime neste livro pode parecer plenamente defensável, quando lembra que se devem buscar causas complexas para um complexo problema. Apenas tenho fundados receios de que, ao acenar para as "matrizes biológicas da Linhagem e da Raça", Oliveira Viana esteja sugerindo uma explicação mais confusa do que complexa.

Essa abordagem um tanto prolixa das questões de herança biológica e das conexões possíveis entre cultura e raça devia levar-nos apenas ao limiar do tema central deste livro.

46

Contudo à fixação e crítica de algumas noções fundamentais pode ajudar-nos a tratar mais concisamente da matéria desenvolvida ao largo de dois grandes volumes. O tema central é, em poucas palavras, o estudo dos fundamentos sociais do Estado no Brasil, à luz de critérios que o autor vem desenvolvendo a partir de 1920. O conceito de "cultura", admitido de início com antipatia, devido, entre outros motivos, ao seu exclusivismo e à tendência atribuída aos seus adeptos, para ignorar o papel do indivíduo, submergindo-o totalmente no grupo, revela-se, ao cabo, prestativo, desde que se faça transigente.

Na querela entre realistas e nominalistas da "cultura", o autor brasileiro, inspirado sobretudo nas razões do Professor Gordon Allport, parece em dado momento inclinar-se para o lado dos últimos. Mas uma séria dúvida acerca da segurança dessa posição, começa a invadir-nos precisamente quando ele passa, de súbito, a insisitir na necessidade de se considerarem como decisivas na existência das culturas, as "matrizes biológicas da Linhagem e da Raça". De que maneira essa intrusão do fator racial — racial no sentido de Lapouge e Chamberlain — irá servir para que a cultura deixe de ser, enfim, uma força onipotente? Não seria, ao contrário, para temer, que tal "força", apresentada por tantos etnólogos como sujeita a mudança se converta após o enxerto, numa entidade inexorável?

Oliveira Viana não se preocupa em deixar clara, para estudiosos mais tímidos, a solução desse problema. E já no terceiro capítudo, onde aborda, entendidos segundo seu critério, os "complexos culturais", passam estes de sopetão a construir "um sistema articulado, onde vemos objetos e fatos de ordem material associados a *reflexos condicionados,* com os correspondentes *sentimentos e idéias"*. Tais elementos, acrescenta,

penetram o homem, instalando-se mesmo dentro de sua fisiologia, e fazendo-se enervação, sensibilidade, emoção, memória, volição, motricidade (pág. 77).

Quer dizer que, embora denunciada a princípio com tamanha veemência, a tal Cultura, como ser vivo, acabou instalando-se na construção de Oliveira Viana e tornando-se, em verdade, o fulcro de todo o seu esforço de explicação da sociedade política. A estabilidade, a permanência, a invariabilidade absoluta desses "complexos" — em certo lugar são eles chamados a "alma dos povos", o que inevitavelmente faz pensar em Spengler — é afirmada agora com ênfase. Exceção feita dos gênios, dos indivíduos extraordinários, que só estes ultrapassariam os limites naturais da cultura, e não sei se ainda os da raça — o que o autor deverá afinal admitir por uma questão de coerência — eles agem como normas fixas e indeléveis, que se não deixam impunemente contrariar.

A exceção é de qualquer modo importante, pois suspeito muito que, ao criticar certos autores pelo fato de afirmarem o poder incontrastável dos padrões culturais, é apenas no interesse de respeitá-la, convertendo-a em regra, que ele realmente pensa. Mas admitida a ressalva, pode-se dizer que aceita sem temor e abraça mesmo, em suas formas radicais, a tese de que o homem é prisioneiro perpétuo de sua cultura. Ou melhor, para usar da fórmula "múltipla, eclética, conciliadora", que nos oferece, do composto "Raça + Meio + Cultura".

Não importa que venha a reconhecer graus diferentes na capacidade de sujeição do indivíduo ao seu grupo natural, que particularmente apresente a Civilização como tendente a relaxar as pressões culturais, ainda bastante intensas entre os primitivos e nos meios rurais. O certo é que nessa espécie de emancipação, que leva ao cosmopolitismo, à formação de *elites* desarraigadas do meio, ansiosas por impor-lhes normas exóticas, contrárias à sua cultura tradicional, ele não pode ver grande benefício. E ainda neste passo se encontra, a seu pesar, com a noção spengleriana de que os centros citadinos, o mundo metropolitano, tendem a estrangular a força criadora e a alma das culturas.

A advertência a tirar de tais premissas é evidentemente no sentido de nos voltarmos, nós brasileiros, às genuínas fontes de vida de nossa sociedade política, na medida em que não foram contaminadas pela intrusão de elementos espúrios, que ela jamais absorverá. E foi, em suma, para tentar desvendar aos nossos olhos essas reservas de autenticidade e grandeza, que Oliveira Viana resolveu escrever o presente livro.

O autor revela-nos, a propósito, que sendo consultor jurídico do Ministério do Trabalho, na gestão de

Salgado Filho (quando — acrescenta — "foram lançados os primeiros fundamentos *legais* de nosso direito social"), pôde verificar a presença, entre os nossos operários, de todo um complexo de normas e regras, "militante, vivaz, estuante de vida e sangue, objetivado em usos, tradições, praxes, costumes, e mesmo instituições administrativas oficiosas". Pois a essa "ganga bruta, mas viva e radiativa" e, não à inspiração de leis fascistas como tantos insistem em dizer (tendenciosamente, pensa ele), foi que recorreram os técnicos do Ministério ao elaborarem a Consolidação das Leis do Trabalho. Bastou-lhes, para isso, dar forma plausível e sistema ao que espontaneamente brotou da cultura tradicional do "povo massa".

As mais originais revelações com que deparou nesse caso e as mais impressionantes não vieram, como e poderia esperar, dos meios urbanos, mas do "setor velho de quatro séculos, do trabalho marítimo e da estiva". Chega a admitir que entre jangadeiros nordestinos, balseiros baianos e caiçaras do Sul, se possam recolher sistemas de praxes, usos e costumes, deixados talvez pelos antigos pescadores portugueses, "ruivos (!) e ossudos" que se distribuíam ao longo de toda a costa brasileira.

Não é preciso muita argúcia para se sentir como a ambição de elucidar essas supostas normas telúricas que andariam dissimuladas, como nos palimpsestos, sob formas ulteriores e adventícias, corresponde em grande parte a um sistema de idéias que tem raízes profundas no pensamento jusnaturalista do século XVIII. Somente, enquanto os filósofos do Setecentos buscavam determinar as instituições jurídicas primordiais e universalmente válidas, Oliveira Viana, em sua curiosa tentativa de restabelecer a velha antítese entre praxes consuetudinárias e o direito escrito, só quer saber — fiel neste ponto ao critério "culturalista" — de desvendar os traços peculiares e insubstituíveis, os "complexos culturais", que se formaram desde tempos proto-históricos e que, devido a certa *lei de imanência,* mencionada misteriosamente e de passagem (à página 82), acabariam incorporadas "à própria vida fisiológica dos indivíduos".

A razão da turbulência política dos países da América Latina, e também dos povos balcânicos, residiria, conforme esse ponto de vista, numa invencível contradição

49

entre os tais traços peculiares e as instituições deploravelmente importadas por esses países:

instituições de tipo democrático parlamentar, cujo funcionamento exige uma cultura política incomparavelmente mais evoluída e apurada.

Sabemos a que resultados pode levar essa crença na existência de uma escala uniforme de desenvolvimento histórico. `Gerada quando prevaleciam ainda sem contraste as teorias evolucionistas, é significativo que ela venha alimentar, não apenas o tipo de raciocínio adotado na presente obra, como a própria argumentação em que procura apoio.

Não me demorarei na análise dessa longa argumentação, salvo na medida do necessário para ilustrar tal fato. É suficiente notar que, à raiz do sentimento democrático europeu, sentimento de que os povos latino-americanos (e os balcânicos também) não partilhariam intimamente, situa ele a primitiva *comunidade de aldeia,* com suas

tradições comiciais e eletivas, com todos os seus membros animados de um espírito público e de um sentimento de comunidade que nós, brasileiros, de fraco sentimento coletivo, não podemos conceber de modo algum.

Ora, se entre as engenhosas hipóteses históricas, que nascem no clima de opinião do darwinismo, algumas — como a do matriarcado primitivo e do direito materno — puderam talvez alcançar mais largo ou intenso prestígio, nenhuma provavelmente terá tido vida mais breve do que essa teoria da "fase da comunidade de aldeia". Sugerida em meados do século passado, mas desenvolvida por Sumner Maine sobretudo a partir de 1871, e mais tarde por Laveleye e outros, já em 1885 recebia de Fustel de Coulanges o golpe de morte. Bastou o emprego de um critério cronológico rigoroso para se mostrar que certos tipos de "comunidade aldeã", apresentados como relíquias dessa suposta forma primitiva, não eram anteriores ao Setecentos. Que em sua generalidade foram estimulados, deliberadamente ou não, pelos governos, às vezes com intuitos fiscais, como no caso célebre do *Mir* russo, que, por sinal, não dataria de antes do século XII, segundo se sabe hoje.

50

O quadro idílico oferecido por estas comunidades, em cuja descrição por mais de uma vez se compraz Oliveira Viana, para ver nelas as fontes do complexo democrático europeu, também não resistiu longamente à crítica. Um autor de nossos dias, Alfons Dopsch, que na introdução ao seu estudo dos fundamentos econômicos e sociais da civilização européia da época de César à de Carlos Magno, relata em pormenores o que foi a vida e morte de semelhante teoria, não deixa de acentuar a preocupação obsessiva de todos os seus partidários em apresentar a "liberdade e igualdade dos membros da comunidade aldeã como atributos obrigatórios desse estágio inicial imaginário". Pode-se dizer que em 1898, quando Joaquim Costa publicou, pela primeira vez, seu trabalho sobre as comunidades agrárias na Espanha, onde se ampara, de modo expresso, a tese de Oliveira Viana, já não havia mais quem defendesse seriamente a teoria da fase da comunidade de aldeia.

Três anos antes daquela data, em seu estudo clássico sobre a origem das instituições urbanas na Idade Média, Henri Pirenne assinalava o espanto causado por uma tentativa, então recente, de se reabilitar a hipótese da tradição contínua de organização municipal na Europa a partir da época romana.

On a été passablement étonné, *escreve,* de voir, il y a deux ans, un juriste distingué là reprendre pour son compte et essayer de la rajeunir. Mais cette tentative courageuse a échoué.

É possível ter-se idéia da coragem de nosso eminente historiador e sociólogo, quando, a propósito das tais *assembléias de aldeia,* das *Gemeinde,* do *Mir,* que considera bases remotas do "complexo de democracia direta" no mundo europeu, acrescenta, à página 101, que todas essas formas, não são apenas provindas da época romana, porém "remanescentes do primitivo coletivismo agrário que a humanidade 'ariana' praticou nos seus primórdios".

É certo que Oliveira Viana não quer assumir toda a responsabilidade por tal afirmativa e, em nota de pé de página, indica os autores em que se teria apoiado. Um deles é nada menos do que Max Weber; e outro, o Professor Norman Gras, da Universidade de Colúmbia. Há aqui, entretanto, estranho equívoco de sua parte pois nenhum desses autores, nas obras expressamente citadas ou em outras, ousa reviver a arrojada hipótese. E um deles, o Professor Gras, só se refere a ela, em outro livro — a *History of Agriculture,* New York, 1940, página 253 —, para dizer que há muitas dúvidas sobre se já foi possível apresentar um único exemplo capaz de confirmá-la.

Menos audaciosa, sem dúvida, é a tentativa de Oliveira Viana de relacionar às velhas instituições anglo-saxônicas a origem do atual regime representativo na Grã-Bretanha, pois em seu abono poderia talvez lembrar, se o desejasse, que ela aparecera na *Cambridge Medieval History,* perfilhada por um dos seus colaboradores, o Professor Mcllwain. Parece pouco prudente, entretanto, o apresentar-se essa hipótese como questão pacífica, quando a verdade é que ela suscitou desde o começo a mais vigorosa oposição de parte dos historiadores e já não é possível defendê-la tranqüilamente.

Um desses historiadores, Carl Stephenson, tratando, não há muito, da mesma teoria, tal como a formularam inicialmente Freeman e Stubbs, e a retomou depois Mcllwain, assim se manifesta:

Por mais que eu desejasse preservar alguma coisa dessa engenhosa construção, outrora tão amável (*that once lovely fabric*), suspeito muito que ela se tenha desmoronado sem esperança de restauração (*beyond hope of restoration*).

A essas palavras, que se publicaram no estudo intitulado "The Beginings of Representative Government in England", pertencente ao simpósio *The Constitution Reconsidered* (New York, 1938, pág. 128) caberia acrescentar o que diz outro historiador — A. B. White —, em trabalho que denominou expressivamente "Autogoverno por Ordem d'El Rey" *(Self-Government at the King's Command)* sobre os motivos mais plausíveis, a seu ver, do aparecimento do regime representativo atual na Grã-Bretanha. Esses motivos não estariam em alguma exigência profunda de sangue anglo-saxão *(an urge... in Anglo-Saxon blood),* mas antes em uma disciplina estimulada e imposta aos anglo-saxões pelos reis franco-normandos.

A nada ficaria reduzida, assim, a venerável hipótese agora ressuscitada entre nós e estranhamente reforçada por Oliveira Viana, que, empenhado em demonstrar a incompatibilidade radical do sistema representativo com as condições de povos que lhe parecem biológica e culturalmente inferiores aos anglo-saxões, gostaria de poder apresentar aquele regime como produto racial, brotado de um solo já amanhado através de séculos ou milênios pelas comunidades de aldeia. A propósito dos "concelhos populares" da América do Norte, o autor brasileiro nos diz, efetivamente, que

são formações espontâneas do povo, congregando-se sob o impulso da tradição e do velho espírito público dos anglo-saxões. São ali, *acrescenta*, "réduces das primitivas aldeias agrárias da Inglaterra, em que os moradores se reuniam ao modo dos velhos bretões à sombra do carvalho sagrado, e que constituíram a cédula genética do *self-government* dos povos saxônicos".

É forçoso convir que em todo esse trabalho impaciente de Oliveira Viana para apresentar os sentimentos democráticos e os regimes representativos como criação espontânea e privilegiada de certos povos, resultado de longo processo histórico peculiar a eles, resultará em completo malogro se lhe forem aplicados critérios mais severos de análise.

Não parece mais feliz o eminente estudioso das nossas instituições políticas no seu empenho de exibir-nos o reverso da medalha. O reverso da medalha fornecem-no, é claro, países como o nosso, que mal amadurecidos, ao seu ver, ou muito provavelmente dotados de inaptidão congênita para aqueles regimes, só os tomaram de empréstimo animados por um explicável complexo de inferioridade e por espírito de imitação.

Ainda aqui, a vontade de ver mobilizadas toda a história do Brasil e a do mundo para defenderem a qualquer preço seus pontos de visto, leva-o a construções que parecem extremamente hipotéticas e que eu tentaria comentar em pormenores, não fosse o medo de prolongar estas notas muito além do tolerável. Limito-me por isso a indicar ligeiramente algumas das suas concepções básicas, que me parecem todas falaciosas ou infundadas.

Assim é que, para mostrar o caráter "aristocrático" do nosso municipalismo colonial, relaciona-o ele, em grande parte à época em que teria sido efetuado o transplante das instituições portuguesas correspondentes, dizendo (à pág. 150) que, quando fomos descobertos e colonizados já dominava nos concelhos lusitanos a aristocracia dos "homens bons". Ora, não será preciso recorrer aqui a Gama Barros por exemplo ou a outros historiadores que tenham tratado da administração pública em Portugal, para lembrar que a ascensão dos mecânicos nos concelhos portugueses só se deu a partir de fins do século XV, ou seja precisamente às vésperas do descobrimento do Brasil, e isso contra forte resistência das aristocracias locais, que representariam, estas sim, a genuína tradição lusitana.

Quanto ao seu desejo de reforçar a tese do "apoliticismo da plebe" entre nós, observando que a fundação de povoados e a ereção desses povoados em vilas partiu, com raras exceções, dos governadores coloniais, é significativo que, em favor de tal alegação, lembre apenas a política urbanizadora, se assim se deve dizer, desenvolvida em São Paulo, no terceiro quartel do Setecentos pelo Morgado de Mateus, D. Luís Antônio de Sousa Botelho Mourão. A verdade, porém, é que a atitude desse capitão-general correspondeu, no momento, à exigência da defesa da colônia, e atendeu a ordens expressas do então conde de Oeiras. Foi uma solução atípica e de emergência, que deve ter impressionado aos contemporâneos como novidade quase escandalosa. De fato foi tida como tal, já pelo primeiro governador que lhe sucedeu, e ainda pelo primeiro historiador que se ocupou longamente de sua administração: o Brigadeiro Machado de Oliveira.

Este, que ainda pôde recolher bem viva, porque recente, a tradição oral a respeito da administração de D. Luís Antônio, fala-nos da especialidade que tinha o governador de "acumular a capitania de povoações muito acima das exigências do povoamento". Na generalidade dos casos, a fundação de povoados e vilas por pura iniciativa dos governos redundou em completo malogro. Foi o que se deu, para ficarmos em São Paulo, no caso da maioria das fundações do morgado de Mateus e no dos estabelecimentos de seu antepassado, D. Francisco de Sousa, que este também, por motivos diferentes, embora, tivera a mesma especialidade de criar povoados e ainda de erigir pelourinhos sem que para isso houvesse apelo prévio dos moradores. Mas foram, ao contrário

54

do que sugere Oliveira Viana, casos de exceção e não o uso regular e constante.

O uso constante, em São Paulo, e pode-se dizer em todo o Brasil, era não se erigir em vila um povoado, sem prévio requerimento dos povos (ou seja, na linguagem de Oliveira Viana, sem iniciativa expressa do "povo massa"), quer dizer de moradores já estabelecidos no lugar, independentemente de ação oficial, em volta de terras de lavoura, ou de jazidas minerais, ou de capelas, ou de pousos de tropa e bandeira. No único estudo especializado de que tenho notícia sobre a formação de núcleos urbanos entre nós — as "Contribuições para a história do povoamento de São Paulo" de Rubens Borba de Morais, publicadas em 1935 na revista *Geografia* — mostra-se como essas formações "espontâneas" constituíram a origem da maioria dos nossos núcleos urbanos. E mostra-se também como a "fundação deliberada" só pode prosperar, em geral, na medida em que não dependeu da iniciativa dos governos e sim de algum patrimônio privado e individual. A iniciativa dos governos foi, neste caso, antes fator de armamento do que de povoamento.

Por conseguinte, a ação dos particulares entre nós, que Oliveira Viana busca incessantemente nulificar, teve papel nada irrelevante. É claro que ela devia ser completada, necessariamente, pela ação ou aprovação da autoridade competente, mas nem isso há de servir de base para a demonstração do "apoliticismo" de nosso povo, nem decorre de alguma particularidade brasileira ou sul-americana.

Sobre a suposta geração espontânea das cidades coloniais norte-americanas, que é um dos argumentos utilizados em mais de um passo por Oliveira Viana em favor de sua antítese um tanto caprichosa entre o sistema anglo-saxônico — onde a parte das autoridades seria nula — e o latino e principalmente o brasileiro — onde ela seria absorvente de todas as energias individuais — tudo inclina a supor que não passaria de mais um equívoco do autor. A observação do historiador F. J. Turner relativa aos centros urbanos da Nova Inglaterra, em obra já clássica (*The Frontier in American History,* New York, 1920, pág. 74) ajuda-nos a verificar a sem razão do argumento. A criação de tais centros naquelas colônias tinha geralmente como ponto de partida um requerimento endereçado à Corte Geral. Esta nomeava uma comissão incumbida de inspecionar o terreno e informar acerca de sua conveniência. Em seguinda era baixada ordem, fazendo a concessão das áreas, em extensões variáveis e que deveriam perfazer um total não muito distante de seis milhas quadradas. Esse era o processo "típico" de fundação de uma cidade ianque, di-lo expressamente Turner. E acrescenta que a dita Corte logo expedia regulamentos acerca das terras comuns, das condições para admissão de moradores, etc., assegurando-se de qualquer maneira "pulso firme sobre a estrutura social do novo estabelecimento". Por onde se vê que não seriam menos "fundadas" do que a generalidade das nossas povoações coloniais, opostas por Oliveira Viana às povoações "surgidas ecologicamente, com esta espontaneidade que preside à formação daquelas densidades de que fala La Blache" (pág. 167). Espontaneidade que, por sua vez, já seria ao seu ver como uma esperança de democracia.

Também não se pode afirmar que fosse especificamente nossa a circunstância, lembrada ainda como indício de não existir entre nós "complexo democrático", de se achar a gente da plebe — o "povo massa" — excluída, nas vilas coloniais, "da incumbência de concorrer para a constituição dos poderes públicos municipais dos eleitores e também do próprio exercício destes poderes, como representantes" (pág. 153). Não era em realidade muito diferente a situação nas colônias que viriam a formar os Estados Unidos da América do Norte, esse paraíso do sistema representativo e — exclama Oliveira Viana — "único país do mundo onde a democracia impera sem contraste e o Povo é realmente soberano".

Ainda aqui o autor parece ter aceito com exemplar docilidade o quadro sem sombras que lhe forneceram alguns historiadores do século passado. A lenda do espírito democrático dos puritanos e *Pilgrim Fathers,* que parece ter sido estimulada principalmente por Tocqueville ou Laboulaye e um pouco por Bancroft, pode dizer-se que reaparece em seu livro estuante de vigor juvenil. Mas quem considere as informações existentes com menos arrebatamento poderá chamar de legitimamente democrática a oligarquia teocrática instalada pelos primeiros colonos da Nova Inglaterra?

56

Entre estes — e já não me refiro aos do Sul, onde predominou claramente o que Oliveira Viana, cuidando das condições brasileiras, denomina em sua linguagem o "complexo da família senhorial" — o voto foi privilégio, não foi direito. E privilégio exercido por uma casta que, em certos casos, não chegava a abranger um terço da população branca livre, sem contar naturalmente mestiços, e nem os numerosos servos, *indentured servants,* estes brancos, e na sua maior parte irlandeses ou alemães. É curioso que esse caráter aristocrático da colonização da Nova Inglaterra se exprimia até nos vestuários das diferentes camadas sociais. O historiador T. J. Wertenbaker, refere-nos por exemplo (em *The First Americans,* New York, 1943, pág. 73), que ao *gentleman* era lícito usar trajes vedados aos *goodmen,* e estes podiam usar outros que se proibiam a jornaleiros e criados. A mesma distinção de classe prevalecia na distribuição de brancos nos serviços religiosos. Havia colônia onde a população se dividia em sete classes e tinha seus lugares, nos templos, de conformidade com essa divisão. Em algumas, como New Haven, não havia bancos nas igrejas para quem pertencesse a categoria inferior à dos *goodmen.*

Nem depois da "gloriosa revolução" de 1688, se modificou grandemente, com relação ao direito de voto, a situação das classes populares na América inglesa. Uma idéia dessa situação pode ser oferecida pelas leis de Rhode Island, onde só se permitia o sufrágio a quem tivesse "propriedade apreciável" e "trato civil" (*civil conversation*). James Truslow Adams (em *Provincial Society,* New York, 1943, pág. 21), depois de observar que em começo do século XVIII se registra geralmente uma ampliação nos quadros dos votantes, acrescenta:

Ainda assim, o sufrágio ficava sujeito a excessivas limitações. Em 1703, por exemplo, das sete mil almas que formavam a população de Boston, apenas duzentas e seis pessoas elegiam representantes. Através de todas estas colônias, os eleitores qualificados formavam uma simples fração da população masculina adulta, achando-se automaticamente excluídas profissões inteiras, como as dos artesãos, trabalhadores braçais, criadores, pescadores, pequenos lojistas, etc.

Não é pois de admirar se outro historiador (Georg Friederici, *Das puritanische Neu England,* Halle, 1925 pág. 98) pôde dizer dos puritanos da Nova Inglaterra que constituíam um modelo de governo oligárquico e aristocrático, conhecendo e tolerando tão mal as liberdades políticas, que se tornou necessária a interferência de um rei da casa dos Stuarts para lhes serem impostos, pela primeira vez, princípios mais liberais. E a própria Constituição republicana dos Estados Unidos há de ser considerada menos como uma "expressão da vontade das massas" do que da aristocracia eclesiástica e dos *beati possidentes,* se, conforme o demonstrou Charles A. Beard (em *An Economic Interpretation of the Constitution of the United States,* New York, 1944, pág. 250), apenas cinco por cento, se tanto, da população, tomou parte nas eleições de delegados às convenções que deveriam ratificá-la. A falta de qualificação eleitoral, a ignorância, a apatia das massas, terão, segundo ele, contribuído para semelhantes resultados.

Tudo isso leva a considerar sem entusiasmo as razões históricas invocadas por Oliveira Viana para "provar" nossa incompatibilidade específica e peculiar com o regime democrático. É possível que entre nós o governo das câmaras fosse o oposto de uma democracia no atual sentido da palavra. E talvez sobre razão ao autor para afirmar, como afirma à pág. 746, referindo-se às eleições municipais no Brasil Colônia:

> O povo que elegia e que era eleito nessa época, o povo que gozava o direito de elegibilidade ativa e passiva, constituía uma classe selecionada, uma nobreza — a nobreza dos homens bons.

O certo porém é que não seríamos nisso tão diferentes dos colonos da América Inglesa como gosta de presumi-lo o nosso notável historiador e sociólogo. Se havia grande diferença, estaria apenas em que as leis restritivas do sufrágio seriam cumpridas lá com severidade calvinista, aqui com relativa brandura, ou relaxamento, ou mesmo — por que não? — com espírito de tolerância democrática. De fato não faltou oportunidade, em nossos concelhos, para a constante ascensão de plebeus e mestiços.

Este fato, Oliveira Viana vê-se obrigado a admiti-lo, mas admite-o para um caso, que julga excepcional e interpreta naturalmente ao seu gosto: o da Vila de Piratininga. Cabe perguntar, todavia, se a ressalva, nesse caso, não se relacionaria simplesmente a um conhecimento mais minucioso da "democracia piratiningana", em virtude de se acharem publicados — também por exceção, única no Brasil — suas atas e registros da Câmara a contar do século XVI.

À vista dos contrastes e confrontos que estabelece o autor entre nossos "complexos culurais", e os que em outras terras levaram à adoção, sem embaraço, do regime democrático, pode-se facilmente imaginar até onde ele nos pretende conduzir. Suas sugestões e suas simpatias estão largamente subordinadas à certeza de que só valem, com efeito, as normas e formas geradas "com espontaneidade" de nossa alma popular, e estas, no seu entender, não são as da democracia. Cumpre, por isso, discerni-las e recriá-las conforme tais modelos, vivos e autênticos, se quisermos ter enfim uma política verdadeiramente orgânica e não uma cópia infeliz de figurinos estrangeiros.

É bem notória a importância que em todos os escritos de Oliveira Viana assume esta palavra mágica: "orgânico". Palavra que acena para a crença, partilhada por ele com os filósofos românticos e, sem que o queira, com os "culturalistas" mais radicais, de que as sociedades humanas, os regimes políticos, as instituições, são ao seu modo, e não por simples metáfora ou figura poética, verdadeiras entidades vivas. Muitos ousam imaginar que os homens, por sua vez, poderão reconstruir arbitrariamente tais entidades ou organismos, bastando-lhes para isso que mergulhem nas nascentes da vida e arremedem o que lhes parecem ser as caprichosas leis da natureza. Que jamais lhes ocorresse o que há de contraditório e, em verdade, de "inorgânico", em tal operação é singularmente espantoso.

Todavia não faltam amostras instrutivas dessas pérolas japonesas. Pode-se afirmar que a pretensão de refazer a sociedade sobre fundamentos irracionais mas não obstante legítimos, por isso que "orgânicos", está rigorosamente a origem de toda a doutrinação dos fascismos. A religião da "terra" e do "sangue", que levava um ministro de Hitler, o Dr. Darré, a querer instaurar uma nova nobreza germânica, sobre as ruínas da antiga, recrutando seus elementos na "ganga bruta e radioativa" dos componentes secularmente adstritos à gleba, corresponde, sem

59

diferença à dos legiferadores brasileiros que teriam ido buscar inspiração nos costumes do "povo massa" para elaborarem nossas atuais leis trabalhistas. É em suma, o princípio que Oliveira Viana gostaria de ver obedecido em toda a sua amplitude, ao ponto de poder abarcar as novas instituições políticas brasileiras.

2. UM MITO GEOPOLÍTICO: A ILHA BRASIL

I

A reação contra o fetichismo dos "fatos", que até
o começo deste século distinguiu certa historiografia sim-
ploriamente positivista levou muitos autores a desdenhar
a noção de que os estudos históricos hão de fundar-se,
sob pena de morte, em ampla base documental. Importa
ter em conta, em todo caso, que a colheita, a arrumação,
a depuração, a toilette dos documentos, representa em realidade uma fase primeira e insubstituível para aqueles
estudos. Que o historiador não há de ser um ente perfeitamente passivo diante do "acontecimento", admitiam-
no aliás os próprios positivistas quando cuidavam de erigir
sobre princípios supostamente científicos a sua crítica
das fontes. Havia, entretanto, uma íntima congruência
entre essa admissão e o corpo de idéias a que se cingiam.
O princípio dominante e a própria razão de ser de seu
método crítico estribava-se na ambição de ver apagar-se o

historiador diante dos acontecimentos, que foi, mal entendida, é preciso dizê-lo, a ambição de Ranke, antes de vulgarizar-se.

É nisto que semelhante método já se acha hoje consideravelmente ultrapassado. Ultrapassado, não certamente pelas doutrinas que afirmam, contra a prepotência dos "fatos", a preeminência de esforços interpretativos mais ou menos caprichosos, ou do puro eruditismo e do simples ensaísmo (pois parece claro que a preocupação de inverter tal ou qual critério é ainda um modo de depender dele). Mas, isto sim, pela valorização do mister do historiador, na medida em que não se limite a registrar, mas cuide principalmente de elaborar, animando-os, os dados materiais que formam a ossatura da história.

Já se tem falado na "imaginação do real" como de uma das virtudes do historiador. Imaginação que supõe necessariamente, para começar, a fidelidade ao real, e que se há de valer, por conseguinte, dos testemunhos de eras já remotas, cuidando de lhes imprimir uma vida renovada. Por outro lado não falta, entre esses testemunhos, alguns que por si só já apresentam uma força de sugestão, uma presença atual, em suma um viço, que pode suprir muitas vezes qualquer tentativa de elaboração. É bem o caso dos manuscritos da já famosa coleção De Angelis da Biblioteca Nacional do Rio de Janeiro, cuja impressão, agora felizmente iniciada, creio que marcará época no estudo de nossa história, mormente da história do Sul do Brasil e dos países vizinhos. Através das quinhentas páginas deste primeiro volume, sobre os Jesuítas e Bandeirantes no Guairá, surpreendem-se, ainda cheios de vida, os sucessos que marcam o início da expansão do espaço luso-brasileiro pelos caminhos do Sul e do Sudoeste. Graças ao benemérito zelo e à competência de Jaime Cortesão, que leu, anotou e extensamente comentou o principal dos manuscritos, nem mesmo o leitor leigo ou insensível à sedução dos problemas históricos percorrerá sem algum interesse certas páginas deste livro.

Seria demasiado tentar resenhar aqui a história desse opulento documentário reunido na Argentina de Rosas por um jornalista napolitano a serviço do ditador de Buenos Aires. Adquirido há quase um século pelo governo imperial brasileiro, não havia encontrado entre nossos historiadores, salvo poucas exceções — e neste caso está, convém lembrá-lo — a do Coronel Rego Monteiro, com seu meticuloso estudo acerca da colônia do Sacramento —, quem utilizasse devidamente esse material, embora tenha ele chamado a atenção de estudiosos argentinos, paraguaios e uruguaios. Não deixa de desvanecer-me um pouco o ter sido parte na lembrança de sua publicação e também no primeiro apelo dirigido a Jaime Cortesão para se incumbir de seu estudo, leitura e reprodução. Parte modesta, em todo caso, comparada à de Rubens Borba de Morais, que deu os passos primeiros, verdadeiramente decisivos, no sentido de realizar-se esse ambicioso projeto, e não foi essa a menor das notáveis realizações em benefício da cultura brasileira, que marcam sua passagem pela direção da Biblioteca Nacional.

Na dezena de volumes, ou quase, que abrangerá talvez a publicação ora iniciada, há de figurar sem dúvida muita informação de molde a esclarecer e completar aspectos ainda obscuros de nossa história. Em numerosos casos não passarão desses fatos miúdos e sem aparente significação, sobre as quais muito historiador passa por alto e que mesmo em outros documentários já conhecidos — o do Padre Pablo Pastells, a do Padre Teschauer em sua *História do Rio Grande do Sul,* o do arquivo de Sevilha parcialmente impresso nos *Anais do Museu Paulista,* os do arquivo de Assunção do Paraguai, divulgados ultimamente pelo Departamento de Cultura de São Paulo, os de diversas coleções espanholas ou argentinas — deixam envoltos por vezes num sobranceiro silêncio. Mas é justamente desses fatos miúdos que podemos tirar a substância de uma história atenta não tanto à edificação como ao conhecimento dos homens.

Através das próprias indiscrições contidas nestas cartas e rascunhos, que não se destinavam à posteridade, nem a um público numeroso, encontramos elementos que ajudam a retificar, até certo ponto, julgamentos históricos aparentemente pacíficos. Já em sua *História das Missões Orientais do Uruguai,* impressa em 1943 pela Diretoria do Patrimônio Histórico e Artístico Nacional, pudera Aurélio Porto, valendo-se de documentos da coleção De Angelis, desfazer a suposição de que, no assalto às missões de Tape, em território hoje do Rio Grande do Sul, os homens de Raposo Tavares acrescentaram, ao ato de rapina, o crime de atacar populações inermes. E é significativo que a carta do Padre Diaz Taño, onde se revela que os jesuítas e índios das missões se achavam bem armados e aptos para a luta, fora cuidadosamente riscada na primeira e última páginas, tornando-se quase ilegível nas partes onde se trata do emprego de armas de fogo. Riscadas provavelmente por alguém que não tinha interesse em ver divulgada uma notícia tão em contraste com inúmeras declarações públicas.

O texto esclarecedor não se encontra ainda no volume agora publicado, que se refere apenas às missões do Guairá. Mas dos documentos que nele se inserem e dos comentários do Professor Cortesão depreende-se claramente como os paulistas não encontraram situação muito diversas nas suas investidas iniciais sobre terras do atual Estado do Paraná. Sabemos agora que, desde 1618, os padres pediam ou se reservavam armas de fogo para os índios. E que dez anos mais tarde, sem terem licença para isso, utilizavam-nas contra os bandeirantes, embora acentuassem, em documentos oficiais, que continuavam indefesos.

Para quem se preocupe em absolver os bandeirantes da espécie de "leyenda negra" que ainda hoje os envolve, não será sem interesse observar estas curiosas contradições. Figurantes mudos de nossa história, é em grande parte pelo testemunho de outros, de seus mais apaixonados inimigos e de suas vítimas que conhecemos certos pormenores de sua obra. Agora, a palavra desses inimigos irá ajudar-nos a melhorar o retrato, por vezes infiel, que deles nos foi legado.

E, em alguns casos, o ressentimento contra a ferocidade dos célebres "portugueses de San Pablo" não consegue, aqui, dissimular o que entrava de piedoso na alma desses "lobos carniceiros". O próprio Montoya, um dos responsáveis pela lenda negra, não oculta, na ânua de 1628 (à pág. 271), que chegando a certa redução de Guairá os assaltantes tiveram o zelo de primeiramente examinar na doutrina alguns índios que podiam passar por catecúmenos. Aos que mostraram conhecer a lei de Deus mandaram-nos aos padres e ainda os regalaram com cunhas e anzóis. Só carregaram para o próprio serviço os outros, que, por infiéis, não deram de si boa conta.

Aqueles que vêem na história sobretudo um incitamento à polêmica ou ao desabafo, não deixarão de encontrar aqui mais de um estímulo valioso. Não faltam outros motivos, porém, que autorizem a saudar a publicação, agora iniciada, da coleção De Angelis, como um acontecimento feliz para os que cuidam em melhor conhecer o Brasil, tratando de melhor conhecer fatos obscuros de seu passado.

Assim, se é certo que ela parece dar bons argumentos aos que dominados por uma visão acentuadamente ética ou apologética da história acham necessário "reabilitar" o sertanista preador de índios ou condenar sem apelo seu inimigo e detrator principal — o jesuíta das missões paraguaias — não é menos verdade que prometem novos caminhos para o conhecimento *sine ira* de aspectos ainda nebulosos da formação brasileira. E isso se dará, creio eu, não apenas no caso de textos que tratam expressamente do Brasil e dos índios, mamelucos ou portugueses do Brasil, mas também no dos que abordam a vida nascente das povoações platinas e paraguaias.

Houve momento, com efeito, em que pareceram quase confundir-se nas terras da Bacia do Prata — e cumpre não esquecer que entre ela se inscreve a capitania de Martim Afonso — as sociedades coloniais sujeitas respectivamente às coroas de Portugal e Castela. E se em Assunção e Buenos Aires chegaram a ser numerosos e de importância notável os portugueses conforme o demonstra entre outros o livro bem conhecido de Lafuente Machaln, não foram menos abundantes e influentes os castelhanos, em particular sevilhanos, na Vila de São Paulo. Os historiadores que, como Taunay, procuraram esclarecer a famosa briga dos Pires e Camargos, acenando para a presença, no planalto piratiningano, de uma poderosa facção espanhola, poderiam ver suas opiniões largamente confirmadas com a recente divulgação do processo da devassa do ouvidor João Velho de Azevedo.

Os traços comuns entre as duas áreas coloniais, a lusitana e a castelhana, parecem refletidos inclusive no processo inicial de integração do elemento indígena. Há alguns anos tive ocasião de ocupar-me, justamente a propósito de um dos preciosos manuscritos ora publicados, de curiosa instituição que, segundo um jesuíta anônimo, serviu de base à ocupação do Paraguai: o *cunhadio*. Tomando para si as mulheres nativas, empregadas no labor agrário, de acordo com a tradição indígena que fazia da lavoura mister feminino, puderam os brancos assegurar-se rapidamente a cooperação dos irmãos ou parentes dessas mulheres em suas atividades bélicas, predatórias e aventureiras.

Não é um pouco esse cunhadio — *cuñadazgo* —, o que vemos instalar-se ao menos nos primeiros tempos entre os colonizadores de Piratininga? Índias, não índios, foi ainda o que trouxeram de preferência os comerciantes de carijós que, em meados do século XVI, vinham de Assunção até São Vicente pelo caminho terrestre, que as autoridades logo mandariam cegar. E mais tarde portugueses e índios do Planalto ainda se chamariam reciprocamente não, é certo, de "cunhados", mas de "compadres", numa familiaridade que sem ferir padrões nativos impedia graves fricções entre as duas raças, e que em São Paulo, tanto quanto no Paraguai, acabaria fazendo da língua dos conquistados a dos conquistadores e filhos de conquistadores.

O documento em questão consiste num longo informe sobre as cidades do Paraguai e do Guairá espanhóis, escrito às vésperas de uma série de investidas bandeirantes que ia resultar na incorporação parcial daquelas terras à coroa portuguesa. Por ele sabemos de que modo viviam os moradores da região gairenha e também de Santiago de Xerez (hoje Sul de Mato Grosso) e como andavam ali associados a clérigos e leigos idos de São Paulo. A tal ponto se entendiam uns e outros, que muitos *encomenderos* castelhanos se acumpliciariam depois com os invasores paulistas e colaborariam nas suas razias. Destes espanhóis de Guairá dirá finamente o Padre Durán, que são "mui ricos porque se contentan con su pobreza". Não tendo realmente ambição, nem desejo de alcançar honra nesta vida, nem de elevar sua linhagem, o ofício supremo a que aspiravam era o de alcaides dos seus lugarejos. Não cuidavam de ter notícias de Espanha ou Flandres, não comiam pão, salvo o da terra que era a mandioca, não conheciam moeda nem vinho de uva, nem vaca, nem ovelha. Se comiam carne era de galinhas e porcos das suas miseráveis criações, ou então de antas do mato, que, brancas e macias como terneiro, davam a melhor caça do país. De algodão tecido e tinto cobriam a própria magreza e raramente alcançavam vestidos de Espanha em troca de alguma erva mate.

Aos interessados em nossa etnologia histórica proporcionará este volume subsídios extremamente valiosos. Os dados por exemplo sobre os terríveis Paiaguá, que no século XVIII tanto infestariam as monções bem merecem acrescentar-se aos compilados por Max Schmidt nò no estudo quase exaustivo que o saudoso antropólogo alemão escreveu para a *Revista do Museu Paulista*. Ainda mais importante são as notícias sobre os Guaicuru quando entre esse gentio ainda não se generalizara o uso do cavalo destinado a revolucionar sua vida tribal. Ou os uniformes sobre os gualachos e carijós, às páginas 296 e seguintes, que sugerem confronto com a admirável relação da missão aos Patos, do Padre Jerônimo Rodrigues, publicada há alguns anos por Serafim Leite.

Especialmente interessantes para o historiador são os testemunhos acerca dos mamelucos do Brasil, que já em 1614, e talvez antes, principiam a infestar as reduções sulinas. E dentre esses testemunhos nenhum mais curioso do que o extenso relatório endereçado a Sua Majestade em 1636 por certo Manuel Juan ou Manuel Juan de Morales, morador na Vila de São Paulo.

Nesse depoimento deparamos com numerosos pormenores até aqui ignorados ou mal sabidos sobre o que foram, por exemplo, as sondagens de ouro e ferro ao tempo de D. Francisco de Souza; sobre a organização ordinária das entradas seiscentistas, em particular a relação numérica aproximada de brancos ou mamelucos — "portugueses" — para índios em cada bandeira (um branco para 100 índios nas maiores; nas menores, um para 15); sobre a grandeza e opulência da capitania, que em um só ano chegara a produzir cento e quinze alqueires de trigo e render 2.300 cruzados para Sua Majestade; sobre a quantidade de índios escravizados na mesma capitania, superior a 40.000; por último, mas *not least,* sobre a facilidade com que nas costas vicentinas se construíam embarcações, pois só ele, o informante, homem de poucas posses e sem índios, pudera fabricar ali dois navios para o tráfico de Angola. Designando-o por espião espanhol, Cortesão identifica o autor deste papel, todo ele uma violenta diatribe contra os paulistas, com o Manuel João Branco das Atas da Câmara de São Paulo.

A identificação é indiscutível. Cabe só acrescentar que, nascido em Avelar, Portugal, segundo se infere de seu testamento (publicado no vol. XIII dos *Inventários e Testamentos,* São Paulo, 1921), o suposto espião espanhol viveu em constantes rusgas com os caçadores de índios. Sua informação ainda atesta, quatro anos antes da Restauração, uma perfeita fidelidade a Sua Majestade Católica e à causa dos castelhanos no Novo Mundo. Mais tarde deve ter mudado de idéia, indo ao ponto, se é exata a tradição, de ir oferecer ao rei português (que seria D. João IV, não Afonso VI como está em Pedro Taques, visto que Branco faleceu em Lisboa entre 1642 e 43), um cacho de bananas feitas de ouro. Se o caso é verdadeiro, não custa supor que seu gesto visaria a corrigir o mau efeito provocado entre portugueses pelo seu devotamento ao soberano da véspera.

E sua atitude não constitui exceção rara. Sangue e origem nem sempre foram os fatores mais decisivos nas relações entre portugueses e espanhóis durante os primeiros tempos da ocupação da bacia platina. E se eu devesse fazer algum reparo à tese dominante nos sábios comentários de Cortesão seria o de que, nela, portugueses e luso-brasileiros, de um lado, castelhanos de outro, parecem obedecer insistentemente a uma espécie de fatalidade histórica, superior aos seus interesses e paixões quotidianos. Aos excessos de uma interpretação econômica substituindo-se assim uma interpretação declaradamente geopolítica. Segundo esse ponto de vista, toda a expansão lusitana em nosso Continente baseou-se num intento minucioso e previamente disciplinado, manifesto desde o momento em que Aleixo Garcia, um dos náufragos da armada de Solis, empreendeu sua fabulosa entrada desde a costa de Santa Catarina até às serras hoje bolivianas.

A argumentação apresentada reclamaria, sem dúvida, algum debate. Que aos bandeirantes sobrou constantemente um acendrado patriotismo português e antiespanhol parece acima de discussão. Mas que sua atividade se inserisse em uma espécie de programa deliberado, explicável por considerações geopolíticas (quando em realidade eles contrariaram muitas vezes nessa expansão a vontade e os interesses da Metrópole) é o que não se pode aceitar sem hesitação.

A própria aventura de Aleixo Garcia, animada talvez pelas notícias do Rei Branco e das terras ocidentais, ricas em metal precioso, não pode ser invocada sem reservas em favor da tese, quando a própria nacionalidade portuguesa do navegador sob cujas ordens viera o pioneiro continua sujeita a contestação[1]. Se além disso o caminho praticado por volta de 1553 entre São Vicente e Assunção o fora primeiramente pelos portugueses do litoral vicentino, conforme supõe Cortesão, é outro assunto ainda discutível. Em seminário organizado há poucos anos pelo Instituto de Administração da Faculdade de Ciências Econômicas e Administrativas da Universidade de São Paulo, publicado pelo mesmo Instituto em 1948, tentei mostrar, e, creio, com bons fundamenos, que o freqüentaram tanto espanhóis quanto portugueses, e que sua utilização foi sobretudo estimulada pelas autoridades do Paraguai, Aberta, aliás, pouco antes de 1552, essa via foi fechada em 1553 por ordens terminantes da própria Coroa de Portugal.

E se Nóbrega, jesuíta português, "pensou em alargar conjuntamente as missões portuguesas e a soberania nacional até ao Paraguai", segundo nota ainda Cortesão, pode-se lembrar que o desígnio de assim alargar aquelas missões fora animado pelo próprio capitão espanhol do Paraguai, prova de que não via nele nenhum perigo de extensão da soberania portuguesa. E embora Nóbrega tenha a princípio alimentado dúvidas acerca do direito dos castelhanos sobre Assunção, conforme se depreende de uma das suas cartas, mais tarde voltou atrás e passou a chamar-lhe por várias vezes "terra do Imperador", erigindo-se ao mesmo tempo em defensor de castelhanos contra portugueses e tupis que os molestavam. Esse

---

1. No texto anteriormente impresso constava por engano que "a própria nacionalidade portuguesa do pioneiro" sujeitava-se a constatação. O que se sujeita a contestação é a nacionalidade de Juan Dias de Solis, que além disso esteve a serviço de Castela. O engano é tanto mais manifesto quanto — recordou-o o Professor Cortesão em artigo intitulado "Aleixo Garcia — descobridor de Humanidades", escrito em resposta às linhas acima, — eu mesmo tivera ocasião em junho de 1948 de aludir expressamente ao grandioso "empreendimento desse português". Desde então não vi motivos para modificar o que então dissera sobre a naturalidade lusitana de Garcia. Apenas essa naturalidadee não me parece decisiva em favor da tese de que os sentimentos de quem vinha servindo a Castela, numa frota castelhana, fossem mais portugueses do que os de Fernão de Magalhães, por exemplo ou os de Solis, se é certo que este nasceu em Portugal.

fato granjeou-lhe logo as simpatias e a confiança de Irala, como se pode deduzir da correspondência publicada do governador espanhol do Paraguai.

Todas essas razões, e não somente elas, parecem militar contra uma aquiescência tranqüila às conclusões geopolíticas a que chegou Jaime Cortesão. E cabe pensar que tais conclusões não pareciam tão evidentes ao ilustre historiador, se ele as não tivesse procurado, desde o começo, com tão vivo empenho.

II

Em dois belos trabalhos impressos no *Diário de Notícias* do Rio de Janeiro e *O Estado de S. Paulo,* o professor Jaime Cortesão responde a algumas das dúvidas que me ocorreram ao tratar do volume publicado sob sua responsabilidade acerca dos *Bandeirantes e Jesuítas no Guairá.*

As dúvidas, devo repeti-lo, em nada afetam minha admiração pelo zelo de quem soube organizar um precioso e ainda mal conhecido acervo documental sobre a expansão geográfica do Brasil, enriquecendo-o de comentários. Atingiam, no entanto, convicções que o professor Cortesão vem formulando e defendendo desde há algum tempo com pertinácia.

Dizia-se em meu artigo que não é possível aceitar sem hesitação a tese do autor de que a expansão bandeirante se insere "em uma espécie de programa deliberado, explicável por considerações geopolíticas" (quando, em realidade, elas contrariavam muitas vezes, nessa expansão, a vontade e os interesses da Metrópole).

Essas palavras, que meu mestre e amigo Cortesão considera um apanhado feito "de forma caricatural", procuram fundar-se, entre outras, nas passagens de sua introdução onde se diz que as grandes bandeiras invasoras de terras hoje do Paraná, de Mato Grosso, do Rio Grande do Sul, agiam de boa fé, pretendendo para a Coroa portuguesa o que, com bem ou mal fundadas razões, julgavam sob a jurisdição da mesma Coroa. De boa fé, sem dúvida, porque, "embora possuindo certa cultura geográfica e cartográfica", um homem como Raposo Tavares, por exemplo,

70

não tinha ciência bastante para discriminar as razões que atribuíam aos espanhóis, pela linha de Tordesilhas, a região evangelizada pelo Padre Montoya e seus companheiros (pág. 71).

Por outro lado, essa expansão dos "portugueses de San Pablo", como aos bandeirantes denominavam os castelhanos do Prata e do Paraguai, vem precedida, segundo nota o professor Cortesão, de reivindicações expressas em toda uma série de documentos cartográficos e também em penetrações sucessivas de portugueses do Reino ou em que tiveram estes parte eminente, se não decisiva: a extraordinária entrada no Aleixo Garcia em 1524; a de Francisco Chaves e seus companheiros, ordenada alguns anos depois por Martim Afonso e, enfim, a participação, como "língua", de Gonçalo da Costa, na viagem por terra a Assunção do "adelantado" Alvar Nuñez.

Nenhum desses fatos, *observa à pág. 67,* tem caráter esporádico. Pelo contrário. Formam cadeia e marcam um desenvolvimento progressivo das relações entre os portugueses do litoral, dum lado, e, do outro, os indígenas do interior e até os castelhanos do Paraguai.

É possível que tenha entrado algum exagero de minha parte — e se ele existe quero, desde já, penitenciarme — quando disse que, no seu modo de ver, a "expansão lusitana neste continente baseou-se num intento minucioso e previamente disciplinado", manifesto desde o momento em que Aleixo Garcia empreendeu sua fabulosa entrada. Não vejo, contudo, como o exagero pudesse alçar-se até à caricatura e principalmente não me parece que minhas palavras tenham atraiçoado o pensamento de quem, como o professor Cortesão, ainda afirma, nestes seus artigos, que a expansão portuguesa no Brasil "obedeceu a um processo orgânico, lógico e legítimo — — aquilo a que poderíamos chamar uma razão de Estado geográfica e cultural"; que os cartógafos lusitanos começaram, desde cedo, a "delinear uma entidade geográfica brasileira" definida e destinada, através das bandeiras, a evoluir para as claridades políticas de um Alexandre de Gusmão e de um Rio Branco"; finalmente, que, em alguns casos, os próprios bandeirantes — Raposo Tavares, em particular — obedeceram, em sua atividade expansionista, "a um plano deliberado". Não foi isso mesmo o que eu reproduzi em outras palavras?

A discrepância entre as teorias que atribuí a Cortesão e as que efetivamente lhe pertencem parece provir de ter eu apresentado como intento movido por uma disciplina prévia aquele processo "orgânico, lógico, legítimo". Em vez de "intento minucioso e previamente disciplinado", responde ele, houve, isto sim, "uma aspiração, latente, a identificar a soberania portuguesa com uma unidade geográfica e cultural aposta ao tratado de Tordesilhas e que se pressente, mas não se conhece".

Ora, a discrepância não será, neste caso, mais do que aparente. Pois uma aspiração latente tende de modo inevitável, ainda que, *grosso modo,* a ser tão disciplinadora, e disciplinadora até a minúcia, quanto um plano explícito, conhecido, não apenas pressentido. Foi dessa capacidade de certas aspirações de fundo irracional que tantos teóricos e demagogos de nossos dias puderam, notoriamente, deduzir a importância do mito na vida dos povos. Pois o mito é o meio mais fecundo de se submeterem as gentes a uma dieta rigorosa, que encaminha os seus intentos e as suas vontades a certos fins magníficos, embora só obscuramente suspeitados. E, por outro lado, nos momentos em que se racionalizam as confusas aspirações é quando, justamente, costumam repontar certas razões contrárias, hesitações, ponderações amolecedoras de toda vontade e disciplina. Apenas não é difícil que esses mitos aflorem por vezes à consciência, e o próprio Cortesão nota que alguns bandeirantes — e o que se dirá dos sábios cartógrafos que, segundo seus respectivos interesses nacionais, deslocavam caprichosamente o traçado de Tordesilhas? — obedeciam àquela aspiração latente, mas não deixavam, ao mesmo tempo, de perseguir um "plano deliberado".

O que animava no caso o esforço, primeiro dos portugueses, ainda no Quinhentos, depois dos bandeirantes de São Paulo, seria a aspiração, nas palavras do eminente historiador, de identificar a soberania lusitana em nosso continente com "uma unidade geográfica e cultural". E já isso revela bem que a expansão luso-brasileira não se confunde, a seu ver, com uma frouxa e desordenada ambição, mas sujeita-se a uma verdadeira disciplina, seja esta consciente ou não. A noção dos chamados "limites naturais" não a encontro em nenhum dos seus escritos, mas é evidente que ela preside, para ele, aquela noção de unidade. Aspirariam portugueses e mamelucos, com o mesmo afã, atingir certas raias que os decretos geográficos, mais divinos do que os pontifícios, teriam traçado à sua expansão continental. Foi este, julga ele, o ponto de partida para um verdadeiro "mito", que, forjado a princípio pelos cartógrafos quinhentistas, deveria guiar, como aspiração latente, às vezes consciente, os passos daqueles que iriam ampliar as fronteiras da América portuguesa para além, muito além da linha de Tordesilhas. A essa aspiração obscura associa o ilustre historiador um nome claro e nítido. Chama-lhe o "mito da ilha Brasil". E como, nas últimas linhas de seu trabalho, convida-me expressamente a comentá-lo[2], é o que tentarei, a seguir, e não sem temeridade.

2. Em sua resposta, publicada no *Diário de Notícias* do Rio de Janeiro, a 13 de julho de 1952 sob o título "Introdução ao Debate sobre a Ilha-Brasil" retifica ele nos seguintes termos o significado da expressão que lhe é atribuída: "Antes de entrar no âmago do problema seja-me lícito desfazer o que suponho equívoco do meu interlocutor. Diz ele que o convidei expressamente ao debate. Retifiquemos. Depois de um articulado esquemático da nossa tese, terminávamos: "esse rápido enunciado é a base parcial dum livro que estamos redigindo. Porventura, até que saia a lume, seja prematuro discuti-la. Mas que a discutam desde já estudisoos de grande autoridade como Sergio Buarque de Holanda, havemos por elevada honra. E não nos furtaremos ao debate. Não era propriamente um convite, mas um propósito deliberado de aceitação, caso o meu interlocutor persistisse na crítica, embora conhecendo antecipadamente os inconvenientes dum debate em que me visse forçado a afirmar magistralmente, *malgré moi*, fatos a que não pudesse prestar a ampla prova documental, incompatível com a imprensa diária".

Continuando, escreve logo depois Cortesão: "Falamos na possibilidade de fazer compreender os problemas filosóficos, mas seria mais certo dizer as posições filosóficas, em que assentam as suas interpretações da história do Brasil — a minha e a que me opõe Sergio Buarque de Holanda. Enquanto meu interlocutor opta, para explicar a história, mais que tudo pelas fatalidades do determinismo econômico "as puras contingências econômicas", no seu dizer, nós outros, dando uma grande parte à causalidade econômica, fundimos continuamente os fenômenos da produção e da organização do Estado com as condições geográficas e atribuímos à livre iniciativa e à inserção do espírito e da vontade na história um poder que Buarque de Holanda lhes recusa".

Corriia-se: em vez de convidar-me expressamente ao debate, propusera-se também expressamente, o Professor Cortesão, a "aceitar" o mesmo debate, embora as condições deste não lhe permitissem documentar amplamente as suas afirmativas.

A propósito devo notar, de minha parte, tantos anos após a publicação destas notas que não vejo nelas, em particular no próprio trecho apontado pelo eminente historiador português, nada que sugira um pendor unilateral pelas interpretações baseadas "mais que tudo nas fatalidades do determinismo econômico" ou por outras explicações igualmente parciais. Receio, por outro lado, que nos quadros magnificentes que nos oferece Cortesão, tamanha seja a parte atribuída àquela "livre iniciativa do homem e à inserção do espírito e da vontade" que ficará muito pouco lugar para coisas mais humildes, mesquinhas ou prosaicas, naturalmente repugnantes a qualquer consideração macroscópica.

III

A teoria que explicaria para Cortesão a expansão lusitana e luso-brasileira no continente sul-americano e que o leva a uma interpretação, em alguns aspectos revolucionária de nossa história, resume-se numa idéia nova e arrojada. Na idéia de que os portugueses, aspirando, desde o começo da colonização, e antes dele, a ampliar seus domínios neste continente, se apoiaram inicialmente numa espécie de "mito" forjado por parte dos navegadores e cartógrafos, e evoluíram, aos poucos, com o socorro às vezes deliberado dos bandeirantes e da diplomacia lusa, até à visão clara e fecunda de Alexandre de Gusmão.

Contra essa teoria no entanto não faltarão objeções poderosas. Que em sua expansão grandiosa e verdadeiramente sem precedentes, através de mares remotos, tenderam os portugueses, com singular constância, a uma colonização de tipo costeiro, comparável em muitos pontos à dos fenícios e gregos da Antiguidade — colonização onde a milícia dava braço à mercância e existia, a bem dizer, em função desta — é tudo quanto há de mais provável. Um moderno historiador britânico, R. H. Tawney, pôde descrever razoavelmente o mundo colonial 'português do Quinhentos quando disse que consistia em "pouco mais do que uma linha de feitorias e fortalezas de dez mil milhas de extensão".

Ora, o caso brasileiro não parece oferecer uma exceção a essa regra, que, se provinha de uma vontade precisa, provinha muito mais de uma necessidade imperiosa. Era, a rigor, uma regra de economia: economia de forças e economia de braços, necessária à preservação do gigantesco império ultramarino. Não admira que se achasse expressa em um sem-número de recomendações, de mandamentos, de recriminações, de ameaças. Os que percorram as cartas de doação de capitanias nas costas do Brasil, ou o regimento do primeiro governador-geral, ou ainda as sucessivas ordens aos colonos para que não andem a tratar terra a dentro, com o gentio, verão neles um intento claro de conter o povoamento e conquista na orla litorânea.

E há, ainda aqui, a manifestação, por assim dizer, de uma técnica específica de colonização, que os por-

74

portugueses não abandonarão enquanto não os moverem a isso circunstâncias estranhas. As razões que tinham aconselhado essa preferência pelo povoamento costeiro foram tão fortes e persistentes que ainda em pleno século XIX as exprime Varnhagen quando apresenta como um verdadeiro benefício para os brasileiros o fato de só tardiamente se ter realizado a expansão para o interior da Colônia. Pois se já nos primeiros tempos fossem encontradas as grandes jazidas de ouro e diamante, estas determinariam, segundo todas as possibilidades, um movimento irreprimível das populações para o sertão distante, de maneira que o litoral, despovoado e inerme, se converteria em fácil presa para os piratas franceses.

A essa "técnica" portuguesa opuseram os castelhanos uma outra, que visando em realidade aos mesmos fins, ia seguir caminhos nitidamente opostos. Não foi, ou não foi apenas devido ao fato de terem encontrado, desde o início, metais preciosos no interior, das suas conquistas e em alguns casos verdadeiros e ricos impérios indígenas, que cumpria dominar inteiramente para tê-las seguras, que os espanhóis optaram, ao contrário, pela ocupação das terras centrais, em prejuízo, muitas vezes, das marinhas.

Entrava nessa tendência uma vontade clara, manifesta em ordenações e prescrições tão precisas em favor da colonização das terras interiores, quanto as dos portugueses o eram em favor do povoamento das regiões costeiras. Quem queira certificar-se disso recorrendo à *Recopilación de Leyes de Indias,* hoje facilmente acessível depois da edição fac-similar publicada em Madri, em 1943, lá achará, entre outras muitas, no tomo segundo, página 20 (Liv. IV; tit. VII; lei 4ª), uma *ordenanza* insofismável nesse sentido, onde se manda que não se erijam povoados "em lugares marítimos, pelo perigo que há neles de corsários, e não serem tão sadios, e porque não se entregam as gentes ali a cultivar a terra, nem se formam neles tão bem os costumes...". Acrescenta o legislador que só se devem povoar as costas onde existam portos de primeira ordem, *buenos y principales,* e destes "apenas os que forem necessários para a entrada, comércio e defesa da terra".

Entre os motivos que impeliram o português a optar pelo povoamento litorâneo destaca-se a necessidade de

75

defesa da terra. Para o castelhano, a mesma necessidade, em particular a de se resguardarem as povoações contra corsários, leva-o a internar-se em suas conquistas. Existe curiosa carta de Sir Walter Raleigh, escrita em 1595, onde, assinalando os proveitos que tirariam os ingleses da ocupação da Guiana, caminho certo da fabulosa Manoa, o El Dorado dos espanhóis, o célebre aventureiro trata de dissuadi-los da idéia de que as opulentas possessões americanas, da Coroa de Castela, seriam vulneráveis por se acharem aparentemente desguarnecidas. Nesse papel, que pode ser lido na coleção Hakluyt (ver Richard Hakluyt, *The Principal Navigations,* ed. J. M. Dent & Sons, 1927, 7.º vol., págs. 272 e ss.), diz-se dos portos dessas províncias que são poucos e pobres; que só se enriquecem à chegada das frotas quando estas vêm receber os tesouros para a Espanha, e que ninguém deve imaginar os espanhóis a tal ponto ingênuos que, dispondo de tantos cavalos e escravos, não possam, a um simples, aviso prévio de dois dias, carregar todas as riquezas para o interior de suas terras, cheias de montanhas íngremes, de rios e de pantanais.

Tudo isso ajuda a explicar como as possessões castelhanas, quase desde o primeiro momento, adquiriram seu perfil geográfico aproximadamente definitivo, ao passo que o Brasil só ganhou o seu muito lentamente, e não tanto por obra dos portugueses reinóis como dos seus descendentes brancos, depois de abundantemente assimilados os processos e recursos da população indígena. A conquista do litoral pôde fazer-se praticamente sem socorro dos recursos e habilidades dos primitivos moradores da terra. Mesmo a do Amazonas e a da bacia amazônica, embora não tivesse faltado, neste último caso, a contribuição de índios e mestiços, podia apresentar-se como simples prolongamento da colonização litorânea, já que as margens do rio-mar estendiam para o interior as do mar oceano. Mas a conquista do sertão, onde não dependeu da presença de grandes rios navegáveis, essa só se tornou efetiva graças ao concurso do mameluco e ao do índio.

Neste ponto assistem as melhores razões a um moderno historiador que, não sendo português, nem brasileiro, pôde ver estes assuntos sem paixões e preconceitos nacionalistas (Georg Friederici, *Der Charakter der*

76

Entdeckung und Eroberung Amerikas durch die Europaer,
2.º vol., Stuttgart, 1936, pág. 220), quando sustenta que
"no Brasil, a América foi conquistada para os europeus
pelos americanos". E acrescenta o mesmo autor que "os
bandeirantes, cujo íntimo, cujo sangue, espírito, instinto,
vinham essencialmente das veias e da hereditariedade dos
índios da terra, são os verdadeiros penetradores e conquistadores do interior do Brasil".

Jaime Cortesão não parece, é certo, de todo avesso
a este último ponto de vista. Associa mesmo aos portugueses, não apenas como portugueses, mas também e
expressamente como "assimiladores da cultura tupi-gua-
rani", os pródromos da conquista do sertão, prefigurada
naquilo a que vem chamando o "mito da ilha Brasil".
A ação das bandeiras teria, entretanto, um objetivo já
definido, embora obscuramente, no espírito dos portugueses
da primeira parte do Quinhentos. É fácil notar que neste
ponto se introduz uma espécie de intencionalismo na história da conquista do sertão, assim como existe um intencionalismo na do próprio descobrimento do Brasil pela
frota de Cabral. É verdade que se trata agora de um
mito, que só irá desanuviar-se, até atingir serena claridade, na medida em que forem sendo desbravadas as terras
sertanejas, para muito além da demarcação de Tordesilhas. Mas não é menos certo, segundo as mesmas concepções, que viajantes e cartógrafos lusitanos tinham fabri-
cado aquele mito desde os primeiros decênios do século
XVI, quando procuraram em seus mapas e relatos apresentar uma "entidade geográfica brasileira" perfeitamente definida, dando-lhe assim uma "força deflagradora
da vontade". De acordo com essa teoria, os caminhos da
história teriam sido de antemão traçados por aqueles
homens. E suas intuições ou aspirações iriam comandar
à distância os aventureiros na selva, ainda quando estes
não se apercebessem claramente delas.

Pode-se imaginar grosseiramente um termo de comparação para semelhante processo, lembrando que em
outro país, esse longamente povoado e cultivado, a observação de César de que os germanos viviam para além do
Reno, *trans Rhenum incolunt,* também chegara a constituir uma "força deflagradora das vontades". Com efeito,
na França, já ao tempo de Richelieu, dizia-se vagamente
que as "fronteiras naturais" do país estavam no Reno, e

77

essa idéia, nutrida, talvez nas explicações escolares dos *Comentários*, só iria florescer plenamente nos dias da Revolução. Não é um pouco o que segundo a tese que venho abordando, teria acontecido entre nós?

Para o Brasil, e quando a terra apenas principiava a ser visitada pelos navegadores, pretende essa teoria que se criou em Portugal uma noção idêntica, das "fronteiras naturais". A América portuguesa não ia só do Amazonas ao Prata, como se ampliava sertão adentro, rumo aos limites pressentidos, que a natureza marcou com dois braços de água saindo de um lago chamado de Eupana* ou Dourado para alcançarem respectivamente ambos os estuários. Os castelhanos habitavam ou viriam a habitar as terras situadas além daquelas fronteiras: *trans Paraquariam incolunt*. É esse, em suma, o princípio contido no "mito da ilha Brasil", a menos que eu interprete mal o pensamento do eminente mestre Jaime Cortesão.

É notório que, uma vez formulada, a noção que se acharia a base de tal mito tendeu com freqüência a assumir e assumiu um significado político empolgante. Se os rios não chegam a ser, do ponto de vista geográfico, uma efetiva barreira, parece inegável o poder sugestivo dessas linhas de separação, que se diria traçadas pelo dedo de Deus. Elas têm uma ação psicológica invencível, quando, sobretudo, nas cartas geográficas, indicam os limites ideais entre os povos da terra. E a seu modo contribuem para imprimir nas suas almas a magia nostálgica dessas formas terminais que a cartografia fabrica quando a geografia não inspira.

E é mesmo provável que essas fabricações possam sem dificuldade ser deflagradouras da vontade como o supõe Cortesão. Onde chegam a nascer dúvidas, nesse caso, é quando o erudito pesquisador entende que, ao figurar uma imagem insular do Brasil, que se destaca bem claramente do restante da América do Sul, os cartógrafos portugueses do Quinhentos teriam criado um verdadeiro mito político e que esse mito se mostrou logo

---

* Posteriormente cheguei à convicção, já exposta em livro de minha autoria intitulado *Visão do Paraíso* (ver 3.ª edição, pág. 39) de que o nome EUPANA, citado por Cortesão, não passaria de má reformação gráfica do EUPAUA ou UPAUA dos naturais da terra e as formas dela derivadas como UPAVUÇU — o VUPABUÇU, de Fernão Dias Pais, onde se reúnem as idéias de "mar" e de "lagoa".

capaz de inspirar, direta ou indiretamente, toda a nossa expansão colonial.

Não lhe parece excessivo pensar que tais cartógrafos e seus seguidores pudessem achar-se já àquele tempo tão impregnados da noção moderna das "fronteiras naturais". Pois, afirma, "o português representativo dos séculos do Quinhentos e do Seiscentos, amadurecido pelas experiências marítimas com anterioridade aos outros povos, pensava cosmograficamente; via as entidades geográficas nos seus caracteres distintivos e relacionava-se com o globo". Assim não lhes teria custado, depois de descoberto o Brasil, prefigurar uma realidade geográfica onde já se delineasse, em forma embrionária e mítica, a extensão futura (isto é, a atual) da América lusitana.

Já no primeiro quartel do século XVI os cartógrafos portugueses teriam principiado a "delinear nos mapas uma entidade geográfica brasileira, compreendida entre o delta amazônico e o estuário platino que larguissimamente excedia os limites impostos pelo tratado de Tordesilhas". Entretanto, o primeiro documento cartográfico em que procura apoiar-se o ilustre historiador — o mapa de 1519 atribuído a Lopo Homem — não parece decisivo em favor de sua tese. Ele próprio não deixa de notar que, nesse mapa, duas bandeiras, uma ao norte do Amazonas, outra "muito ao sul do estuário do Prata", assinalam a extensão da soberania portuguesa. De modo que nem na costa, nem, em verdade, no interior — tanto quanto é possível julgar-se da reprodução inserta no vol. III da *História da Expansão Portuguesa do Mundo,* onde ilustra um trabalho do Professor Jaime Cortesão, ou no que acompanha o segundo volume do opulento estudo de Armando Cortesão sobre velhos cartógrafos lusitanos — vamos encontrar qualquer elemento que favoreça a teoria do "mito da ilha do Brasil".

O que esse mapa sugere será a ambição nada estranhável de dilatar exageradamente as terras da Coroa portuguesa, não a de dar-lhes um perfil nítido e bem delineado. E nesse ponto o desejo dos portugueses tinha uma contraparte nas pretensões castelhanas. Certa carta de João Batista Gésio, escrita sessenta anos depois da data associada ao mapa em questão, mostra como havia, ainda então, quem julgasse que o meridiano da demarcação de Tordesilhas passaria a apenas vinte léguas ao ocidente do Cabo de Santo Agostinho, de maneira que o Brasil português compreenderia somente as vinte léguas a leste-oeste do dito cabo; o restante seria de Castela. Outra ambição, mais moderada, era a dos que faziam passar o limite sul das possessões portuguesas pela Baía de Todos os Santos, no máximo pelo Cabo Frio, posto que os portugueses já tivessem então ocupado e povoado São Vicente.

Onde a silhueta insular do Brasil aparece nítida é, aqui sim, nos relatos do piloto João Afonso o Francês de alcunha. Lembra efetivamente o Professor Jaime Cortesão como esse "português a serviço da França" fala em 1544 de uma Ilha Brasil tão perfeitamente rodeada pelo Amazonas e o Prata "que se tinha navegado nas duas direções, da foz de um até desembocar na foz do outro". Todavia não consigo dar a este depoimento a singular importância que costuma associar-lhe o eminente historiador. Já mostrou claramente Joaquim Caetano como as informações de João Afonso sobre o Brasil são todas de segunda mão, salvo aquele trecho — o mesmo, sem dúvida, a que alude o Professor Cortesão — onde escreve que, de um grande lago no interior, partem em direções contrárias, o rio Maranhão e o do Prata:

et toutes deux font de tout Brésil une isle... et par elles ont passé deux navires de mon temps, l'un qui estoit navire d'Espagne entra par la Riviere de Maragnan, et l'aultre estoit de Portugal entra par la Rivière d'argent et tous deux entrèrent en ce grand lae que j'ay dict.

Haveria neste passo mais do que um fruto da imaginação generosa de quem se empenhava simplesmente em valorizar a própria ciência das terras que percorrera ou não, para leitores ignorantes e ávidos das maravilhas das Índias? Não é o mesmo piloto João Afonso quem, em sua Cosmografia, nos fala também em árvores cuja folha, caindo na água, se converte em peixe, e sendo em terra, se transforma em pássaro; nas hienas que têm duas naturezas, de modo que num ano são machos e no seguinte fêmeas; nos crocodilos que durante a noite saem à terra para acender fogueira? O Professor Jaime Cortesão procura, no entanto, valorizar singularmente aquela descrição do Brasil que figura nos escritos do engenhoso piloto: João Afonso seria um dos forjadores do "mito" patriótico e político da Ilha Brasil, de importância básica em nossa futura expansão territorial. Sua imaginação traria, neste caso especial, uma íntima e incoercível fidelidade aos destinos históricos de sua gente.

Existe aqui, é verdade, uma séria dificuldade e deslindar. João Afonso seria "francês", unicamente de alcunha? Que o era também de origem e nascimento sugerem-no testemunhos conhecidos dos contemporâneos seus, e havia quem precisasse mais sua naturalidade: de Saintoigne, perto de Cognac. Mesmo em Portugal, e em nossos dias, não tem faltado os que, como João Lúcio de Azevedo, preferiram, com razões aparentemente plausíveis, a versão que lhe atribui origem francesa. Versão esta contrariada agora por Jaime Cortesão que, em um dos seus escritos, declara ter encontrado em Servilha provas concludentes de sua nacionalidade lusitana. Ignoro se já foram divulgados esses textos comprobatórios. Mas assente seu ponto de vista, ainda me parece sumamente difícil associar profundos sentimentos portugueses à simples fantasia de quem, nos seus escritos, não se cansa, por outro lado, de tratar os portugueses de adversários e, em seus atos, como piloto a serviço da França, de prejudicar sérios interesses ultramarinos da Coroa de Portugal.

Seja como for, custo a distinguir qualquer conexão entre as observações associadas ao nome de João Afonso ou — talvez por não passar, quanto muito, de mero aprendiz nestas coisas de cartografia — entre os mapas a que alude Jaime Cortesão e as reivindicações territoriais lusitanas no Novo Mundo. Que os portugueses pretendessem para sua Coroa a maior extensão possível da costa é indiscutível. Já se viu como os seus cartógrafos e geógrafos traçavam a linha de Tordesilhas de maneira a não tocar apenas nos estuários como a cortar claramente o curso do Amazonas e o do Prata. No caso particular do Amazonas é o que esclarece perfeitamente a leitura das razões do Barão do Rio Branco apresentadas em defesa do ponto de vista brasileiro na questão do Amapá. Mas já esse fato não milita contra a idéia de que a Ilha Brasil dos mapas queria representar uma realidade geográfica luso-brasileira perfeitamente rodeada de um lado pelo oceano, do outro pelas águas do Amazonas e as do Prata? Pois no litoral, as terras reivindicadas transpunham

81

de modo claro os limites "naturais" que os dois rios poderiam formar.

É evidente, além disso, que uma linha abrangendo no hemisfério português tamanha expansão da costa seria, dada a própria configuração do continente, trazer para as áreas lusitanas parte apreciável do sertão, a começar pela totalidade, ou quase, da área que os mapas apresentavam como cercada pelo Amazonas e pelo Prata. Não parece necessário, neste caso, imaginar-se a presença do "mito" expansionista da ilha Brasil.

O Professor Jaime Cortesão refere-se especialmente ao mapa de Bartolomeu Velho, de 1562, para apresentá-lo como um dos primeiros exemplos, e dos mais típicos, de uma "confluência entre o mito (da ilha Brasil) e o abusivo traçado da linha de Tordesilha". Quem considere o mapa aludido, que traz o número 14 no atlas anexado pelo Barão do Rio Branco às suas memórias sobre os limites com a Guiana Francesa, verá, porém, que a confluência não existe. Notamos nele como a linha, cortando embora a Lagoa Eupana, de onde partem os dois braços de água, deixa fora da demarcação portuguesa não só uma grande parte do braço sul, correspondente ao Rio Paraguai, como todo o curso do chamado Rio Pará, que representa o braço norte e vai desaguar no delta amazônico. Pode-se, é certo, suspeitar que aquele cartógrafo português, embora a serviço da França, quisesse favorecer seu país de origem, dando-lhe acesso às riquezas do lago fabuloso, que em outros mapas traz o nome de El Dorado. Mas o fato de situar grande parte da suposta ilha a leste do meridiano decorre forçosamente de ter colocado também a leste do meridiano uma grande parte da costa oriental do continente.

Contra a tese "geomítica" ainda seria possível lembrar, talvez, que os portugueses não foram mais solícitos do que outros povos no registrar e conservar essa silhueta insular em suas cartas geográficas onde aparece a América do Sul. Do mapa de João Teixeira elaborado em 1642, justamente quando a Restauração deve ter estimulado mais do que nunca os interesses nacionalistas e expansionistas do Reino, a "ilha Brasil" está de todo ausente, embora persista, por exemplo, no de Nicolas Sanson de Abbeville (de 1650), que é francês e cartógrafo do rei de França.

82

O maior conhecimento do sertão remoto levaria ao abandono crescente pelos cartógrafos dessa sugestiva silhueta insular. Não hesitarão os portugueses em introduzir a correção em seus mapas, embora aquele conhecimento se devesse durante o século XVI sobretudo a castelhanos. Do lado português, podia Jaime Cortesão lembrar e, com efeito, lembra, o nome de Aleixo Garcia, o de Francisco de Chaves e o de Gonçalo da Costa. A experiência ganha por esses sertanistas não poderia, entretanto, influir sobre os cartógrafos do Reino: Garcia e Chaves jamais voltaram de suas jornadas, e Gonçalo da Costa logo se desentendeu com os seus compartriotas e passou-se para o serviço de Castela, onde acabou seus dias.

Do lado castelhano pode citar-se, no entanto, só para os anos de 1528 a 1560, a entrada de Caboto, a de Ayolas, a de Álvar Núñez (aos Xaraies), as de Irala, a de Hernando de Ribera, a de Francisco de Ribera, as de Nufrio de Chavez, entre outras, que contribuíram não apenas para o conhecimento e devassamento como para a conquista — se bem que provisória em alguns casos — dos sertões de Charcas, do Chaco, de todo o Pilcomayo, dos Xanés, do curso do Paraguai acompanhando os Xaraies e das áreas que se situam entre o Paraguai e o Peru.

Se é certo que os portugueses se viram empolgados desde a primeira metade do Quinhentos por um mito político e expansionista como o da ilha Brasil, forjando assim uma verdadeira geomítica, de acordo com Cortesão, como explicar que abandonassem precisamente aos seus grandes rivais o cuidado de explorar os contornos longínquos da vasta área que reivindicariam para si? E como entender e justificar o fato de, passado um século, as incursões bandeirantes, contrariando, não raro, ordens terminantes da Metrópole, terem resultado afinal na incorporação ao mundo lusitano de terras que, por obra de seus sábios cartógrafos, tão antecipadamente já lhe fora reservada?

A teoria do Professor Cortesão parece-me digna de respeito mormente por defendê-la quem a defende. Apesar de tudo quero acreditar que não passa de uma dessas hipóteses engenhosas, oriundas de nossa constante tentação de procurar submeter os acontecimentos do passado a uma coerência racional mais ou menos rigorosa. Pois dificilmente nos conformamos com a idéia, herdeira do velho providencialismo, de que o curso da história atende mal ao nosso desejo de vê-lo sujeito a uma ordem perfeita e exemplar. E muitas vezes cuidamos discernir a presença dessa ordem na procissão, talvez caprichosa, das eras, como se no saber contemplá-la e desvendá-la residisse o segredo da grande história. A verdade é que essa ordem obedece quase sempre a uma espécie de retrospecção apologética e resulta, em suma, numa *logificatio post eventum*, deleitosa para as imaginações, mas de escasso préstimo para o conhecimento do passado.

Devo dizer que nada me convence de que, nas entradas e bandeiras, ainda quando movidas por um acendrado patriotismo português, ou luso-brasileiro, os motivos políticos e, melhor, geopolíticos, para recorrer à terminologia do Professor Jaime Cortesão, fossem tão eficazes quanto as puras contingências econômicas. Ou quanto um exacerbado orgulho regional que, impaciente de qualquer jugo, se afirmou freqüentemente contra a vontade, os interesses imediatos e os decretos da própria Coroa.

3. DA ALVA DINAMENE À MOURA ENCANTADA

I

A mudança que a partir de fins do século XVI se vai operar paulatinamente nas relações entre o indivíduo e o universo, trazendo consigo novas concepções de vida, tipos novos de sensibilidade, e mesmo, para recorrer à forma consagrada entre alguns historiadores da arte, possibilidades "óticas" diferentes, poderia ser vantajosamente encarada através de elementos secundários e, na aparência, acessórios ou frívolos. Certos dados que até há pouco tempo eram, se tanto, objeto de amáveis e inconseqüentes jogos eruditos, como o caso, por exemplo, dos traços ideais da beleza feminina, podem fornecer, por esse lado, valioso acesso à melhor inteligência e análise de tal mudança.

É sabido que, para a poética renascentista, em particular, os louros cabelos e os olhos celestes pareciam exprimir, quase sem exceção, a exigente espiritualidade que sugere o próprio decoro da grande arte. Podia ocasionalmente variar um desses dois atributos, como sucede, entre outros, com Ariosto, que nos apresenta heroínas de loura coma e olhos pretos de carvão: Angélica, por exemplo ou a Alcina enfeitiçada. São, no entanto, casos individuais, e que não alteram o padrão mais convencional. À beldade com os olhos e os cabelos negros, acompanhando ou não a tez morena, parece associar-se, de outra parte, a uma sedução traiçoeira, às vezes demoníaca, o que já parece bastante para excluí-la do céu da poesia. Mesmo na Itália, e no Setecentos, ainda vemos persistir esse ponto de vista. Paolo Rolli, que foi muito seguido pelos árcades, até árcades brasileiros, segundo parece, refere-se numa cançoneta a uns olhos "astutos, tanto quanto belos",

Gli occhi furbi quanto belli[1]

de sua *brunettina,* e Carlo Innocenzo Frugoni, o abade da "abençoada infidelidade", não deixa de exclamar que

La bruna è senza fé[2]

Antes deles já o marinista Bartolomeo Datti, ao falar naqueles "sóis etiópicos" e nas "noites iluminadas" que eram os olhos de Cloris, descreve-os em toda uma seqüência de imagens evocativas do mundo infraterreno:

> *demoni luminosi, angioli mori*
> *tartarei paradisi, eterei abissi,*
> *empirei de l'Inferno ...*[3]

Seria ilusório, porém, querer ir buscar nos quinhentitsas, ou num Petrarca, as fontes dessa parcialidade em favor dos tipos louros, que de fato já existe desde a antiguidade pagã, de onde foi herdado pela Europa cristianizada: Ulisses, entre todos os heróis homéricos, é o único a apresentar-se expressamente com olhos pretos e rosto trigueiro. Não é um indício de que esses atributos já seriam desde cedo associados à diabólica malícia e à solércia traidora? Traços por onde, ao menos os olhos cor de carvão, irão encontrar competidores, mais tarde,

---

1. *I Lirici Del Seicento e Dell'Arcadia.* A cura di Carlos Calca terra, Milão-Roma, 1936, pág. 550.

2. *Ibid.* pág. 647.

3. *Lirici Marinisti.* A cura di Benedetto Croce, Bari, 1910, p. 512.

nos cabelos cor de fogo, próprios de Judas Iscariotes, que velha e teimosa tradição pretendia barbirruivo.

Na predileção pelas louras não se pode dizer que a Península Ibérica, incluído Portugal, abriam exceção à regra. Não será fácil comprovar com base nos elementos disponíveis, a afirmação de Gilberto Freyre, em *Casa Grande e Senzala,* ao apontar como uma constante do lirismo lusitano (e brasileiro), a preferência dada à mulher morena, em detrimento da loura. As "virgens pálidas" e as "louras donzelas", escreve o notável sociólogo, "surgem num ou noutro soneto, numa ou noutra modinha do século XVI ou XIX". Isto é, sem o relevo da mulata, da cabocla, da morena, celebradas pela "beleza dos seus olhos, pela alvura de seus dentes, pelos seus dengues, quindins e embelegos".

Esse relevo andaria a seu ver relacionado com o longo contacto dos sarracenos, que deixou idealizada, entre espanhóis e lusitanos, o tipo da "moura encantada", com sua tez morena, seus olhos pretos, envolta em misticismo sexual, de que os colonizadores viriam encontrar no Brasil uma réplica entre as índias nuas e de cabelos soltos. Em apoio dessa tese, lembra como já um estudioso norte-americano salientou a circunstância dos povoadores do Brasil terem, antes de seu domínio sobre homens de cor, experimentado por sua vez o domínio de um povo de pele escura, superior em técnica e organização aos hispano-godos. Nessas condições, notou ainda Roy Nash, seria considerada uma verdadeira honra para o branco o casar ou unir-se de qualquer modo com indivíduos das classes dirigentes, homem ou mulher de pele escura. À figura da "moura encantada" não faltava, é certo, quem opusesse a da "moura torta", mas as origens desse mito são associadas por Gilberto Freyre a uma espécie de despeito da mulher loura e também ao ódio dos cristãos vindos do Norte contra os infiéis. E a esse mesmo ódio tenta relacionar a idealização em toda a Europa, "mais tarde", dos tipos louros, assim como a identificação das morenas com os anjos maus, os decaídos, os traidores [4].

Semelhante análise, para ser bem apoiada, pediria um atento exame dos textos medievais e, no que se refere à

---

4. GILBERTO FREYRE, *Casa Grande e Senzala. Formação da Família Brasileira sob o Regime da Economia Patriarcal,* 9.ª edição brasileira, 1.º tomo, Rio de Janeiro, 1958, págs. 12 e s., e 83.

lírica amorosa, dos cancioneiros peninsulares antigos. Nestes, porém, nada existe, em realidade, que possa sugerir uma inclinação para os indivíduos trigueiros da parte dos portugueses e ibéricos em geral. O certo é que os primitivos cantares de amor lusitanos e galegos só por exceção aludem aos traços físicos da mulher amada. Quase sempre limitam-se a afirmar dela em uma palavra, conforme já notou Pièrre Le Gentil, que é *fremosa,* ou é de *bom parecer* [5]. E se a dama for, porventura, de casta de mouro, nada indica que esse fato, o trazer ela nas veias sangue dos antigos senhores da Península, tenha alguma coisa a ver com a sedução que chegasse a exercer, pois que, na generalidade dos casos, devia pertencer a uma condição social inferior à do amante. Já então vamos encontrar poetas que se fazem escravos de escravas.

> *Catyvo sam de catyva*
> *servo dhua servidor,*
> *senhora de seu senhor* [6]

exclamou, com efeito, um deles, o João de Menezes do *Cancioneiro* de Garcia de Rezende, antes de Gil Vicente, que por intermédio do escudeiro, em *Juiz da Beira,* celebra o "fogo vivo" dos amores de moura,

> *ella cativa eu cativo* [7]

e muito antes de Camões, que se fazia servir de quem servir o poderia,

> *Aquela cativa,*
> *Que me tem cativo...*

Note-se de passagem como Bárbara, a escrava, tinha isto de particular, que nela a pretidão dos olhos não é sinal de ruindade, mas penhor de brandura. Isso mesmo cuida de explicar o poeta, como quem a tanto é obrigado para desfazer uma opinião dominante e crença bem firmada. De

> *olhos sossegados,*
> *Pretos e cansados,*
> *Mas não de matar*

5. PIÈRRE LE GENTIL, *La Poésie Lyrique Espagnole et Portugaise a la Fin du Moyen Âge,* 1.º Partie, Rennes, 1949, pág. 105.

6. GARCIA DE REZENDE, *Concioneiro Geral,* t.º 1.º, Coimbra, pág. 156.

7. GIL VICENTE, *Obras Completas,* Reimpressão fac-similar da edição de 1562, Lisboa, 1928, fol. CCXXIII.

é ela bem diferente, neste ponto, das *brunette* de Paolo Rolli, por exemplo, que seguindo a lei mais geral, hão de ter o *occhio omicida* [8]. E não se esquece, o português, de volver-se neste ponto abertamente contra um modo de ver comum e popular, não só de fidalgos, onde aborda ainda outro primor da cativa que cativado o havia:

> *Pretos os cabelos,*
> *Onde o povo vão*
> *Perde opinião*
> *Que os louros são bellos* [9]

A verdade, porém, é que onde Luís de Camões celebra os mimos de sua Bárbara, recorre ao verso de timbre ligeiro e medida antiga, bom para temas vulgares e tidos como baixos. Quando apela, ao contrário, para o estilo alevantado e nobre, prefere louvar a "alva Dinamene". No máximo, se lhe sucede, mesmo nestes casos, celebrar uma formosa e gentil dama de "delicadas sobrancelhas pretas" cuida, ao mesmo tempo, de pintá-la com

> *A testa de ouro e neve, o lindo aspeito,*
> ....
> *O colo de cristal, o branco peito* [10]

e assim parece ceder um pouco à moda do Ariosto, quando, ao tratar de Angélica, casa, em sua figura, com a coma de ouro, uns olhos de carvão.

É curioso que, onde aparecem amores heterodoxos, o antigo cantor ou trovador ibérico, sempre dócil aos padrões tradicionais, insiste, por sua vez em enaltecer até na mulher moura, não a pele escura, como seria lícito esperar, mas, ao contrário, uma tez de imaculada brancura. É o que se dá com Villasandino, o qual só acha em sua sarracena os alvos peitos de cristal, de alabastro *muy broñido*.

E há razão para supor que o prestígio da cor alabastrina andaria longe de representar simples convenção e que também não era válido apenas para o sexo feminino. Do Duque de Alba e de familiares seus, escreveu Trajano Boccalini, aquele mesmo que devido a sua maledicência irrefreável contra os castelhanos principalmente, foi por estes chamado o "boca de Inferno", nome que no Brasil irá ser transferido ao nosso Gregório de Matos,

8. *I Lirici Del Seicento e Dell'Arcadia*, cit, pág. 562.
9. CAMÕES, *Lírica*, Coimbra, 1932, pág. 71.
10. CAMÕES, *Ibid*, págs. 353 e s.

que só muito a custa de ungüento branco conseguiam parecer menos escuros do que os mouros ou os negros de Guiné [11]. É possível que pensasse forçando apenas o traço grosso, naquela célebre "cor hispânica", quer dizer amarelenta e baça, tida outrora como um dos distintivos do santo de Pádua, que foi, no século, o português Fernando de Bulhões.

Ora, tudo faz supor que essa cor hispânica não seria, rigorosamente, bem diversa da cor moura, e se entre cristão exceções havia em favor de pessoas de cabelos e olhos claros, acontece que também no Norte da África e entre muçulmanos, não era absoluta a regra que faz derivar da cor de seus naturais a palavra "moreno". Mouros louros e até ruivos existiam e ainda existem em bom número por todo o Maghreb, especialmente em Marrocos, nas montanhas do Riff: por que esperar que deixassem de sê-lo ao norte do Estreito de Gibraltar? Para o comum dos viajantes estrangeiros, principalmente os que vinham do Norte da Europa, era freqüentemente imperceptível a diversidade entre cristãos e infiéis na Península. Tanto que em toda a Europa era comum o serem chamados de mouros, bem ou mal convertidos, os naturais das Espanhas, por muito que queiram vir dos godos ou, como se dizia, "fazer-se de godos". Mas isso mesmo só se generalizou mais aparentemente a partir do século XVI, da época em que os Duques de Alba se bezuntavam de ungüentos na esperança de se fazerem tão alvos como Filipe II ou como os conselheiros que Carlos V levou de Flandres. Porque, ainda por volta de 1466, os próprios reis hispânicos, como Henrique IV, "o Impotente", irmão de Isabel a Católica, de Castela, e também Afonso V, de Portugal, não se pejavam de andar vestidos à moda dos sarracenos, segundo consta do relato de Leão de Rozmital, cavaleiro da Boêmia, que visitou seus Estados naquela era [12].

De todas essas razões parece resultar que só por muita força de expressão cabe falar em heterodoxia a propósito das devoções sarracenas dos poetas portugueses e trovadores, mormente em fins do Quatrocentos e começo do século seguinte. Quando mais tarde se apri-

---

11. TRAJANO BOCCALINI, *Raguagli di Parnaso e Scritti Minori*, vol. 3.º, Bari, 1948, pág. 49.

12. *The Travels of Leo Rozmital*, Translated and Edited by Malcolm Letts, Cambridge, 1957, págs. 91 e 120.

morar neles o ideal clássico, não precisarão suas agarenas, para se fazerem desejadas e amadas, tingir os cabelos segundo o costume daquelas damas romanas do tempo de Ovídio, que os queriam dourados como os das suas escravas — tantas vezes provindas do Norte da Europa —, ao ponto de uma delas ter feito por merecer a censura do poeta: "agora", disse-lhe este, "agora é a Germânia que vos empresta as cabeleiras de suas filhas, nossas escravas"[13]. A tanto não precisarão chegar as mouras em Portugal, porque os seus mesmos amantes se encarregarão, em prosa e verso, de dourar-lhes as comas. Assim é que na *Diana* de Jorge de Montemayor, ou antes, na história de Abindarrais, que se intercala na novela a partir da edição de 1561, a bela Xarifa não é menos loura e clara

> (... hebras de oro son vuestros cabellos
> a cuya sombra están los claros ojos,
> dos soles cuyo cielo es vuestra frente)[14]

do que as sarracenas do Tasso.

Com efeito, na *Jerusalém* são sistematicamente louras e de olhos celestes todas as beldades, sejam elas cristãs ou maometanas, com uma exceção única, a que me aponta Augusto Meyer, a propósito de certa personagem, de quem se diz no poema:

> Che bruna è si, ma il bruno il bel non toglie[15]

É este um caso, porém, que só excepcionalmente se enquadra nos autênticos cânones clássicos, pois a bruna do Tasso, assim chamada por eufemismo, não é aqui apenas amorenada, como a *pretesim* de Gil Vicente, ou porventura acobreada como a canarim de Luís de Camões, mas sem dúvida bem mais retinta do que uma e outra, por se tratar da esposa de Senapo, rei dos etíopes e do "popol nero".

E embora se pudessem invocar, em defesa das mesmas etíopes, o célebre passo do Cântico dos Cânticos, que Clément Marot parece parodiar em outro verso, que Augusto Meyer também me indica —

13. *P. Ovidi Nasonis Amores*, 1, 14.
14. JORGE DE MONTEMAYOR, *Los Siete Libros de la Diana*, Madri, 1946, pág. 211.
15. TORQUATO TASSO, *La Gerusalemme Liberata*, Canto 12.º estr. XXI.

91

Brunette elle est, mais pourtant elle est belle[16]

dificilmente conseguirão elas ganhar aquele prestígio de que podem desfrutar as mouras louras ou morenas. Meyer, no artigo publicado em suplemento de *O Estado de São Paulo,* onde expressamente retoma a matéria de meu presente trabalho, na forma em que antes saíra no mesmo jornal, reforça meus argumentos com novos e tão valiosos subsídios, oferece ainda um exemplo que, alheio, embora, ao mundo ibérico, o que igualmente se dá, aliás, com o citado verso de Clément Marot, serve para ilustrar de modo admirável o assunto por nós abordado. Trata-se do verso de Shakespeare onde se diz —

In the old age black was not counted fair,

e que, numa tradução literal, poderia significar que "em tempos idos o preto não era julgado formoso". Apenas a palavra *fair* encerra em inglês uma ambigüidade, pois se de um lado quer dizer "belo", "formoso", de outro significa também "claro", "alvo". Assim pode uma dama ser *fair,* ou porque é clara de pele (embora não necessariamente loura) ou porque é julgada bonita. Citando um comentador de Shakespeare, observa Meyer que, em uma só passagem do poeta, a palavra é usada com as duas diferentes acepções. Pode-se ainda suspeitar que, dos primeiros contactos dos aventureiros e marinheiros da era elizabetana com as indígenas das *terrae incognitae* tivesse sofrido algum abalo o ideal clássico de beleza feminina e que a história do Capitão John Smith, seduzido e salvo, afinal, nas praias da Virgínia em 1606 pela índia Pocahontas, não representa um exemplo solitário.

É verdade que graças à ascendência ganha pelos espanhóis, ao tempo de Carlos V e Filipe II, a graça dengosa da dança mourisca já tinha atravessado os Pirineus e chegado até a Inglaterra, onde como indício de sua origem, preservarão por longo tempo, os dançarinos, usos tais como o de bronzearem as próprias faces, de modo a mostrarem a cor ferrenha própria de sarracenos[17]. Contudo o *black* shakespeariano referido a uma heroína feminina, indicaria apenas que preta era apenas a cor de

16. AUGUSTO MEYER, Pretidão de Amor, *O Estado de São Paulo,* suplemento n.º 75 de 1958.
17. LUDWIG PFANDL, *Spanische Kultur und Sitte des 16 und 17 Jahrhunderts,* Munique, 1924, pág. 183.

seus cabelos, assim como em francês se usa o *noir* para pessoas de cabelos pretos, reservando o *nègre* para as que tenham a tez negra. Ao menos em teoria, a reabilitação, ainda que tardia, da beleza morena, ou mesmo de pele alva e cabelos escuros, foi mais dificultosa ou morosa no que respeita àquelas que, à maneira dos súditos do rei Senapo do Tasso, tinham a pele negra e em geral carapinha. Fingindo defender essas pretas dos desdéns em que continuavam a ser tidas, fantasiou Quevedo uma assembléia onde os pretos se juntaram para pleitear a própria liberdade, "cosa que tantas veces han solicitado con veras", e um dos principais, entre eles, passou a expor, com copiosa argumentação, a teoria de que outra causa não havia para a escravidão em que jaziam, senão o acidente da cor, que delito não é. Mas sem embargo de tal acidente achava, e o dizia, que os seus tinham uma imensa vantagem sobre os brancos nisto, que não tinham necessidade de contrariar em si aquilo que lhes deu a natureza. Entre os brancos, continuou, as mulheres, se morenas, branqueavam-se com drogas de alvaiade, e se claras, por não se fartarem de brancuras, costumavam nevar-se com solimão. Só mesmo as pretas, contentes de sua tez anoitecida, sabiam ser formosas no meio do escuro e, na sua treva, com a alvura dos dentes, a realçarem-se por sobre o tenebroso, imitavam entre as cintilações dos risos, as próprias galas da noite [18].

Acontece, por outro lado, que até os portugueses, em suas conquistas ultramarinas, nem sempre se mostram apegados àquele ideal de beleza que levava seus poetas a querer clarear e alourar as mais escuras sarracenas. Por engenhosa que possa ser a teoria esposada por Gilberto Freyre a respeito de uma suposta idealização da mulher morena entre povos ibéricos, que no seu entender, representaria um passo primeiro para o estabelecimento de contactos mais íntimos entre eles e as populações de cor, não servem para autorizá-la, em realidade, os textos históricos conhecidos.

Com efeito, ao depararem no Brasil com índias nuas, de cabelos soltos e corredios, será verdade que os colonos logo encontrassem nelas uma espécie de réplica das sarracenas de pele morena, em condições de poderem ser

18. QUEVEDO, *Los Sueños, II,* Madri, 1943, pág. 218 e seg.

enaltecidas na medida em que se apartavam dos moldes clássicos? É interessante como, ao gabarem as louçanias da mulher indígena, não faltou, entre viajantes portugueses, quem fizesse crer na alvura de sua pele, ainda que não ousassem sustentar que tinham cabelos de ouro e olhos de safira: mais um sinal de que os ideais clássicos não se confinavam, para sua gente, ao reino da poesia, mas deviam corresponder a uma predileção generalizada. Não é, pois, de admirar se um Pero Lopes de Souza, ao chegar em 1531 à Bahia de Todos os Santos, interrompa a secura do relato para exclamar:

A gente desta terra *he toda alva,* os homens mui bem dispostos, e as mulheres mui formosas, que nam ham nenhũa inveja às da Rua Nova de Lisboa[19].

No que bem mostra o irmão de Martim Afonso pertencer ainda àquele tempo em que a alvura da pele respondia aos atributos necessários da formosura.

Onde o apelo aos demais atributos clássicos parecesse, ao menos entre poetas, ultrapassar as raias do inverossímil, melhor seria silenciar a respeito do que acenar para sua ausência. Assim sendo, poderia talvez explicar-se melhor a escassez de alusões e tais atributos nos cancioneiros da Idade Média. Para os autores renascentistas, no entanto, já não haveria escrúpulos que os impedissem de desprezar a realidade pela idealidade consagrada, de modo que, a despeito, muitas vezes, de todas as evidências, só saberão ver em suas inspiradoras os dourados cabelos e os olhos cor de safira, características essas que serviriam para aproximá-las dos anjos, das virgens do céu e também dos deuses do paganismo.

É a tais autores que se aplica o dito de Faria e Souza, onde a respeito de passagem bem conhecida do canto IX dos *Lusíadas,* escreve que os poetas antigos, e também os modernos, sempre puseram cabelos de ouro em suas damas, ainda quando os tivessem de azeviche. De iguais predileções partilharia o grande público, tanto que, em muitos lugares, costumavam rogar a Deus que as fizesse altas e encorpadas, porque do mais, quer dizer da alva cútis e dos áureos cabelos, se encarregariam elas mesmas, segundo o dito italiano que em suas notas a

19. PERO LOPES DE SOUZA, *Diário de Navegação,* 1.º vol., Rio de Janeiro, 1940, pág. 157.

Cervantes, da coleção dos "Clásicos Castellanos", lembra Rodríguez Marin: *"Grande e grassa me faccia Iddio, perchè bianca e bionda me farò Io"*.

No que diz respeito aos olhos, a preferência canônica pelo azul deixava certamente margem a opiniões mais variáveis. Mesmo os negros podiam ser tolerados em casos especiais, desde que se fizessem acompanhar dos infalíveis cabelos cor de ouro, como no caso já acima lembrado de personagens do Ariosto. Contudo não eram só os olhos negros, mas também, ou principalmente, os garços e verdes, aqueles que ofereciam competição mais eficaz aos azuis. E já seria assim desde os tempos homéricos, tanto que na Ilíada, sempre que há menção de Atená (a Minerva dos romanos), aparece ela como a deusa dos olhos glaucos, ou sejam de um verde claro, puxando ao azulado. De qualquer modo, é só a partir de fins do século XVI, que se faz mais aguda essa competição, com o declinar do ideal renascentista e clássico, podendo-se conjecturar que já traduz, contrapondo à cor do céu, a do mar e das florestas, um primeiro movimento no sentido da vitória de uma concepção menos etérea, mais mundana e acessível dos padrões estéticos.

Cervantes, que pinta a sua *Gitanilla* com olhos cor de esmeralda[20] e quer que assim também hajam de ser os de Dulcinéia[21], não deixa, entretanto, de satirizar essa nova mania onde, em uma "novela exemplar", a do licenciado Vidreira, diz dos poetas que, pobres em sua maior parte, só o são porque assim o querem, tendo sempre a mão o que se torne preciso para se fazerem abastadíssimos. Bastaria que soubessem tirar bom proveito da feliz ocasião que se oferece a eles, por momentos, graças às suas próprias musas, que todas elas são riquíssimas ao extremo, já que têm os cabelos sempre de ouro, a testa de prata brunida, os olhos de verde esmeralda, de marfim os dentes, os lábios de coral e a garganta de translúcido cristal. E tudo isso sem contar que não se cansam elas de chorar líquidas pérolas, de fazer com que brotem rosas ou jasmins dos solos mais duros e estéreis, de desprenderem da boca uma fragância de âmbar

20. CERVANTES, *Novelas Ejemplares*, I, Madri, 1952; pág. 25.
21. CERVANTES, *Don Quijote de la Mancha*, V, Madri, 1951, pág. 201: "à lo que creo, los de la Dulcinea deben ser de verde esmeralda, rasgados, con dos celestiales arcos que les sirven de cejas".

puro, almíscar e algália que, todas essas coisas, são indícios e mostras de muita opulência[22].

Endereçada expressamente aos maus poetas, a sátira se situa, porém, numa era marcada já pela saturação e usura do antigo ideal clássico. Prenunciava-se nela, ou denunciava-se verdadeiramente uma orientação nova no gosto do público, num sentido favorável a expressões mais singelas, mais terrenas e, de certa maneira, individualistas. Agora o fascínio dos olhos e cabelos pretos começa a encontrar devotos mais numerosos na poesia; é verdade, porém, que, em muitos casos, na poesia de timbre despretensioso e plebeu: Ronsard, saudando os olhos escuros de Cassandra, assim como, em Maria, a *petite brunette,* os cançonetistas italianos a *beltà bruna* de suas musas campestres e Chiabrera queixando-se de sua linda inimiga, Shakespeare, referindo-se, como se fosse coisa do passado, ao desdém pela cor negra, os *romances* e *seguidillas* da Espanha, exaltando, já agora sem disfarces ou escrúpulos, mas até com uma ponta de orgulho nacional, as galas da morena, e Cervantes dizendo da Leocádia de uma de suas novelas (*La Fuerza de la Sangre),* que tinha os cabelos louros, sim, mas não em demasia . . .

A invasão, ao menos na prosa e no teatro, em prosa e verso, dos olhos de carvão, em detrimento dos verdes ou celestes de acordo, estes, com o ideal clássico e renascentista, começa a acentuar-se na Espanha, e em outras partes, logo ao iniciar-se o século XVII. O mais conhecido anotador de Cervantes tenta precisar a data em que se processa de modo mais pronunciado a mudança: antes de ser publicada a parte segunda do Quixote. Quer dizer, no curso da década que separa esta da parte primeira; ou seja, entre 1605 e 1615. A propósito, menciona Rodríguez Marin esta passagem de Antona Garcia, de Tirso de Molina:

> Celebraban los amantes
> Los verdes e azules antes;
> Ya solamente se aprueba
> El ojo negro rasgado[23]

22. CERVANTES, *Novelas Ejemplares,* II, Madri, 1952, págs. 48 e seg.

23. CERVANTES, *Don Quijote de la Mancha,* V, Madri, 1951, pág. 202 e nota.

E poderia ainda lembrar certas informações de um diabo de Quevedo que, em um dos *Sueños* já aqui lembrados e escrito por volta de 1607, explica como, "despues que se usan ojinegras y cariaguileña" fervia o inferno de brancas e louras, que elas e as feias, de um modo geral, iam formando a grande safra das mulheres condenadas ao eterno suplício. E a explicação para o fenômeno está nisto, que as outras, tendo já agora quem lhes satisfizesse o apetite carnal, fartavam-se facilmente e se arrependiam, enquanto estas, obrigadas ao jejum, continuavam a ter a mesma fome e viviam a correr sempre atrás dos homens.

Destinada a prestigiar inclinações e sentimentos, que outrora passariam por demasiado próximos da natureza para que pudessem aspirar a um lugar conspícuo no mundo da arte, essa transformação do gosto e da sensibilidade se processa de modo lento, mas seguro, apesar de recuos temporários. O amor à "naturalidade", que sobe agora à tona, é uma das faces do barroco e podem coabitar, ele e o pendor para os artifícios sobretudo formais, durante uma era cheia de paradoxos e contradições, até emancipar-se com o arcadismo setecentista. Mas a naturalidade proclamada e reclamada pelos árcades não os isenta de artifícios e nem da obediência a padrões clássicos, por amor à realidade mais próxima. Já me aconteceu, aqui mesmo, acenar para o engano dos que, nos versos de Tomás Antônio Gonzaga, por exemplo, procuram descobrir pelas descrições qual seria a silhueta mortal de Marília[24]. O fato é que, se em uma das liras de Dirceu, e justamente a primeira da parte primeira, os cabelos da amada ainda são uns "fios de ouro", logo na seguinte já "de loira cor não são, têm a cor da negra morte". Tudo segundo os caprichos momentâneos do autor, que em um caso segue Anacreonte fielmente, e em outro imita um dos seus mestre italianos. É que os traços exteriores da realidade empírica não correspondem necessariamente aos de sua idealidade poética.

---

24. Ver no presente volume, página 231 e seguintes.

4. SOCIEDADE PATRIARCAL

A publicação, em texto refundido, e consideravelmente ampliado, de *Sobrados e Mocambos* de Gilberto Freyre, pode fornecer uma perspectiva hábil para os que desejem interpretar todo o alcance da contribuição do escritor pernambucano para o melhor conhecimento da sociedade brasileira.

Com os volumes impressos, esse trabalho verdadeiramente monumental já adquire unidade orgânica bcni definida. Em *Casa Grande e Senzula*, primeira parte da série, estudara-se o nascimento, formação e definição da sociedade brasileira sob os auspícios da economia patriarcal. Aos cinco volumes até aqui publicados da obra integral, deverá seguir-se um sexto, há muito anunciado com o titulo de *Ordem e Progresso,* que abordará o "progresso de desintegração das sociedades patriarcal e semipatriarcal no Brasil sob o regime do trabalho livre". O ciclo orgânico (nascimento, maturidade, declínio, morte da sociedade patriarcal) há de completar-se — desconta-

99

dos alguns volumes subsidiários — com uma última parte já projetado, que se chamará, de modo expressivo, *Jazigos e Covas Rasas.*

É possível que para conhecer a palavra final deste livro seja necessário aguardar ainda sua parte final. Como no grande romance de Proust, que Gilberto Freyre gosta de invocar quando se trata de defender sua obra contra os censores mais impacientes, com o último volume teríamos a chave do edifício, naturalmente bem composto e segundo uma ordem velada, mas tão inflexível em realidade como à ordem que rege os progressos biológicos. Destas planícies poderemos rever o curso do caminho por ele trilhado, e já suspeitamos a outra vertente e o que ainda falta percorrer.

E a tarefa de quem se proponha, diante da obra tão ambiciosa, ir além de um simples comentário à margem, como o presente, será grandemente facilitada com a leitura de *Nordeste,* publicado quase ao mesmo tempo, em segunda edição aumentada, e que visa a ser uma espécie de ensaio complementar do trabalho amplo que se iniciou com a publicação de *Casa Grande e Senzala.* Ensaio, esse, mais deliberadamente impressionista do que os demais, e que chegou a requerer do autor, segundo sua mesma confissão, um trato prolongado e meio franciscano com a paisagem, a natureza e a gente mais típica de sua terra natal.

Graças, principalmente, àquela estrutura orgânica, pôde ele dominar, enfim, dando-lhe forma, sentido e valor, um material imenso e muitas vezes incompatível com toda abordagem fundada nos recursos das ciências da natureza. Semelhante abordagem exigiria, sem dúvida, um interesse mais detido pelos condicionamentos ou nexos que relacionam entre si os aspectos freqüentemente contraditórios da realidade, do que por esses mesmos aspectos, apresentados em cores cruas e sugestivas. O processo, sobretudo cumulativo do autor, não deixa de realçar os traços que, ferindo fundo a imaginação, parecem animar os acontecimentos de uma vida própria, incapaz de refletir-se em escritos onde prevaleça um rigoroso raciocínio discursivo.

A força de sugestões que cabe nesse processo pode-se dizer que é a de um poeta, de um desses poetas da estirpe whitmaniana, que ele se acostumou a admirar durante seus anos de aprendizagem na América do Norte, não a de um cientista ocupado em medir, relacionar e confrontar os fatos. Ele próprio admite, e defende-a, a presença, aqui, dessa visão poética endereçada a certas intimidades mais inacessíveis em geral ao estudo simplesmente histórico ou sociológico: "algumas delas", escreve, "só se abrem ao conhecimento ou ao estudo psicológicos; várias só ao conhecimento poético, vizinho do cientificamente psicológico".

A atenção presa aos fatos concretos, mais do que às abstrações e idéias, e empenhada em penetrar seus desvãos mais secretos só se torna verdadeiramente eficaz, entretanto, quando movida por um intenso calor afetivo. A sua é uma "visão próxima", amorosa até na repulsa; por isso naturalmente parcial e exclusivista. Seu zelo tantas vezes manifesto em favor da preservação dos estilos e valores regionais em todo o Brasil e movido por um zelo fervoroso — em alguns casos, quase se pode dizer nostálgico — por certos valores e estilos tradicionais da área dominada, no passado, pela monocultura latifundiária e, em primeiro lugar, pela lavoura canavieira, fundada no braço escravo.

Nessas condições chega a admitir, e admite mesmo, sem reservas, que outras regiões do Brasil tiveram formação até certo ponto dessemelhante; que a presença, ora do latifúndio rural e da monocultura, ora do escravo negro não tenha marcado nelas tão decisivamente o passado rural e até o presente rural: enfim, que o símile mais apropriado para apresentar nosso desenvolvimento histórico seria o de um arquipélago ou o de uma constelação, não o de um continente compactamente unitário. Sim, mas desde que a forma assumida pela família de tipo patriarcal, nas regiões onde predominou a monocultura latifundiária e o trabalho escravo, represente verdadeiramente o alfa dessa constelação.

Este ponto mereceria exame porque parece formar o principal dos obstáculos opostos até agora a uma aceitação mais generalizada da perspectiva adotada por Gilberto Freyre em sua obra histórico-sociológica e dos critérios dependentes dessa perspectiva. Critérios e perspectiva que serviriam, sem dúvida admiravelmente, se apli-

101

cados a uma parte do Nordeste brasileiro e de certo modo às outras áreas onde imperou quase sem contraste, entre nós, a grande lavoura açucareira, mas que se revelariam menos aptos para o estudo das demais regiões do país.

No próprio Nordeste elas mal se prestariam, por exemplo, para as zonas onde a lavoura e mesmo o braço escravo não tiveram papel mais saliente. Ou no planalto paulista, onde durante a maior parte do período colonial, pôde prevalecer, em grande escala, uma forma particular de policultura. Ou ainda no extremo Norte, onde se praticou largamente a indústria extrativa e a coleta florestal. Ou nas terras mineiras e sobretudo nos campos sulinos onde parecem francamente inexistentes muitos traços que o autor pernambucano prende de modo indelével ao seu retrato de nossa civilização de raízes patriarcais e escravocratas.

Até onde serão explicáveis e mesmo justificáveis muitas dessas resistências? Que o assunto parece ao próprio autor, de importância singular, mostra-o a insistência com que volta a ele, muitas vezes em tom defensivo e polêmico, nas suas últimas publicações, em particular nesta nova edição de *Sobrados e Mocambos*. Aos leitores, por outro lado, e aos críticos, o exame da mesma questão pode fornecer acesso para a melhor inteligência dessa obra, de sua alta significação e de seu verdadeiro alcance.

Já às primeiras páginas da introdução que escreveu para o texto refundido e ampliado de seu livro, Gilberto Freyre volta a um tema que, desde 1933, pelo menos, vem acompanhando de perto seus estudos históricos e sociais: o da unidade da formação do Brasil em torno do regime da economia patriarcal. Essa unidade estaria sujeita a um mesmo denominador comum.

De modo que, ao fixar o sistema patriarcal da colonização portuguesa, partindo das áreas onde terá alcançado uma das suas expressões extremas e melhor definidas — as áreas onde veio a imperar a monocultura latifundiária amparada no braço escravo — ele pretende que suas interpretações sejam perfeitamente válidas para o Brasil inteiro. E busca explicar as objeções opostas por aqueles que não logram distinguir o caráter transregional de suas pesquisas, sugerindo que tais críticos se orientam

102

obstinadamente para o *conteúdo e a substância,* não para a forma sociológica dos acontecimentos e dos fatos.

É esta *forma* o que serve, em suma, para conciliar entre si as mais ásperas contradições, emprestando ao todo uma harmonia e mesmo uma "unidade" (pág. 42) verdadeiramente soberanas. Nos seus livros é provável que ela apareça muito manchada de massapé negro, muito lambusada de mel de tanque para não transviar às vezes algum espírito desprevenido, mas tudo isso é de pouca conta quando se trata de distinguir o essencial através das aparências mais ou menos precárias.

Entretanto, esse princípio formal, de significação tão decisiva, não se deixa claramente precisar para quem estude os múltiplos escritos de um autor tão vivamente empolgado, ele próprio, pelos elementos materiais da existência e do convívio humano. Ou seja — no seu próprio vocabulário — pelo "conteúdo" ou "substância" dos acontecimentos e dos fatos. Reduzido à expressão mais simples e mais genérica, o verdadeiro princípio organizador estaria em determinado tipo de organização patriarcal da vida e da família: traço comum, em sua fase de desenvolvimento, a todas as manifestações regionais particulares. E é a esse único traço — "forma" independente do "conteúdo" — que invariavelmente se reporta Gilberto Freyre quando algum crítico tenta negar o caráter transregional das suas interpretações, lembrando a ausência, como força social e econômica dominante, nesta ou naquela região brasileira com "passado histórico", de alguns elementos à primeira vista inseparáveis do painel que ele nos pinta: ausência, por exemplo, da casa-grande (no sentdo estritamente "material" da expressão); ausência da senzala ou sequer do braço escravo; ausência, em grande escala, da própria lavoura, substituída pela mineração ou (no extremo-Norte) pela coleta florestal; ausência da grande propriedade; ou melhor, da grande lavoura comercial na grande propriedade, ausência da monocultura.

Neste ponto cabe, porém, uma pergunta: seria o patriarcalismo, tal como o descreve Gilberto Freyre, uma criação originária e específica das áreas de colonização sobretudo lusitana nesta parte da América, criação surgida de preferência à sombra da Casa Grande, e capaz, só por si, de diferenciar nitidamente as nossas condições coloniais das metropolitanas na mesma época?

A verdade é que muitos dos traços característicos desse patriarcalismo, no seu apogeu e no seu declínio, entre nós, mal se poderiam destacar dos modelos europeus e barrocos que se prolongaram até estas bandas do oceano. Guardadas as proporções devidas, o senhor de engenho ou o antepassado do "coronel" do sertão, ao menos nos séculos XVIII e XVIII, não se distinguiriam muito, social ou psicologicamente, dos nobres e fidalgos do Reino. Isso mesmo dissera-o Antonil, e quase com essas palavras. Nem as nossas casas grandes diferiam, salvo, talvez, nas dimensões — que em todo o caso não chegam a afetar sua estrutura e sua técnica de construção — dos sobrados ou casas nobres de Península.

É bem certo que em nossos canaviais e em nossas vilas e cidades labutavam negros e cativos, muito mais do que nos campos e cidades de Portugal. Mas para o próprio autor, esses permenores de "conteúdo", não de essência ou "forma", são irrelevantes "do ponto de vista sociológico".

Da denominação ou mesmo da condição específica do escravo, em oposição ao senhor, *escreve à página 66*, seria um erro fazer condição indispensável à existência de um sistema sociologicamente patriarcal-feudal, isto é, em suas formas e seus processos principais de relações entre dominadores e dominados: a dominação, a subordinação, a acomodação. O sistema pode existir ou funcionar sob aparências mais suaves: simples coronel ou major, o senhor; "morador", o servo. E o que parece ter sucedido em grande parte do Piauí, do Ceará, da área do São Francisco e do Rio Grande do Sul...

E poderia ajuntar, sem receio, em parte da Europa, da Península Ibérica principalmente.

Se os padres da Companhia puderam, no Brasil, contribuir para a precocidade dos meninos — a "vergonha de ser menino" — não foi, ou não foi apenas por quererem, fiéis à missão antipatriarcal que lhes atribui Gilberto Freyre num dos seus mais admiráveis capítulos, hostilizar os senhores todo-poderosos, "fazer frente ao caciquismo das tabas e ao patriarcalismo dos velhos das casas-grandes" (pág. 219), mas simplesmente porque obedeciam nisto, e não só nisto, a um puro ideal europeu e clássico, no caso o da criança precocemente amadurecida e sensata: o *puer senex*.

Ideal provindo da Antiguidade romana haveria de permanecer bem vivo, não só no Brasil, mas ainda em Portugal e Espanha, e não só no mundo ibérico, mas na própria França seiscentista e setecentista e no resto da Europa, ao menos da Europa católica. Em seu belo livro sobre La Fontaine pôde escrever efetivamente Vossler que a criança francesa daqueles tempos não era tratada como criança, mas como uma espécie de gente grande em miniatura. Ou então como um bicho pequeno. Adulto em potência ou filho aterrado. Foi Rousseau, vindo de terra calvinista, quem primeiro revelou aos franceses a criancice da criança, nota ainda o mesmo romanista. E, depois de invocar os retratos infantis das "meninas" de Velasquez e outros pintores, lembra ainda que não havia então trajos especiais para meninas ou meninos (Cf. K. Vossler, *La Fontaine und sein Fabelwerck* Heildelberg, 1919, pág. 2). Também no patriarcalismo brasileiro nota Gilberto Freyre.

uma tendência para o trajo se uniformizar do adulto respeitável — donde os meninos de roupa de homem, cartola e bengala que Rendu achou parecidos com as marionetes das feiras francesas — e as meninas desde cedo como senhoras... (pág. 246).

Assim, o que para um francês do século XIX já pertencia a um passado morto, sobrevivia entre nós e ganhava sabor exótico. Mas não era certamente fruto específico de nossa civilização patriarcal.

A forma da sociedade brasileira, se tivermos de aceitar noção tão violentamente realista, como essa que nos propõe Gilberto Freyre — realista menos no sentido da sociologia atual do que da teologia medieval — não foi suscitada na área da cana-de-açúcar, ou em outra região brasileira particular; mais plausível é acreditar que veio acabada do Velho Mundo, adaptando-se aqui, mal ou bem, às circunstâncias geográficas, étnicas, econômicas, próprias das diferentes áreas, e assumindo em cada uma feição diversa. O alta da constelação de regiões tão claramente diferenciadas entre si, que se formaram nesta América portuguesa, estaria, pois, na Europa lusitana e ibérica, não no mundo da casa-grande e senzala ou em alguma outra área regional da colônia.

É claro que qualquer pronunciamento decisivo, neste ponto, há de colorir-se fortemente de noções subjetivas e amparar-se, em última análise, sobre simples preferências pessoais. Não creio, porém, que para a inteligência de nosso passado e de nosso presente, seja forçoso admitir um princípio formal em verdade tão elástico, próprio para lisonjear esta ou aquela preferência regional, servindo a sentimentos, ressentimentos, paixões, preconceitos, conveniência às vezes momentâneas e quase sempre polêmicas. À obra de Gilberto Freyre ele nada acrescenta de duradouro. Nem serve, certamente, aos seus adversários, quando se apóiam no mesmo critério, embora movidos por sentimentos regionais diversos dos seus.

Aquelas noções a que tanto se apega, de "forma" e de "conteúdo" ou substância, provinda, em última análise, de filosofia social de Simmel, retiram toda a sua força da própria indefinição. É verdade que em Simmel elas não passam, ao menos teoricamente, de simples metáforas. Na versão, porém, que lhes dá o autor de *Sobrados e Mocambos,* tende a dissipar-se, mesmo em teoria, esse nominalismo deliberado. De instrumentos de exposição, distinção, confronto, análise, convertem-se em realidades mais ou menos empíricas, servindo de base a julgamentos de valor que mal se disfarçam.

Assim, é que, nos seus escritos, as "formas" sociais se mudam com facilidade, ora em entidades reais, à maneira dos organismos biológicos — e então se confundem praticamente com os "processos" sociais, capazes de crescimento, maturação e morte — ora em "idéias" de sabor hegeliano — idéias de onde hão de emanar misteriosamente os próprios "objetos materiais.

Neste último sentido ocorrem pelo menos uma vez quando, em revide a uma crítica de Afonso Arinos de Melo Franco, o autor escreve, à página 817:

Em nossos estudos, acentuando a importância dos "objetos materiais", símbolos, insígnias, mitos, não o fazemos por "materialismo" ou por desprezo aos valores invisíveis ou requintadamente intelectuais e espirituais, mas por considerar que os chamados objetos materiais — até mesmo os móveis, trajos ou alimentos são reflexos das chamadas realidades imateriais, nunca ausentes dos mesmos objetos.

É possível dizer que aquelas formas soberanas e imateriais se realizam de certo modo, em nosso mundo efêmero — e neste ponto é que se inserem os juízos de

106

valor —, através de processos que conduzem à maturidade, à plenitude, e, em certo sentido, à perfeição:

> Amadurecendo numas áreas mais cedo do que noutras, declinando no Norte ou no Nordeste, antes por motivos ecológicos que pura ou principalmente econômicos —, quando apenas se arredondava por iguais motivos, em formas adultas no Brasil meridional (pág. 41).

É bastante significativo que, apesar do seu insistente empenho de emancipar a "forma" social da "substância" ou do "conteúdo", Gilberto Freyre raramente consegue desunir estes elementos quando se trata de distinguir, entre esta e aquela área de povoamento e ocupação do solo, as que lhe parecem expressões mais adultas ou completas. É, embora fingindo, em certos casos, dar escasso valor sociológico aos "objetos materiais" ou às técnicas peculiares a cada região distinta, não há dúvida que, em outros, chega a introduzir, entre os próprios objetos, uma espécie de escala hierárquica, manifesta na medida em que eles parecem acomodar-se melhor à "forma" ideal e soberana.

Assim, por exemplo, a "grande casa estável de pedra e cal", própria sobretudo dos engenhos de açúcar do Nordeste, e também os sobrados de residência construídos "mais nobremente" (pág. 404) da mesma pedra ou então de tijolos e cal de mariscos, comparam-se com grande vantagem, em muitas das suas páginas, às antigas casas de São Paulo, feitas "quase todas de taipa". Como explicar, então, que, justamente em São Paulo, a área das casas de taipa correspondesse, na era colonial, às terras mais prósperas — mais nobres? — de serra acima, em contraste com as da orla marítima, onde domina decididamente a construção feita, como nos engenhos do Norte, de pedra das pedreiras e cal das ostreiras litorâneas?

Além da presença de certos fatores materiais, de algum modo privilegiados, é certo que entre os distintivos da maturidade social parecem inscrever-se, para ele, motivos "imateriais" nada irrelevantes. Assim, se a casa-grande corpulenta e sólida tem direito a melhor tratamento é que lhe parece espelhar admiravelmente certas virtudes senhoriais, estabilizadoras e conservadores, favoráveis talvez ao maior requinte ou à maior cultura do espírito. Virtudes que ele tem na mais alta conta, assim

107

como haverá quem prefira, em contraposição, outras, mais dinâmicas e mais ativas.

E neste ponto interfere, ainda uma vez, a preeminência atribuída aqui à "forma social", independente de fatores econômicos ou de outra natureza e sobreposta a eles. A sociedade constituída em volta da grande propriedade monocultora e escravocrata se teria revelado, apesar das suas flagrantes falhas, a mais criadora, entre todas as do Brasil, de valores políticos, estéticos e intelectuais.

É o que está dito nas palavras finais de seu livro *Nordeste*. No mesmo livro, à página 288, afiança-se ainda:

> Mas foi justamente essa civilização nordestina do açúcar — talvez a mais patológica, socialmente falando, de quantas floresceram no Brasil — que enriqueceu de elementos mais característicos a cultura brasileira.

E não custa ao autor levantar os olhos em dado momento, dos canaviais do Nordeste patriarcal para as oliveiras de certa terra clássica de meio-dia da Europa. Pois também a civilização helênica, escreve ele,

> foi uma civilização mórbida segundo os padrões de saúde social em vigor entre os modernos. Civilização escravocrata. Civilização pagã. Civilização monossexual. E entretanto estranhamente criadora de valores pelo menos políticos, intelectuais e estéticos. Muito mais criadores desses valores do que as civilizações mais saudáveis que ainda se utilizam da cultura grega.

Palavras estas, que extraídas, embora, de um livro confessadamente impressionista, ajudam, por isso mesmo, a desvelar o que vai, nas suas interpretações, de intenso calor afetivo, de amoroso e nostálgico enlevo pelo passado de sua região natal e ancestral, envolvendo, não raro, as noções puramente teóricas que parecem querer introduzir-se em obras declaradamente mais sóbrias. Entre essas noções, tentei destacar, nestes artigos, a da existência de uma forma social separável de quaisquer elementos materiais, isto é, de todo "conteúdo" ou "substância", para usar suas mesmas palavras.

Não importa discutir aqui se os valores políticos, intelectuais, estéticos, representados a seu modo — "criados" diria Gilberto Freyre — pela "civilização do açúcar" terão sido os mais significativos ou os mais insignes entre nós; comparados aos que se encarnavam em outras "civilizações" regionais brasileiras, conforme pretende o sociólogo pernambucano. Seria entrar no terreno movediço das preferências, dos interesses, dos sentimentos, dos ressentimentos pessoais. Pensar, no entanto, que por simples ato de presença e independentemente das condições materiais a que se acha inexplicavelmente ligado, o patriarcalismo nordestino pôde suscitar aqueles valores é apegar-se a concepções um tanto místicas, que em todo caso desafiam um escrutínio plausível.

Não é preciso certamente uma adesão às formas mais crassas do materialismo histórico para admitir-se que a pujança econômica pode favorecer certos recursos materiais e certos hábitos de ociosidade em nada desfavoráveis ao tipo de cultura intelectual e trato político tão enaltecidos pelo autor. Assim ocorreu, sem dúvida, no Nordeste açucareiro, como ocorreu em outras áreas do Brasil colonial e imperial favorecidas pela fortuna. Quem percorre a lista de estudantes brasileiros formados em Coimbra verificará, sem esforço, até que ponto isto é verdadeiro. O fato de Minas Gerais, na idade do ouro e dos diamantes, ter fornecido um número maior de estudantes do que o de todas as demais capitanias brasileiras (nos três últimos decênios do século XVIII esse número ainda é de 132, para 122 do Rio de Janeiro, 108 da Bahia, 68 de Pernambuco e 30 de São Paulo) não pode ser indiferente a quem deseja estudar movimentos tais como o da Escola Mineira ou o da Inconfidência. A rápida e efêmera ascensão econômica do Maranhão coincidirá, por sua vez, com um aumento notável no número de estudantes daquela capitania e província nortista, que chegará a ultrapassar largamente, no meio século imediato, os próprios totais de Minas e os de Pernambuco.

Não foi certamente por um milagre que tivemos a famosa "Atenas brasileira". Nem foi por acaso que a Bahia, beneficiada nesse período, e ainda em maior grau pelas mesmas condições, se tornaria grande forja de estadistas do Império.

As explicações que não têm em conta semelhantes fatores levam a pensar um pouco nas de Monsenhor Pizarro, se não estou esquecido, quando escreveu do açúcar, que serve, não só para temperar os manjares como os costumes, fazendo aqueles mais doces e estes mais corteses e políticos. Como terá acontecido em seus campos dos Goitacases. É muito provável que sem uma espécie de visão lírica, responsável, em parte, por esse tipo de explicações, o admirável esforço de compreensão e elucidação de nosso passado, empreendido por Gilberto Freyre, teria sido menos eficaz. Ela constitui, por assim dizer, e para empregar uma das suas comparações, o lado patológico, inevitável talvez, em uma obra realmente criadora e que deveria abrir novos caminhos para a boa inteligência da vida brasileira.

5. A PROPÓSITO DE INGLESES NO BRASIL

Na introdução que escreveu para seu livro sobre *Ingleses no Brasil* (Rio de Janeiro, Livraria José Olympio Editora, 1948), adverte-nos Gilberto Freyre que ele representa apenas o primeiro de três volumes dedicados ao assunto. Essa advertência fez-me hesitar algum tempo em abordar para esta seção a obra já triunfante e largamente comentada do historiador pernambucano. A omissão, que seria talvez perdoável, pelo simples fato das obras aqui estudadas não serem sempre, e necessariamente, as mais significativas ou que assim o pareçam a quem redige estas notas, poderia apoiar-se em razões ponderáveis.

Uma das virtudes de Gilberto Freyre, e que contribui para singular importância de seus ensaios, está em que convida insistentemente ao debate e provoca, não raro, divergência fecundas. E em realidade, não apenas divergências partidas de historiador ou sociólogo, como ainda de leigos e diletantes cujas reservas opostas aos

111

seus livros ele próprio tentava contrastar, não há muito, com o juízo dos competentes (que estes — dizia ainda — "vem sendo generosos com o autor brasileiro"). Pois não é muito raro acontecer que alguns dos tais leigos, por menos dóceis a formalidades estereotipadas, que se podem confundir com a discrição profissional ou a rotina acadêmica, cheguem a ver pormenores que escaparam à atenção dos julgadores abalizados. É claro que não quero referir-me aos apressados, aos impacientes, aos que vão à crítica armados unicamente de espírito de facção ou de vindicta ou de despeito, porque estes creio que não merecem sequer o mau humor com que costuma acariciá-los Gilberto Freyre.

Apenas é muito possível que aquelas reservas não possam ser feitas sem algum escrúpulo enquanto se desconheça a última palavra do autor sobre o assunto versado. Foi semelhante escrúpulo que me fez hesitar em escrever sobre *Ingleses no Brasil,* livro que ele considera expressamente uma espécie de introdução geral a obra maior (pág. 127). E não apenas em escrever como até em ler imediatamente o volume com a atenção meticulosa que requer.

O que venceu todas as hesitações, confesso que foi em parte um motivo muito pessoal, provocado pela publicação recente, no *Diário de Notícias,* de artigo de sua autoria, onde, "a propósito de críticas", se denunciava com mais ênfase do que de costume a atitude assumida por certos autores brasileiros diante de seus escritos. Em um trecho desse artigo refere-se Gilberto Freyre ao fato de censores "apenas caprichosos em suas opiniões" taxarem de *impressionista* uma obra complexa e lenta e largamente elaborada como a sua.

Acontece que, a propósito de outro livro seu, livro que ele já declarou, aliás com injustiça, ter "passado despercebido dos críticos brasileiros", muito embora — acrescenta — tenha sido, "nos países onde há atualmente maior preocupação com assuntos de técnica nos estudos do homem ou das sociedades humanas, distinguido com extrema generosidade pela crítica de mestres e especialistas", tive ocasião, aqui mesmo, de falar na "maneira quase impressionista do autor".

O motivo pessoal a que se fez alusão não vem evidentemente do intento de resguardar-me defendendo os censores de Gilberto Freyre que tenham usado da expressão por ele impugnada. Vem antes do intento de defender, tanto quanto possível, a própria expressão, porque sempre me pareceu e me parece sobretudo agora, com a publicação de *Ingleses no Brasil,* das mais aptas para descrever seu método de historiador. É claro que não me incluo entre esses censores, como não me incluo entre aqueles outros, também referidos no mesmo artigo, que o denunciam, segundo suas mesmas palavras, por "pretender que o sistema colonizador dos portugueses deva ser considerado *perfeito".* Pois se em outra ocasião me sucedeu assinalar o sentido francamente apologético de um dos seus esforços de análise da obra colonizadora de Portugal, a verdade é que nunca me aventurei a atribuir-lhe tão ousada afirmativa. E como o meu intento aqui envolve necessariamente a consideração de questões de método, de algumas destas questões se procurará tratar no presente artigo, ficando reservado para outro o exame mais pormenorizado da obra.

A atitude chamada, com ou sem rigor, de impressionista, envolve, no caso, um constante desdém por tratamento impessoal e sistemático do tema escolhido. A riqueza verdadeiramente prodigiosa do material que se congrega em *Ingleses no Brasil,* vale por uma seqüência de ilustrações, quase arbitrariamente ordenadas, do problema central e implícito da obra, de fato um dos mais empolgantes que poderiam interessar um estudioso de história social: o do encontro e contraste de uma civilização progressista, e já altamente industrializada, com uma sociedade ainda agarrada a rotinas rurais e patriarcais.

Mas Gilberto Freyre prefere deixar que os fatos falem por si mesmos, o que sem dúvida contribui para aquela ausência do peremptório, assinalada pelo seu prefaciador, Octávio Tarquínio de Sousa. A técnica em que esses fatos se apresentam é, assim, antes cumulativa do que expositiva e coerente, chegando a sugerir a daqueles poetas, tão do agrado do autor, que, a exemplo de um Whitman, souberam aproveitar toda a força expressiva da simples enumeração e do "catálogo". O assunto desenvolve-se aqui por meio de caprichosas circunvoluções e

113

os motivos se articulam em cotovelos por vezes tão agudos que podem embaraçar o caminho do leitor mais atento.

Isso não quer significar que a acumulação de fatos se processe indiscriminadamente e apenas regulada pela dose de pitoresco que eles ostentem. Numa análise do estilo de Gilberto Freyre bem se poderia mostrar, ao contrário, a arte consumada com que ele algumas vezes torna plausível sua mobilização do maior número possível de dados ao redor do tema central. Quem empreenda tal análise não deixará de notar que o uso tão assíduo de certas fórmulas ou palavras normalmente expressivas de dúvida e hesitação não corresponde aqui à necessidade de se atenuar o que possa haver de excessivamente dogmático em tal ou qual afirmação, dando-lhe assim maior probabilidade de rigor científico. É de preferência um instrumento apto a enriquecer a técnica cumulativa de novas possibilidades.

Assim, por exemplo, a propósito de um simples anúncio de papagaios encontrado em um número velho de jornal pernambucano, não deixa ele de observar (à pág. 273 do livro), que *"talvez* fossem papagaios de ingleses". À mesma página, a propósito de papagaio palrador desejado por certo anunciante, não titubeia em notar que *"talvez* se destinasse a inglês". Linhas adiante, tratando de outro anúncio, este referente a um macaco manso, chega a sugerir:

> Não é possível que não tivesse ferido a atenção de algum inglês, dos muitos que então residiam em Pernambuco.

Em outro lugar (pág. 206), lembrando que o Conde de Linhares foi anglófilo inveterado e, por isso, naturalmente, simpático aos interesses britânicos em Portugal, acrescenta:

> Entre esses interesses bem podiam estar os dos fabricantes de vidro (...) e de ferro (...), enorme como era então a importância do vidro e do ferro na indústria britânica.

Essa simples conjectura, como tal proposta, parece contudo dar força às alegações contidas em meia dúzia de páginas acerca do papel decisivo que terá tido o comércio britânico na incorporação do vidro — vidro de portas e janelas — à nossa civilização material. Alegações que também se apóiam largamente — na ausência de documentação mais precisa — em um semelhante cálculo de possibilidades.

Esses simples pormenores formais constituem um dos aspectos mais interessantes do "impressionismo" de Gilberto Freyre. A palavra, empregada talvez com alguma impropriedade e à falta de outra, mas com aparência de justeza, não quer negar a complexidade e o zelo do autor na elaboração dos seus livros. É certo que ela se opõe ao objetivismo, mas ao objetivismo concebido segundo o estilo das ciências naturais e das matemáticas, que durante longo tempo pretenderam impor seus costumes a todos os ramos do saber científico. Mas ninguém ignora que precisamente o esforço de muitos modernos historiadores, desde Ranke, e de numerosos sociólogos, desde Max Weber e antes, vem precisamente consistindo em tentar emancipar as ciências humanas daquela prepotência. E em tentar criar, por sua vez, novos sendeiros que sirvam a tais ciências e particularmente à compreensão histórica.

É bem significativo que nos países anglo-saxões, até hoje o grande reduto dos positivismos de todos os matizes, um historiador com o renome de um Arnold J. Toynbee nos venha fazer a franca apologia das técnicas da literatura de ficção na historiografia, por acreditar que apresentam o jogo das opiniões e dos sentimentos de modo mais claro e com mais verdade psicológica do que seria possível obtê-los por meio de outros expedientes. Não é coisa rara, aparentemente, o que quer Gilberto Freire, quando invoca o exemplo de romancistas, de um Proust entre outros, em abono dos seus métodos. E se seu empenho de defender-se a todo propósito dos que opõem reservas a tais métodos ou aos seus resultados, há de aparecer a muitos, pelo menos uma curiosa obsessão, o certo é que ele trouxe a vantagem de propiciar-lhe uma oportunidade para tentar definir a "técnica" de seus ensaios.

Não me parece que seja esta uma questão ociosa. Ocorre-me a propósito o que escreveu Henri Pirenne ao notável historiador e ensaísta J. Huizinga acerca da influência do ponto de vista adotado e da maneira de encarar os fatos, sobre o resultado da pesquisa histórica. "Existem, em suma", diz na conclusão, "diversas verdades

115

para uma só coisa: é um pouco, como na pintura, uma questão de iluminação". No caso do livro de Gilberto Freyre resta ainda a considerar a verdade que ele deseja iluminar e a qualidade da luz que chega a projetar sobre as influências inglesas no Brasil.

6. AINDA INGLESES NO BRASIL

Um dos aspectos do método que segue Gilberto Freyre em seus ensaios sociológicos e históricos relaciona-se, conforme tive ocasião de escrever em artigo anterior, ao extraordinário partido que consegue tirar da simples apresentação cumulativa dos fatos. Esses fatos compõem-se entre si numa ordem aparentemente caprichosa, mas que atende bem à ambição do autor, de, com eles, fornecer-nos sua imagem do nosso passado.

O nexo entre as diferentes partes não resulta, salvo em poucos casos, de princípios teóricos bastante nítidos ou coerentes, que ajudem a sistematizar a ampla visão do conjunto. E nisso teríamos um indício, entre outros, de como Gilberto Freyre é o contrário de um espírito puramente especulativo: para ele as idéias hão de ter carne e corpo e, se possível, colorido forte.

Não é outro certamente o segredo da sedução exercida sobre grande número de leitores por tudo quanto escreve, e de sua capacidade de atrair mesmo os que se mostram de ordinário indiferentes aos temas que aborda. Já a linguagem em que se exprime contribui, sem dúvida, para aquela sedução, embora não falte quem a acuse de desleixada e confusa. Pessoalmente, julgo, ao contrário, que é bem governada e que, onde exigiu elaboração mais lenta, constitui criação própria, de notável poder expressivo.

Acentuar esta circunstância não é querer diminuir a contribuição que assegura a Gilberto Freyre um posto singular entre os estudiosos de nossa história social. Não creio que os seus mais obstinados contraditores possam negar que ele iluminou de uma luz nova e muito viva alguns aspectos fundamentais de nosso passado colonial e imperial, e que trouxe elementos sumamente valiosos para a boa inteligência desse passado.

Entretanto, como sucede a todas as criações ambiciosas, os vastos painéis de Gilberto Freyre hão de abrigar, é claro, suas falhas, algumas delas visíveis a olho nu, principalmente para quem não tenha considerado as realidades históricas do mesmo ângulo de visão, ou que não tenha explorado intensamente as mesmas fontes.

Estas fontes, representadas em sua imensa maioria por certo tipo de documentação oficial, principalmente ofícios e relatórios de cônsules, ou ainda de anúncios publicados em jornais, limitam quase sempre ao século décimo-nono (século em que também aparecem entre nós os primeiros jornais e, com alguma exceção, os primeiros cônsules), mais precisamente em seus decênios iniciais, o âmbito de pesquisas de Gilberto Freyre.

A essa limitação no tempo responde outra no espaço, uma vez que o autor se consagra quase exclusivamente à área onde foram mais aparentes as atividades e influências britânicas na primeira metade daquele século. E que, por curiosa coincidência, foi também, no período colonial e mais tarde, a área da grande lavoura monocultora e escravocrata, alvo dileto dos seus estudos anteriores, a começar por *Casa Grande & Senzala*.

Note-se, a esse propósito, como os jornais cujos anúncios lhe forneceram tamanho cabedal de informações para o estudo das influências inglesas no Brasil, pertencem todos a essa área e ao Rio de Janeiro. Percorrendo a relação das referências bibliográficas constantes capítulo II

118

(págs. 281-290), verifica-se, ao primeiro relance, que o principal quinhão proveio do *Diário de Pernambuco,* com um total de 21 referências. Segue-se a *Gazeta do Rio de Janeiro,* com 9, o *Jornal do Comércio,* igualmente do Rio de Janeiro, com 6, e por fim o *Idade d'Ouro do Brasil,* da Bahia, com uma referência.

A seleção não é de todo arbitrária se, como parece, prevaleceu o critério usado em escritos anteriores do autor, de recorrer, por um lado, aos primeiros jornais que se publicaram no Brasil, por outro aos mais antigos dentre os que ainda hoje se encontram em circulação. Ao menos no caso daqueles — dos que primeiro se publicaram — o critério parece admissível já que sua publicação veio a coincidir aproximadamente com o surto maior das influências britânicas. Mas nem esse fato invalidará, de qualquer modo, o que foi dito sobre a limitação, no espaço, das pesquisas.

Outra amostra da mesma limitação transparece das notas ao capítulo III (págs. 375-379), inspirado este nos ofícios de cônsules de Sua Majestade britânica. Aqui, a totalidade dos documentos manuscritos invocados procede de arquivos pernambucanos (cinqüenta referências) e baianos (trinta e três referências). Se é certo, porém, que Bahia e Pernambuco, sem falar no Rio de Janeiro, foram sedes de consulado ou vice-consulado pouco após o início de relações comerciais regulares e diretas com a Grã-Bretanha, parece indubitável que outras cidades desfrutaram de igual situação. Aliás no próprio mapa que ornamenta o livro, os sinais convencionais indicando sedes de consulado localizam-se igualmente em São Luís do Maranhão e em Belém do Pará.

Mas seriam essas as únicas? Na obra de Alan K. Manchester, *British Preeminence in Brazil — Its Rise and Decline* (Chapel Hill, 1933), em que Gilberto Freyre se apóia abundantemente, vêm mencionadas, em nota à página 79, além de tais cidades, ainda a de São Sebastião (!), com o esclarecimento "capital of São Paulo", entre os centros onde Canning decidira que se estabelecessem consulados. Não me foi dado deslindar a dúvida que sugere o engano evidente do professor Manchester, mas o fato bem notório de ter existido cônsul inglês em Santos, já ao tempo de D. João, na pessoa de Guilherme

119

Whitaker, mostra que ele acertou ao menos em situar um dos consulados em terra paulista.

Gilberto Freyre omite esse consulado no mapa que registra os "pontos do Brasil onde os ingleses primeiro se instalaram depois da abertura dos portos com instituições e agências de penetração econômica, política e intelectual", embora não deixe de assinalar escrupulosamente todos os demais que se acham referidos no livro de Alan K. Manchester. De passagem, devo lamentar que tenham desaparecido, neste caso, os andaimes serviçais distribuídos por outros lugares do livro, expressamente em atenção aos "leitores mais exigentes e mais críticos". Não só deixaram de ser consignadas as fontes de informação, como ainda as datas em que teriam surgido, respectivamente, as instituições e agências referidas, de modo que se torna praticamente impossível, ao leitor exigente, verificar enganos quase inevitáveis em estudos desta natureza.

Semelhante falta é tanto mais sensível quanto vem corroborar a suspeita de que, apoiado numa esmagadora maioria de documentos de Pernambuco e Bahia, o autor teria sido levado a exagerar, mesmo sem o querer, a importância da penetração britânica naqueles centros, e naturalmente também no Rio de Janeiro, para subestimá-la quando se tratasse de outras áreas menos pesquisadas. E nisto deve ter falhado seu intento declarado de considerar com detido interesse as borralheiras da História. Estas seriam, no caso, as capitanias e províncias menos favorecidas pelo predomínio de fontes de riqueza como o açúcar e outros produtos da lavoura tropical e, em conseqüência, menos atraentes para os comerciantes e capitalistas de países adiantados. Colocado entre estas tristes borralheiras, de um lado, e o que chama os "sofisticados", de outro, suas atenções orientaram-se francamente para os últimos.

É bem ilustrativo disso, por exemplo, que tendo apresentado os ingleses (à página 248) como os "principais propugnadores do gosto pelo pão entre os brasileiros, que até fins do século XVIII consumiam quase exclusivamente farinha de mandioca, pondera pouco depois (à página 279), que os brasileiros mais sofisticados, "os de Pernambuco e Bahia" conheceram-no já no século XVII em virtude do contato com holandeses. O pão de trigo, e com este muitos produtos do Norte da Europa, teriam sido, até a vinda dos ingleses, mal conhecidos pelos brasileiros, "a não ser", acrescenta, "pela gente do Norte, durante os três decênios da ocupação holandesa no Brasil, que foi também uma ocupação um tanto inglesa e um tanto francesa do Brasil; e não apenas holandesa e israelita".

Como conciliar tais afirmativas, agora tão estranhamente peremptórias, com o que sabemos da importância da lavoura do trigo e da fabricação de pão nas capitanias do Sul, e não apenas no século XVII mas já na era dos Quinhentos? Não se conhece talvez inventário paulista da fase seiscentista que deixe de registrar a presença de trigais nos sítios da roça. Dos preços do trigo e da farinha de trigo — que em São Paulo chegavam a ser menores do que os da farinha de mandioca e muito menores do que os do arroz —, de seu comércio, das medidas que estimulavam ou proibiam sua exportação, dos regulamentos sobre o preço do pão ou sobre seu tamanho e peso, dos moinhos existentes em sítios e vilas, das tulhas, das foices ou sobretudo das "foicinhas" de segar, próprios só para o trigo, do sistema português das maquias para pagamento dos moageiros, das padeiras, dos padeiros, andam em verdade tão repletos os antigos documentos municipais paulistanos, que não seria possível sequer abordar o assunto sem o temor de ultrapassar em demasia os limites naturais de um artigo de jornal.

Basta-nos assinalar que, neste caso do trigo e do pão de trigo, a palma da "sofisticação" pode ter cabido em verdade às borralheiras. E não será excessivo supor que justamente a sua maior familiaridade com tais produtos e também com os do milho, se deve a aversão notada por Martius, entre paulistas do planalto, em princípio do século passado, à farinha de mandioca, tida como prejudicial à saúde.

Mas o fato de serem já numerosos os textos publicados sobre o passado colonial paulista não nos deve fazer querer que fosse São Paulo a única área brasileira a familiarizar-se cedo com o frumento. Nas atas seiscentistas da Bahia, cuja publicação benemérita devemos agora à Câmara de Salvador, há abundância de referências a pães e padeiros, e farinhas do Reino e de São Vicente, prova de como ali também seria apreciável seu consumo, ao menos entre gente abastada. E o historiador J. P. Leite Cordeiro acaba de mostrar cabalmente como o trigo de proveniência paulista chegou a ser mandado aos próprios combatentes do Nordeste, em sua grande resistência ao invasor holandês.

Não só de paulistas e baianos, mas ainda de moradores das Minas Gerais, dos campos de Curitiba e sobretudo do Rio Grande de São Pedro, sabe-se muito bem que conheceram largamente o pão de trigo, sem necessidade, para isso, da presença do comerciante inglês. E no Rio de Janeiro, já em 1793, o trigo constituía talvez o principal dos produtos alimentícios importados "de fora da barra ou das circunvizinhanças da cidade", com um total de 76 976 alqueires (e 623 arrobas de farinha de trigo) para 20 353 alqueires de arroz, 28 498 de farinha de mandioca e 3 302 de feijão. É o que se pode ler no Almanaque do Rio de Janeiro para 1794. No Almanaque para 1793 registram-se já 97 752 alqueires de trigo (além de 470 arrobas e 21 barris de farinha de trigo) para 39 880 de farinha de mandioca, 33 149 de arroz e 15 053 de feijão. A procedência do produto não se indica em nenhum dos dois casos, mas no Almanaque de Antônio Duarte Nunes para 1799 registra-se expressamente essa procedência: o Rio Grande de São Pedro.

A leitura de tais almanaques, e mais a dos mapas de carga de embarcações, infelizmente ainda tão pouco divulgados, das atas de câmaras, dos inventários coloniais, serve para mostrar que, notável como chegou a ser, sem dúvida, sobre os costumes brasileiros, a influência britânica — em primeiro lugar a do comércio britânico posterior a 1808 e 1810, —, em realidade não deve ter tido a extensão avassaladora que faz supor a leitura do livro de Gilberto Freyre. Relativamente à introdução ou generalização do emprego do ferro, por exemplo, e do vidro, essa leitura inclina facilmente a interpretações exageradas. E interpretações que tendem, não raro, a acentuar, sem base plausível, a primazia decidida de certas áreas sobre outras, no conhecimento de tal ou qual produto supostamente trazido por ingleses.

O caso, já abordado, do trigo é apenas um dos mais típicos e poderiam lembrar-se outros. Assim, à página 227, encontra-se a seguinte passagem:

122

A freqüência com que aparecem os aparelhos de chá de louça inglesa e mesmo francesa, nos anúncios dos jornais brasileiros da primeira metade do século passado, indica a rapidez com que o hábito inglês de chá da Índia generalizou-se na área mais culta ou mais policiada — policiada no sentido das ordenações — do Brasil, que era então a dominada pelo complexo do açúcar.

Em outras palavras: a área de Pernambuco, a do Recôncavo Baiano e, quando muito, a região fluminense. Mas o certo é que em capitanias menos dominadas pelo mesmo complexo, os aparelhos de louça da Índia, particularmente de Macau, para chá também da Índia, — e não chá mate ou de congonha que se tomava em cuias com as respectivas boquilhas — os bules, as xícaras, as colherinhas, até as escumadeiras de chá (as do Desembargador Tomás Antônio Gonzaga, por exemplo, em 1789) não precisaram esperar o aparecimento dos ingleses, dos jornais e dos anúncios de jornais. Surgem, com menos freqüência, em inventários setecentistas conhecidos. Louça e chá que se transportavam em caixas, e podiam vir da Índia ou da China portuguesas, em navios também portugueses. É claro, dadas as deficiências de transporte, que custariam preços relativamente elevados, que em São Paulo, entre 1757 e 1764 (segundo dados do arquivo do Mosteiro de São Bento divulgados por Afonso Taunay) valia a libra de chá tanto quanto uma arroba de bacalhau, este outro produto em cujo transporte se especializariam depois os navios ingleses, ainda consoante afirmação de Gilberto Freyre.

Mais tarde (antes, porém, de tomar vulto o comércio entre a Grã-Bretanha e o Brasil), o próprio Príncipe Regente instituiria o cultivo do chá no Rio de Janeiro, fazendo vir mudas da planta e até chineses práticos para os terrenos da Lagoa Rodrigo de Freitas. Cultivo que logo depois se espalharia, com bom sucesso, por Minas e São Paulo, onde veio encontrar obstinado paladino na pessoa do Marechal José Arouche de Toledo Rendon. É preciso todavia notar, e desta vez em favor de Gilberto Freyre, que já então também estas terras tinham sido largamente invadidas pelo complexo do açúcar.

Não me parece que apontar excessos ou omissões em estudo tão opulento e por tantos aspectos admirável, como *Ingleses no Brasil,* signifique diminuição para esta obra.

123

Pode-se, com pouco exagero, dizer que se acham quase irremediavelmente vinculados ao método seguido por seu autor. Método comparável, em suma, ao de certos pintores, que empenhados em iluminar *sua* verdade, costumam carregar alguns traços (esbatendo naturalmente outros) a fim de dar-lhes o indispensável relevo. Sem este recurso ao traço grosso, creio que muitas verdades e problemas ficariam para sempre indevassados, o que seria para lamentar. E os enganos que suscita serão por vezes o avesso necessário de eminentes virtudes.

Apenas a obrigação da crítica é não silenciar cautelosamente sobre eles, antes denunciar e acentuar, quando preciso, sua presença. Nisto consiste uma das possibilidades daquele diálogo entre autor e leitor que faz a sedução de algumas obras-primas. Não pensará de outro modo Gilberto Freyre, ao sugerir, forçando ainda aqui o traço grosso, que quando bem escritos e documentados, os livros incompletos, pela colaboração que reclamam, seriam talvez melhores do que outros, suficientes e bem acabados.

7. TRADIÇÃO & TRANSIÇÃO

Do interesse que pode merecer, aplicado ao Brasil, certo tipo de estudos em que instrumentos de análise antropologica permitiram aprofundar-se e dilatar-se o campo da pesquisa social, é típico o trabalho em que, pela primeira vez, no Brasil se utilizaram em escala ampla alguns daqueles instrumentos. Ele dará ocasião para se apreciarem seu valor positivo e, ao mesmo tempo, algumas das suas limitações.

Quando aludo a limitações, não quero referir-me às que, ao menos por enquanto, parecem inerentes ao próprio método daqueles estudos, tais como foram imaginados e desenvolvidos nos Estados Unidos ou por influência de etnógrafos e antropólogos norte-americanos. É este um tema para especialistas, e acarretaria discussões que escapam a minha competência. Os que pretendam inteirar-se delas farão bem em recorrer, por exemplo, ao trabalho de autoria de Robert Bierstedt, que publicou o *American Journal of Sociology* em seu número de julho deste ano de

1948, sob o título: "The limitations of the Anthropological Method in Sociology".

As limitações que aqui nos podem interessar associam-se à resistência que oferecem a uma aplicação muito rígida daquele método desenvolvido em outras terras e provocado por estímulos locais, às nossas condições específicas. Assunto, este, que não interessa, em realidade, apenas ao sociólogo, mas a todos os que tenham algum trato mais ou menos assíduo com os problemas brasileiros.

E talvez, em lugar de limitações, seria mais próprio falar, neste caso, em obstáculos ou riscos. Isso ajudaria a melhor distinguir o verdadeiro significado do método e simultanemente a conveniência de corrigi-lo ou modificá-lo segundo cada circunstância particular, até que uma experiência mais larga tenha assegurado elasticidade maior aos princípios em que descansa. Por outro lado permitiria que a consideração objetiva de um trabalho como o que acaba de publicar Emilio Willems não seja perturbado pelo prazer intelectual que podemos retirar de sua leitura.

Esse livro *(Cunha — Tradição e Transição em uma Cultura Rural no Brasil)* não é, como se poderia julgar pelo título, uma simples monografia regional de caráter mais ou menos informativo. Nem é, ainda menos um armazém de curiosidades ou antiguidades, que devesse atrair unicamente o estudioso de folclore. É principalmente um exame sistemático da cultura cabocla, vista em determinado local e determinado momento de sua evolução ao contato de influências extranhas.

O problema que enfrenta o autor, que enfrentariam com ele outros observadores empenhados na investigação de nossas comunidades rurais, partindo dos meios que pode propiciar a moderna ciência antropológica, tem a ver com a utilização de dados de natureza histórica sem que isso importe em descurar as exigências da investigação imediata. Esses meios, metodológicos e técnicos — no caso o da entrevista principalmente, e também o da "observação participante", que quer reduzir ao mínimo a distância entre o investigador e a situação investigada — tem como finalidade apreender as culturas como um processo dinâmico e não apenas reconstruir um passado mais ou menos remoto e parcialmente extinto, em que elas se apresentariam em estado de ideal pureza. Mesmo quando esta reconstrução fosse de algum modo possível, não caberia insistir demasiado nela, salvo na medida em que pudesse fornecer elementos para uma análise circunstanciada das mudanças correntes.

É notável, em análise desse tipo, o predomínio constante das idéias ou conclusões sugeridas pelo desenvolvimento das diferentes ciências sociais em nossos dias. Robert Redfield, que tem sido dos mais eficazes pioneiros em tais pesquisas, admite expressamente a larga contribuição que lhes emprestaram os criadores da sociologia contemporânea. Colocando-se, embora, acima das teorias ou doutrinas, ele não hesitou em aproveitá-las onde pudessem ser de algum préstimo para os propósitos de seu inquérito.

Ainda mais do que a sociologia, porém, a própria antropologia também vai estimular amplamente, com seus métodos peculiares e suas técnicas de pesquisa, o desenvolvimento de tais estudos. Não é por acaso que a obra célebre de Robert S. Lynd e Helen M. Lynd, *Middletown,* publicada primeiramente em 1929 e seguida, oito anos depois, de *Middletown in Transition,* obra que tanto contribuiu com o exemplo de seu bom êxito, para esse desenvolvimento, se propunha abertamente estudar uma comunidade do Centro-Oeste dos Estados Unidos, mais ou menos como um antropólogo estudaria uma tribo selvagem. E foi sobre bases semelhantes que W. Lloyd Warner e o grupo de pesquisadores sob sua orientação, têm estudado exaustivamente uma velha localidade da Nova Inglaterra. Com efeito, só uma convenção preservada até agora pela rotina explica que os domínios da antropologia se circunscrevem aos das populações chamadas primitivas.

Por outro lado, é explicável, ao menos pela força do velho hábito, que a maioria desses investigadores, interessados em tirar o melhor partido, e o mais plausível, das diferentes disciplinas abrangidas pela rubrica de ciências sociais, não se afaste demasiado, provisoriamente, do modelo tradicional das pesquisas antropológicas. Ou, para usar as próprias palavras de Willems, no prefácio a este livro, que escolham comunidades aproximadas, pela sua cultura, do tipo tribal. Foi desse expediente que surgiu, principalmente sob o patrocínio de Redfield e a partir de 1930 — o ano em que se publicou seu livro *Tepoztlan* —

127

A Mexican Village — a noção, hoje bem generalizada, de culturas demóticas, ou de *folk*.

A cultura de *folk*, de acordo com essa noção, tem sua continuidade preservada de geração a geração, sem depender para isso da existência da página impressa. Além disso, conforme acentua ainda Redfield, assume caráter nitidamente local: o *folk*, salvo determinadas exceções, como a dos ciganos, explicável por motivos especiais, acha-se radicado a um *habitat* fixo.

No interior do grupo de *folk, prossegue,* há relativamente pouca diversidade de interesses e atitudes; atitudes e interesses são aproximadamente os mesmos de indivíduo para indivíduo, embora exista, aparentemente, a mesma variedade de temperamentos que podemos encontrar em outros grupos de iguais dimensões. E por fim, os participantes desse tipo de cultura, vivem em ambientes rurais. Se as idéias e noções que lhes são próprias (*o folklore*), também podem ocorrer nos centros, urbanos, a verdade é que não exibem, nestes casos, o mesmo vigor, antes tendem a decrescer, reduzindo-se quase sempre a simples vestígios.

O *folk* — é necessário acentuar ainda uma vez este ponto —, distinguindo-se embora das sociedades sofisticadas, não se acha necessariamente associado a uma organização social "primitiva", no sentido que a esta palavra se atribui ordinariamente. No México, por exemplo, pode ser e é, muitas vezes, o produto da fusão de elementos indígenas e de elementos europeus. O mesmo ocorre na generalidade dos países americanos de origem ibérica e também, posto que em menor grau, nos próprios Estados Unidos: entre os negros sulinos particularmente, onde os traços africanos ainda não foram subjugados de todo pela influência européia e, em forma residual, nas montanhas do Sul e do Sudeste, onde os elementos anglo-saxões se mantêm aparentemente puros, embora parcialmente "fossilizados", se assim se pode dizer. A análise que procure distinguir nessas culturas, entre os elementos adventícios (hispânicos, africanos, até anglo-saxões) e os indígenas, é um problema histórico. Outro problema, observa Redfield, é a descrição das mudanças que ocorrem presentemente nessas culturas de *folk* em resultado da disseminação dos usos urbanos.

Em realidade a separação absoluta entre os dois tipos de problemas não parece possível, salvo num plano puramente teórico. E ouso acreditar que a maior ou menor relutância no largo aproveitamento de material histórico não pode ser de antemão fixada para estas pesquisas, mas há de ser estritamente determinada pelas condições particulares da comunidade escolhida. No entanto é precisamente a este problema que procurarei dedicar-me em particular, quando trate das limitações do método antropológico, vistas através do estudo empreendido por Willems.

A comunidade que escolheu para suas investigações — uma pequena cidade paulista de cerca de 1500 habitantes, situada a alguma distância das principais vias de comunicação que ligam entre si os núcleos urbanos situados no Vale do Paraíba, ao meio do caminho entre São Paulo e Rio de Janeiro —, proporciona condições altamente favoráveis a este gênero de estudos. Conservando ainda caráter acentuadamente rural, reforçado através de muito tempo pelo seu isolamento relativo, Cunha está acessível, no entanto, a contatos que tendem a alterar lentamente sua fisionamia e sua estrutura tradicionais.

É que o isolamento se acha hoje ameaçado, mais do que nunca, pela construção de uma rede rodoviária intramunicipal e pela ligação dessa rede às grandes vias de comunicação do Vale do Paraíba. As viagens, penosas e raras antigamente, fazem-se com maior facilidade e freqüência. Observa Willems que não são poucos, atualmente, os fazendeiros locais familiarizados com São Paulo ou o Rio de Janeiro, e entre gente mais abastada já é costume mandarem-se os filhos às escolas secundárias de Guaratinguetá e Lorena.

Ao lado do desenvolvimento dos meios de comunicação, outro fator vai contribuindo para reduzir o isolamento da comunidade: a boa reputação de seu clima, que atrai anualmente dezenas de forasteiros e sobretudo as vítimas de afecções pulmonares. Nessas condições, juntamente com as formas de vida tradicionais, que ainda vegetam em grande escala, notam-se indícios crescentes de uma transformação que procura substituir as velhas instituições por usos e costumes normalmente citadinos.

A primeira e maior parte da obra (as outras duas, que tratam, respectivamente, de questões de antropologia física e de arqueologia, não ocupam, somadas, mais de um quarto de todo o volume) aborda os fundamentos em que tradicionalmente descansa a vida dessa comunidade e,

129

simultaneamente, as modificações que vem sofrendo nos últimos tempos. Aqueles fundamentos abrangem, em suma, a estratificação social pouco nítida, mas comportando uma classe média que o observador atento pode distinguir, apesar de afirmações em contrário dos moradores, formas características de cooperação vicinal constituídas em volta do "mutirão"; aproximação entre os sexos regulada por uma etiqueta extremamente rigorosa; importância considerável do compadresco, superior, em alguns casos, à dos próprios laços de sangue; vida política baseada em moldes oligárquicos e patrimoniais, no sentido que a esta palavra atribuiu Max Weber; vida religiosa dominada antes de tudo pelo ritual do catolicismo, que se revela, entretanto, insuficiente para atender às exigências dos cunhenses com relação ao sobrenatural; economia fundada principalmente nas lavouras do milho e do feijão; festejos coletivos intimamente associados aos interesses religiosos da comunidade...

Se bem que a descrição dos traços mais típicos da "cultura caipira" de Cunha, feita com admirável mestria, ocupe o principal da obra e seja porventura seu aspecto mais sedutor para quem se interesse unicamente nas pitorescas sobrevivências de nosso passado rural e colonial, a verdade é que não representa seu núcleo central. O acento agudo cai, aqui, não sobre tais sobrevivências, mas antes sobre sintomas e manifestações reais da desagregação, sofrida por certos aspectos característicos, da comunidade primitiva ao influxo de novos fatores. À tradição hão de sobrepor-se os elementos próprios da fase de transição, e tão importante é esse ponto, que vai determinar a própria escolha das formas tradicionais que parecem dignas de realce. Assim, o autor não pretende, e declara-o expressamente, oferecer um quadro completo da cultura caipira, tal como se apresenta na região de Cunha, mas tão-somente distinguir os aspectos que possam ser abrangidos pelo contraste tradição-transição.

As páginas onde se mostra a evolução da lavoura de subsistência — fundada no cultivo do milho e feijão — para uma economia baseada em maior grau na troca monetária, ou aquelas em que se indica a influência do protestantismo como um dos responsáveis pela progressiva secularização, ou pelo abandono, de práticas mágicas an-

130

cestrais, afetando toda vida social da região, mostram admiravelmente a amplitude dos recursos que, aplicado com mão segura, propicia o método antropológico ao estudo da desintegração e desorganização de uma cultura motivadas pela intervenção de elementos adventícios.

Mas precisamente aqui pode justificar-se uma atitude de certa reserva. Até que ponto será lícito deslocarem-se, sem discriminação meticulosa, certas noções peculiares à antropologia, tal como tem sido ordinariamente praticada, para a consideração de agrupamentos humanos que não pertencem aos tipos tribais? E mesmo fazendo-se aquela discriminação aparentemente indispensável, a simples influência psicológica de conceitos e até de vocábulos criados por antropólogos e para a Antropologia, não seria de natureza a desvirtuar de algum modo o exame de certos problemas que eram ainda recentemente apanágio de outras ciências sociais?

Para um estudo de transformações como as que se processam em nossa "cultura cabocla", e que Emilio Willems teve ocasião de discernir admiravelmente no município paulista de Cunha, torna-se indispensável tomar como plano de referência uma fase mais ou menos remota em que essa cultura ainda se achava pouco perturbada pelos contatos com o mundo externo.

Pouco importa se o antropólogo, por exemplo, tenda a encarar com algum ceticismo, e mesmo com uma ponta de desdém profissional, os esforços, tantas vezes inúteis para a reconstrução de um passado objetivamente válido, que representam, ao contrário, ocupação própria do historiador. Mesmo se obtido através de sobrevivências que atuam fortemente na vida da comunidade — e são, com efeito, as que de seu ponto de vista mais importam, a verdade é que tal passado há de persistir como elemento de confronto ou, para empregar as mesma palavras de Willems, como "pano de fundo" das pesquisas.

Segundo essa visão retrospectiva, as mudanças atualmente em curso podem parecer, e parecem realmente a muitos antropólogos, uma espécie de desvio, quase patológico, de condições mais naturais e talvez mais sadias.

131

De onde o vago e talvez inevitável timbre depreciativo que vemos associado, com freqüência, a expressões tais como "desorganização", "desagregação", "desintegração" — empregadas constantemente para designar algumas daquelas mudanças. É que essa ciência aparentemente austera e rígida também nos deixa vislumbrar algumas vezes suas pausas emocionais, seus lapsos de patético, de tudo aquilo a que, com pouca impropriedade, se poderia chamar o patético da Idade de Ouro. Isso tudo é especialmente verdadeiro no caso das antigas comunidades de tipo tribal, que pertencem por tradição ao domínio da Antropologia.

No caso de comunidades de outro tipo, que só ultimamente se vêm incorporando, por sua vez, a esse domínio, a situação já não parece tão simples. O conceito de *folk,* forjado para abranger não apenas os grupos primitivos, mas ainda muitas populações que, por vários aspectos, se aproximam de tais grupos, forneceu uma ponte cômoda para a extensão maior dos conceitos antropológicos. Caberia perguntar se, em certos casos, essa extensão não se deu por um artifício de algum modo prejudicial ao objeto das pesquisas e se, cuidando em avolumar o âmbito normal de seus interesses, os responsáveis por ela não se limitaram a deitar muita água no vinho.

A pergunta parecerá justificável quando se considere que uma grande proporção das comunidade agora convertidas, por sua vez, em objeto de pesquisa antropológica, jamais chegou a constituir os agrupamentos perfeitamente estáticos, os organismos culturais compactos, homogêneos, bem equilibrados, as sociedades virtualmente sem história, que se presumem ser, em escala maior ou menor, as tribos denominadas primitivas.

Quando confrontamos sua condição presente de instabilidade a uma suposta estabilidade anterior, lidamos, de fato, com fórmulas aproximativas e provavelmente enganosas. Produto de migrações, de miscigenações, de aculturações, de mutações, que se vêm produzindo desde época mais ou menos longínqua e puderam ser documentadas até certo ponto, essas populações relacionam-se nisto, e em muito mais, antes às sociedades "civilizadas" do que às comunidades "primitivas". É muito possível que sua instabilidade seja, nos dias de hoje, maior do que em

132

outros tempos — se bem que o observador atual esteja irremediavelmente sujeito a erros de perspectiva — mas neste caso haverá uma diferença de grau, não de essência. As mudanças que nelas se produziram em épocas anteriores à nossa são fundamentalmente as mesmas que se registraram em meios sofisticados, apenas de modo menos evidente e como em câmara lenta.

Isto é verdadeiro, e não apenas no caso dos centros modernos como Newburyport, Massachusetts, que serviu de base às pesquisas da *Yankee City Series,* mas também, no das comunidades de *folk* do Iucatã e outros sítios, da América Espanhola sobretudo, que se prestaram a investigações similares. E não é menos verdadeiro de áreas como o nosso município de Cunha, estudado por Emilio Willems, áreas essas situadas numa posição intermediária, que não é nem a de povoações dos Estados Unidos onde a influência européia do tempo da colonização pode impor-se quase sem contraste, nem o das localidades centro-americanas que preservaram largamente os vestígios da antiga organização tribal indígena e onde, mesmo em um meio urbano considerável, como o de Mérida, a principal cidade iucateca, trinta por cento de uma população de cem mil habitantes ainda se serve comumente dos idiomas pré-colombianos locais, e cerca de seis por cento nem conhece o castelhano.

Não direi que seja impossível evitarem-se os embaraços que envolve o emprego dos métodos antropológicos ao estudo dessas sociedades. Em grande número de trabalhos realizados nesse sentido eles se revelaram, ao contrário, de notável eficiência e préstimo. Mas cabe perguntar se a eficiência não teria vindo menos da bondade dos métodos do que da habilidade e capacidade de quem os aplica.

Seja como for, não existe motivo sério para se condenar sem apelo a maior generalização de tais métodos. O plausível é que a observação direta seja constantemente conferida ou, se necessário, corrigida, com o socorro de outros instrumentos, inclusive, e em particular com a documentação escrita acerca do passado da comunidade, onde e quando seja possível dispor desse material.

O estudo de Emilio Willems situa-se justamente entre aqueles em que a falta de uma consideração mais atenta e assídua dos fatos relacionados com o evoluir da vida da comunidade é, até certo ponto, suprida por uma observação meticulosa e cautelosa, servida por apurada técnica de pesquisas. Das duzentas e quarenta páginas que abrange seu livro sobre tradição e transição em Cunha, apenas três são dedicadas ao histórico da localidade.

Se essa deficiência está longe de desvalorizar os resultados alcançados com a pesquisa direta, com as técnicas da entrevista e da observação participante, há contudo razões para supor-se que sem ela alguns daqueles resultados se poderiam esclarecer ou melhor corroborar. Em muitos casos, a consideração dos fatos históricos, sugerindo que a estabilidade social e o isolamento da comunidade, em épocas anteriores à nossa, sejam menos acentuados do que a visão do presente leva a acreditar, agiria sobre a própria investigação antropológica. E com isso daria, talvez, ênfase à oposição estabelecida entre os traços tradicionais e as atuais mudanças.

É curioso que, por mais de uma vez, se refira Willems, em seu livro, à tradição oral, conservada principalmente entre as pessoas portadoras de nomes antigos, de uma era de prosperidade e riqueza, em duro contraste com a miséria de épocas mais recentes. O autor assinala a importante função psicológica que exerce essa lembrança, servindo para compensar os sentimentos de inferioridade associados àquilo que se considera o atual declínio do lugar. Não haveria, entretanto, algum interesse em verificarem-se mais devidamente os fatores efetivos dessa tradição? E dado que ela seja em tudo verídica, a simples circunstância de se poder caracterizar abertamente como de declínio uma época que se apresenta hoje, vista da distância, como de imobilidade e imutabilidade, seria indiferente do ponto de vista sociológico ou antropológico?

A verdade é que um exame sumário de alguns dados relativos ao passado cunhense leva a acreditar que não seria infundada a versão corrente entre gente velha da localidade. E a antiga "prosperidade" de que ainda hoje resta memória, deve ter tido sobre a vida da população reflexos semelhantes aos que pode assinalar em nossos dias o Professor Willems. Um simples fato bastaria para mostrar até onde é razoável tal suspeita: a po-

134

sição atual do ensino elementar na vida da comunidade, comparada ao que era há mais de um século, já denuncia claramente uma paisagem de decadência. Não parece ocioso lembrar que, enquanto existe hoje, em Cunha, segundo consta deste livro, apenas uma escola de grau primário, em 1835 o *Ensaio Estatístico* do Marechal Daniel Pedro Müller registrava um século antes nada menos de cinco, entre as quais quatro particulares. Em número de escolas, superaria mesmo qualquer das cidades existentes no Vale do Paraíba, ao norte de Jacareí, com a exceção de Taubaté.

E esse número não deixaria de aumentar progressivamente nos decênios seguintes se, como se lê no *Almanaque* de Luné, que é de 1873, havia então, na cidade e bairros, dezessete escolas particulares, freqüentadas por cento e trinta e sete alunos de ambos os sexos, "especialmente para a instrução primária". E em 1886, segundo se lê no Relatório da Comissão Central de Estatística, que traz essa data, funcionavam no Município nove cadeiras primárias para o sexo masculino e duas para o sexo feminino, das três nele criadas oficialmente, com um total de duzentas e quarenta e nove alunos. Isso sem falar nas dez escolas particulares igualmente existentes na localidade. E note-se que, por esse tempo, Cunha já deveria ter entrado francamente na sua fase de declínio. De qualquer modo, opostas às condições presentes ou às que procederam imediatamente a atual fase da "transição", é inevitável acreditar que as condições traduzidas por essa cifras refletem com efeito uma época anterior de relativa prosperidade. Prosperidade decorrente de condições econômicas mais favoráveis do que as de hoje e cujo exame poderia elucidar, sem dúvida, mais de um aspecto da cultura local.

Outro fato cujo exame, à luz de documentação existente e publicada, autoriza a configurar sem hesitação a paisagem humana estudada como uma paisagem de decadência é verificável no já lembrado *Ensaio Estatístico* do Marechal Müller, onde se diz que teriam existido em Cunha, no ano de 1835, duas fazendas de criar — o que passaria quase por um luxo em região denominada pela pequena lavoura. Já no recenseamento de 1872 está em branco a coluna correspondente a "criadores". O primeiro rude golpe na *prosperidade* do município foi, segundo Willems, a ligação de Areias ao porto de Mombucaba. O segundo, e este o verdadeiramente decisivo, teria sido a construção da "estrada de ferro Central do Brasil". A fase de isolamento, acrescenta, "durou de 1860 a 1932, ano em que se concluíram as obras da estrada de rodagem ligando Guaratinguetá a Cunha". Se quisesse ser mais preciso, o autor notaria que os trilhos da Companhia São Paulo e Rio de Janeiro, destinados a reunir-se em Cachoeira, aos da Estrada de Ferro D. Pedro II, só em 1877 alcançaram efetivamente as cidades mais próximas de Cunha, ou sejam Guaratinguetá e Lorena.

Seria, entretanto, simplificar demasiado a situação, esquecer outros fatos que caracterizaram a vida local e tiveram, sem dúvida, apreciável importância em seu desenvolvimento, num passado não muito longínquo. Esquecer, por exemplo, que ao lado da simples produção destinada ao abastecimento dos moradores, havia até então, e mesmo depois, lavouras determinadas expressamente pelas necessidades do comércio externo. Antes daquela data, Cunha tinha chegado a ser um município açucareiro, com cinco pequenos engenhos de cana em 1835. No mesmo ano já havia lá duas fazendas de café, se bem que de importância limitada, a julgar pelo volume da produção. Quanto ao fumo, entretanto, o município já seria dos principais fornecedores da província calculando-se acima de outros centros de produção considerável, como Capivari, Constituição (Piracicaba) e Porto Feliz. É verdade que a cana foi abandonada aos poucos, e depois o café, embora Azevedo Marques, em 1879, ainda inclua este artigo, juntamente com os cereais, entre as maiores produções do município.

Mas o pouco rendimento de tais gêneros teria compensado durante algum tempo graças ao desenvolvimento extraordinário do plantio do algodão. Seguindo o exemplo de outras regiões da província, entregaram-se os cunhenses com entusiasmo à lavoura da malvácea durante a guerra civil nos Estados Unidos. Ainda em 1873 o Almanaque de Luné assinalava ali quarenta e sete fazendeiros de algodão, sendo que sete, pelo menos, tinham em suas terras máquinas de escaroçar e enfardar. É evidente que, destinando-se a produção inicialmente aos

136

centros de consumo privados do algodão norte-americano, já requeria e impunha, em grande escala, o regime das trocas monetárias, que não constitui, assim, fenômeno dos nossos dias, como parece sugerir Willems.

Todos esses dados (e poderiam citar-se outros) atestam para Cunha uma situação bem nítida, a contar dos dois ou três últimos decênios do século passado e até à recente fase de transição. Situação que não é a de uma indigência natural e originária, mas ao contrário, e tipicamente, de decadência.

A essa decadência, à falta de um gênero de cultivo como a cana-de-açúcar, o café, o algodão, que compensasse principalmente o abandono forçado deste último produto durante os anos de 70 (a partir de 1885 ainda se tentaria por algum tempo, sem resultado apreciável, a viticultura), enfim, e sobretudo, ao esgotamento das antigas terras de plantio, seria lícito atribuir-se o desenvolvimento recente da pecuária, que afetaria de modo decisivo a sociedade e a cultura locais.

Infelizmente Willems não tenta explicar a que ponto a devastação das matas para a lavoura e outros misteres teria sido aqui, como o foi em tantas outras partes do Brasil, fator decisivo em grande parte, da formação de terras de pastagem e, em conseqüência disso, da expansão da pecuária, que associa apenas ao desenvolvimento maior dos mercados metropolitanos e, concomitantemente, à procura maior de carne e de leite. Há, contudo, indícios de que ainda na segunda metade do século passado a região cunhense era bem vestida de florestas e parece apoiar de algum modo esta presunção o número desproporcionado de operários em madeira, comparados a outros artífices, que assinala o recenceamento de 1872.

O importante é que, apesar da prosperidade de Cunha, puderam ali sobreviver alguns traços da vida colonial, que em vão se procurariam nas localidades paulistas enriquecidas com a lavoura do café. De modo que, tendo realizado, graças a tais sobrevivências, o primeiro estudo sistemático e em grande escala de nossa "cultura caipira", o livro de Willems é de grande auxílio para os que se empenhem em conhecer e melhor explicar certos aspectos da nossa formação social. Lendo, por exemplo, suas observações sobre a tendência, mesmo entre famílias tradicionais do lugar, para casar as filhas com forasteiros, porque o homem de fora é relacionado, em geral à idéia de "bom partido" e corresponde à convicção corrente entre os pais, de que se deve "melhorar quando se escolhe alguém", ocorre pensar no que já em 1693, dizia um relatório do Governador Antônio Pais de Sande acerca das famílias paulistanas, "inclinadas a casar antes suas filhas com estranhos que as autorizem, que com naturais que as igualem".

Extraordinariamente sugestivas, e pelas mesmas razões, são as páginas dedicadas às festas locais, ao respeito — base do sistema das "terras em comum" — ou às formas de cooperação vicinal e, em particular, ao mutirão.

Na cultura rural de Cunha, *diz Willems,* o mutirão é a forma básica de cooperação vicinal. Não vai exagero na afirmação de que, sem essa instituição, a organização atual deixaria de existir na presente forma. "Nos bairros, os lavradores costumam atender ao chamado dos vizinhos, esperando que estes lhes retribuam o serviço na próxima ocasião. Excetuam-se apenas os inimigos pessoais, mas as inimizades, contanto que sejam numericamente reduzidas, não impedem o funcionamento da instituição". "Não se estabelece nenhuma distância social entre proprietários e agregados. A todos cabe a tarefa e durante as refeições e folganças todos se misturam indistintamente".

Favorecendo a individualização maior do trabalho, as tendências modernas estimulam, por outro lado, a desorganização desse regime tradicional de trabalho coletivo. Todavia cabe um reparo a propósito da referência feita pelo autor à obrigação que estipulam os códigos de posturas de serem as estradas construídas e conservadas de mão comum pelos moradores do bairro. Observa Willems como só em 1929 o novo código "substituiu o *mutirão obrigatório* pela taxa de viação de quinze mil réis". Com esse nome de "mutirão obrigatório" Willems quer referir-se, aparentemente, a uma instituição importada diretamente de Portugal, pertencente às obrigações normalmente impostas pelos Concelhos e de que há notícia freqüente já nas atas quinhentistas e seiscentistas da Câmara de São Paulo. De acordo com antigos regimentos, tais obrigações deveriam ser cumpridas pelos moradores, seja pessoalmente, seja através de seus escravos ou administrados, sujeitando-se a penalidades quem as descumprisse.

De qualquer forma parece necessário distingui-la expressamente do autêntico mutirão. Enquanto este é animado pela expectativa de reciprocidade e pelos folguedos que acompanham a atividade coletiva, no regime chamado "de mão comum" entram a compulsão exterior e as cominações para os faltosos. É interessante notar que Willems, falando no mutirão, de modo geral, salienta não apenas um, mas dois tipos de reciprocidade, abrangendo o segundo — reciprocidade instantânea, conforme a terminologia de Thurnwald — os próprios repastos e folguedos que necessariamente se vinculam a esse sistema de trabalho coletivo. A tais festas, consideradas um meio de se congregarem os vizinhos, especialmente para roçadas e derrubadas de mato já se referia em 1788 José Arouche de Toledo Rendon, dizendo que estes "pegavam nos machados e nas foices, mais animados do espírito da caninha do que do amor do trabalho".

Não sei se do ponto de vista da antropologia há realmente conveniência em destacar-se o elemento de reciprocidade que entraria eventualmente nos padrões de hospitalidade. Dando ao conceito de reciprocidade excessiva latitude, não seria fácil, com efeito, dissociar dele os próprios trabalhos de "mão comum", no sentido tradicionalmente atribuído a esse termo, uma vez que a prestação de serviços públicos, beneficiando a coletividade, beneficia inclusive àquele que os presta.

A distinção realmente decisiva entre esse regime de atividade coletiva e o mutirão está em que no primeiro o trabalho é expressamente compulsório e no segundo voluntário, embora neste último caso possa entrar uma compulsão moral tácita. Outra distinção é a que diz respeito à procedência étnica das duas instituições. Se Willems tivesse seguido em tudo o exemplo de um Redfield, que aplicou métodos antropológicos ao estudo de comunidade hispano-maia do Iucatã, poderia tentar discernir, como este o fez em seu trabalho sobre a comunidade de Chan Kom entre os elementos indígenas e adventícios na área que constituiu o objeto de suas pesquisas. E então, posto que não se deva excluir a existência no Reino europeu, antes mesmo do descobrimento do Brasil, de instituições em tudo comparáveis ao verdadeiro mutirão, conhecidas, aliás, entre formações demóticas do mundo inteiro, seria levado, provavelmente, a insistir nesta distinção particular.

Contudo, no caso de Cunha, ela não parece imprescindível. A região foi ocupada e povoada no século XVIII por indivíduos e famílias procedentes de outras regiões paulistas onde já se verificara anteriormente o processo de miscigenação e aculturação de indígenas e adventícios. Em outras palavras, ao contrário do que ocorre nas comunidades do Iucatã investigadas por um Redfield, aqueles processos não pertencem, no caso de Cunha, à história estritamente local, e seu estudo só se compreendeu num estudo muito amplo da cultura mameluca e caipira. Por outro lado, tendo recebido de fora todos os elementos essenciais de sua cultura, elementos fortemente tingidos pela influência européia ou largamente assimilados por essa influência, a comunidade investigada afasta-se mais distintamente do tipo tribal do que as do Iucatã. Por isso mesmo tem uma evolução histórica bastante precisa e que marcou, em sucessivas etapas, seu complexo cultural.

Tive oportunidade, nestes comentários de salientar até onde pesquisas como a de Emilio Willems podem ser de préstimo nos estudos de história. Cabe agora, e para terminar, insistir em que a recíproca também é verdadeira. Exatamente porque esta obra assinala o ponto de partida de uma fase importante no desenvolvimento das Ciências Sociais entre nós, e pode, com notável proveito, servir de exemplo para estudos ulteriores, julguei importante estender-me em suas análise e deter-me especialmente no que me parece constituir, ao menos por enquanto, o ponto fraco do método empregado. Mas a falta pode ser corrigida quando se reconheça no seu justo valor a importância de investigação histórica em tais estudos.

8. NOTAS SOBRE O BARROCO

1.

Dois trabalhos quase simultaneamente recebidos por este cronista atestam bem o largo prestígio e a amplitude que, mesmo em países de língua portuguesa, vai ganhando nestes últimos anos, a noção do Barroco. São eles, o prefácio que o ensaísta português Antônio Sérgio redigiu para as *Obras Escolhidas* de Antônio Vieira, editadas pela Livraria Sá da Costa (Lisboa, 1951), e uma extensa tese do Professor Eduardo d'Oliveira França *(Portugal na Epoca da Restauração,* São Paulo, 1951) apresentada ao concurso para cadeira de História da Civilização Moderna e Contemporânea da Faculdade de Filosofia Ciências e Letras da Universidade de São Paulo.

Não se trata, certamente, de sintomas isolados. Vários trabalhos recentes, impressos entre nós acerca do barroco, tomada esta palavra com uma extensão de significado que mesmo fora de Portugal e do Brasil, era desconhecida até as vésperas da guerra de 14, servem para

141

assinalar aquele prestígio. Nesse caso — e há, outros — eu lembraria, tentando seguir, tanto quanto possível, uma ordem cronológica, e ensaio de Otto Maria Carpeaux, incluído em seu livro *Origens e Fins,* onde se esboça uma sugestiva interpretação da vida americana — e não apenas latino ou ibero-americano — vista sob os auspícios do barroco e das suas sobrevivências atuais, inclusive nos domínios sociais e políticos; o estudo de Hannah Levy a propósito de "três teorias sobre o barroco" inserto em 1941 na *Revista do Serviço do Patrimônio Histórico e Artístico Nacional,* onde a autora, embora particularmente interessada nos fenômenos artístico, não deixa de optar por uma explicação desse fenômeno (a de Leo Balet) que tem como ponto de partida o conjunto de determinada situação histórica (assim, por exemplo, o caráter absoluto, ilimitado, do poder corresponderia ao exibicionismo discricionário e sem peias manifesto no movimento caprichoso, indefindo, de tantas obras seiscentistas), finalmente a série de artigos de Lourival Gomes Machado, que estão a exigir publicação em volume* onde, se bem me lembro, esta última teoria é considerada em suas aplicações ao caso particular do Brasil.

Sejam quais forem, as objeções que possam merecer esse prestígio do nome e da noção de "barroco", o inegável é que doravante — e por quanto tempo? — um e outra se converteram em instrumento serviçal e, de fato, indispensável, não só na doutrina estética, mas ainda na historiografia e na própria crítica literária.

Daquelas objeções, a mais pertinente, a meu ver, decorre justamente do préstimo ilimitado de um conceito, que adaptando-se aos pontos de vista mais diversos e divergentes, acaba não servindo verdadeiramente a nenhum deles. Exprimiu-a desde 1927, e volta a exprimi-la em trabalho recente, um dos intérpretes mais autorizados da poesia lírica espanhola. Tanto se tem malbaratado nos últimos anos esta palavra, *barroco* — escrevia, com efeito, Dámaso Alonso em sua edição exemplar das *Soledades* de Góngora —, que já corre o perigo de não dizer coisa alguma.

Reagindo contra essa periogosa inflação do barroquismo o crítico esforça-se por voltar ao conceito estrita-

---

* Esta publicação em volume foi realizada posteriormente sob o título de *Barroco Mineiro,* Col. Debates, n.º 11, Ed. Perspectiva.

mente arquitetônico, e na poesia do grande cordovês busca os elementos — ou seus correlativos aparentes — já inscritos na noção tradicional e limitada. Assim como na arquitetura barroca as superfícies mais lisas do classicismo renascentista se vestem de decoração, flores, folhas, frutos, das mais variadas formas arrancadas diretamente à natureza ou tomadas à tradição da Antiguidade, também na poesia chamada culterana, a estrututra renascentista do verso italiano ganha uma sobrecarga de elementos visuais e auditivos, de sobrevivências que já não têm um valor lógico ou simplesmente lógico, mas um valor estético decorativo.

Essa visão diminutiva do barroco tem hoje alguns dos seus partidários indefesos na própria Alemanha e nos países de língua alemã, onde, por outro lado, a visão aumentativa teve seu berço e encontra ainda hoje adeptos fervorosos. Em sua obra monumental sobre a literatura européia e a Idade Média Latina, publicada em 1948, o crítico e romanista Ernst Robert Curtius vai ao ponto de condenar a aplicação a manifestações culturais do epíteto "barroco", devido às associações históricas que o mesmo encerra, e por que acha que, nas ciências do espírito, os conceitos devem ser formados de maneira a que dificultem, tanto quanto possível, uma aplicação abusiva.

A palavra "maneirismo", a seu ver, designa, com toda a nitidez desejável, o denominador comum das diferentes tendências — do barroco, inclusive, — que se contrapõem vivamente, em literatura, ao "classicismo". Entendido nessa acepção, o maneirismo representará um constante da literatura européia. É a manifestação complementar do clássico. A polaridade maneirismo-classicismo seria, como instrumento conceitual, muito mais utilizável do que a oposição tradicional entre romântico e clássico, servindo para iluminar certas questões que, de outra forma, passariam despercebidas. Muito daquilo que se pode designar com o nome de "maneirismo" é hoje rotulado de barroco, observa, embora com o risco das inúmeras confusões e dos excessos, que se prendem de modo inevitável a este rótulo.

Outra atitude restritiva, esta, em realidade, negativa, em face do barroco, é a que representa Croce. Mas as objeções do filósofo italiano são determinadas por motivos diversos daqueles que animam um Dámaso Alonso

143

ou um Curtius. Enquanto estes vêem no barroco um fenômeno histórico e literário digno de apreço. Croce parte de uma reação deliberada à crítica e à historiografia modernas, quando se vangloriam de ter conferido àquele fenômeno histórico um caráter positivo, que ele ainda não tinha ao tempo de Burckhardt, o historiador do Renascimento italiano.

Filia-se, assim, à crença de que se trataria, entre certos povos da Europa, de um caso de depressão, de debilitação da capacidade criadora, de profunda aridez espiritual. É lícito falar em um barroco italiano, espanhol ou alemão. "Por outro lado", acrescenta, "seria assaz impróprio falar de uma idade barroca na França e, ainda mais, na Inglaterra". Faltando-lhe um conteúdo espiritual positivo, um núcleo central criador e irradiador de poderosa manifestação de arte e cultura, parece evidente, nesse caso, que faltaram ao barroco condições que o permitissem alçar-se à dignidade de uma fase histórica bem definida e com caracteres nítidos. Foi, isto sim, uma fase de transição entre o Renascimento e a Reforma, de um lado, e a Ilustração de outro. O elemento positivo de progresso desse movimento faltaria, no entanto, ao barroco, a não ser na "fatigada vitória" da ciência física, na incipiente asserção do direito natural, na demanda de uma religião natural e no trabalho que, através das lutas religiosas, conduziu à tolerância e ao novo sentimento de humanidade.

Sempre que na *alma barroca* se procuram elementos *positivos* não se encontra outros além desses e, juntamente com esses, os elementos persistentes ou operantes do Renascimento, da Reforma e talvez da Idade Média.

Apesar de todas essas restrições é forçoso admitir que a noção do barroco, no seu sentido amplo e moderno, já não se confina simplesmente a especulações de estetas, de historiadores e de críticos germânicos. E essa simples tendência à universalização é um elemento que não se pode desdenhar impunemente. O prestígio alcançado em nossos dias pela noção do barroco pode denotar dessas afinidades eletivas que ajudam a conhecer e a elucidar uma época.

O século XX reabilita o barroco mais ou menos como o século XIX — o romantismo — havia reabilitado o "gótico". E possível, num caso como no outro, que essas supostas afinidades não passem, em verdade, de simples ilusão de ótica. Bem sabemos que a história não se repete, a não ser como caricatura e a própria facilidade com que hoje se traçam paralelos entre manifestações típicas de nosso século e outras, características do seiscentismo, é em si profundamente suspeita e deve levar às maiores cautelas no exercício de tais confrontos.

A verdade é que o gosto moderno pela poesia "hermética" não se pode confundir com os motivos que, na chamada idade barroca, determinaram a eclosão do "cultismo" e do "conceitismo", assim como o surto, em nossos dias, dos regimes totalitários nada tem a ver com o do poder absoluto ou da razão do Estado no Seiscentos e nem a atual economia dirigida se aparenta aos princípios do velho mercantilismo.

Essas ilusões não devem impedir, contudo, que se considere no seu devido papel essa conquista moderna que é o "descobrimento" do barroco. Tentar delimitar o conceito, a fim de evitar confusões perniciosas, é o primeiro passo de todo aquele que procure justificar a inclusão no vocabulário da crítica, do barroco.

Ora, parece inegável que o relativo declínio no prestígio dos grandes modelos da literatura renascentista (de um Cícero, por exemplo, ou de um Virgílio), coincidindo com o maior crédito de outros mestres (de Sêneca, de Tácito ou de Lucano, por exemplo) é um aspecto característico da mudança de gosto que se opera por aquele tempo. Contudo, exagerar a significação desse aspecto é provocar uma perspectiva defeituosa, podendo redundar no perigoso exercício de querer explicar o todo por uma de suas partes, e não certamente a mais significativa. Mas outro não é, talvez, o intento do autor de *Aspectos da Literatura Barroca* ao redigir sua tese. Resta-nos esperar que Afrânio Coutinho, valendo-se dos elementos proporcionados pela bibliografia acrescentada à tese, venha a empreender, enfim, o estudo do barroco brasileiro — baseando-se na análise direta dos textos seiscentistas. Seria esse, talvez, o seu meio de contribuir para a renovação dos nossos métodos de crítica e história literária.

145

2.

É possível à crítica da literatura utilizar com vantagem noções cunhadas para o estudo das outras artes? É lícito e é aconselhável, no estudo da literatura e das outras artes, partir de cada situação histórica particular, considerando, de certo modo, suas diferentes manifestações como expressivas dessas diferentes situações históricas? Finalmente: justifica-se a atribuição de um sentido positivo ao conceito do "Barroco", na crítica de arte, na crítica de literatura, na historiografia?

A vivacidade com que vêm sendo debatidos alguns desses problemas, suscitados pelo menos desde 1916 por um crítico — Fritz Strich, — em seu estudo pioneiro sobre o barroco literário na Alemanha, parece dar a medida de sua atualidade. E dessa atualidade já temos, inclusive entre nós, prova eloqüente, no simples fato de um dos candidatos à cadeira de Literatura do velho Pedro II ter feito recentemente, do barroco literário, objeto de sua tese de concurso.

Ignoro se, nos debates travados em torno do trabalho de Afrânio Coutinho, chegaram a entrar em jogo a questão do significado positivo do barroco e a pretensão daqueles que vêem nele, não um simples estilo arquitetônico, mas uma fase definida na história da cultura, pelo menos equiparável em importância à do Renascimento e à Era das Luzes. Observou-se aqui mesmo como Benedetto Crose — que, não obstante, deu a um dos seus livros o título de *História da Idade Barroca na Itália* — tende a denunciar os esforços dos críticos a historiadores modernos que vêm insistindo em conferir a tal conceito uma alta dignidade.

Para o filósofo italiano, essa dignidade é em todos os aspectos inexistente, e a própria expressão "Idade Barroca" só pode ser empregada por conveniência prática, sujeitando-se, ainda assim, a sérias reservas. Designaria tão-somente um período de atroz depressão e aridez espiritual que em dado momento passou a dominar alguns povos europeus — o italiano, o espanhol, o alemão — e ao qual se pode associar como simbólica aquela expressão de valor estético negativo.

Contudo a reabilitação de Donne e dos poetas "metafísicos", empreendida principalmente pelo Professor

Grierson e reforçada, depois de 1920 graças aos estudos críticos de T. S. Eliot, além do interesse renovado dos historiadores pela monarquia dos Stuarts, vieram abrir novos rumos para a boa inteligência do seiscentismo inglês. No campo da literatura, por exemplo, mostrou-se como não existe descontinuidade entre a poesia de Shakespeare e a dos "metafísicos" da primeira metade do século XVIII. Um crítico, este italiano como Croce, e bom conhecedor da literatura de língua inglesa — Mario Praz (em *La Poesía Metafisica Inglesa del Seicento,* Roma, 1945 pág. 12) — pôde notar que as imagens de um Chapman, de um Webster, que se podem qualificar de "metafísicas", correspondem a determinada *forma mentis,* que é precisamente a do barroco. Já não parecerá tão impróprio, depois disso, falar-se em uma Idade Barroca na Inglaterra.

Na França, entretanto, a situação apresenta-se mais complexa devido em parte à ingerência de um elemento novo, do racionalismo, que proscrevendo a livre fantasia, o capricho, a extravagância, a vulgaridade, tende a suscitar um clima aparentemente adverso ao prestígio do barroco. Entretanto não será um simples engano de perspectiva o que nos leva a considerar tão-somente a límpida e luminosa claridade que ostentam, ao primeiro relance, as criações mais duradouras da arte clássica?

De fato, a profunda homogeneidade que Emile Mâle, depois de muita hesitação, pôde encontrar nas expressões de arte religiosa dominantes na França e no restante da Europa do Seiscentos, sobretudo da Europa católica, pode verificar-se também, até certo ponto, no domínio das letras. Os elementos barrocos não estão presentes apenas na obra de um Maurice Scève (que pertence, aliás, tanto quanto a de John Lily e a dos "eufuístas", a uma fase anterior, ainda fortemente imbuída de petrarquismo e dos elementos retóricos medievais), nem só nos "preciosos" do Hotel Rambouillet, ou em Pascal, ou em Corneille. Mesmo em Racine, o laborioso triunfo do gosto clássico ainda está longe de apagar as marcas do barroquismo. A própria *Fedra,* segundo o revelaram recentes pesquisa estilísticas, não é menos de que os dramas de Calderón de la Barca uma tragédia do *desengano.*

É verdade que aquele triunfo do gosto clássico não se alcançaria sem algum sacrifício. Os novos padrões provinham de um velho código, despertado de seu sono milenar em meados do século XVI. Intérpretes açodados dessa *Poética* de Aristóteles não hesitariam em inaugurar aos poucos um tipo de ascetismo literário, que através de leis discricionárias — separação dos gêneros e dos estilos, regra das três unidades — seria a condenação total do barroco, mas ao cabo também a condenação de toda poesia. Esta ainda poderá sobreviver por algum tempo, e brilhantemente, na tragédia, mas será seu canto de cisne. Na França o primeiro poeta clássico — Malherbe — é também o último poeta "lírico", se assim se pode dizer. Depois, será preciso esperar o advento dos românticos e dos simbolistas para que a poesia reapareça ali em sua plenitude.

Esse longo silêncio é compreensível quando se tenha em conta que a poesia, mormente a lírica, é arte pessoal e é arte do tempo, quando o classicismo, inclusive através de sua submissão a leis universais e perenes, busca obstinadamente transcender o tempo e a personalidade: o particular cede passo ao geral e à magia substitui-se o discurso.

Enquanto na França o barroco é superado, assim, pelo clássico, na Itália surge como um sintoma de decadência moral, de fraqueza, de egoísmo e de culpa; é apenas um meio de salvar as aparências, já o dissera De Sanctis, referindo-se ao seiscentismo peninsular. Nos dois países ele pode adquirir sem dificuldade um significado negativo, que até certo ponto justificará o anátema de Croce. E não foi talvez por acaso — embora nada autorize, nesse ponto, qualquer conclusão peremptória — se nesses dois países, a Itália e a França e neles somente, a *Poética* de Aristóteles encontrou pronta e logo fervorosa aquiescência entre os poetas e críticos do Seiscentos.

Por outro lado, onde quer que o barroco literário — tanto quanto o leva a crer nossa perspectiva atual — representou um valor positivo, o que vamos encontrar é justamente o oposto dessa avidez de regulamentos e de fórmulas tradicionais, que pela mesma época vai distinguir tanto os autores franceses quanto os italianos. Shakespeare e os elizabetanos, bem como os primeiros "metafísicos", ignoraram certamente as sábias lições de Aristóteles. Donne, que tudo lia, só conheceu o Estagirita, provavelmente, através da Escolástica medieval, que por sua vez chegara a ter a poética como ínfima entre todas as disciplinas. E os espanhóis do "Século de Ouro", ainda quando o conhecessem, como era o caso de Lope e Calderón, desdenhavam na prática os seus ensinamentos. Entre os aspectos tantas vezes contraditórios que nos propõe a arte do barroco — associada, na política ao absolutismo e na religião à Contra-Reforma — esse traço de rebeldia é certamente um fator que não pode desprezar quem pretenda compreender melhor a literatura seiscentista.

3.

À base do desapreço pelas teorias muito rígidas, que podem contrariar o amor à surpresa, à estupefação, à novidade, bastante típico de grande parte do seiscentismo, há de procurar-se o sentimento, então generalizado, da fugacidade de todas as coisas terrenas, a principiar pela orgulhosa sabedoria dos homens. A arte do barroco procura, assim, vencer, não tanto convencer, tocar os sentidos e o coração, não o raciocínio discriminador e crítico. De onde seu desdém, às vezes confessado, pelas regras eruditas, endereçadas a uma perfeição ideal, que mais tem de geometria do que de naturalidade.

Assim, o nosso Antônio Vieira pôde comparar o pregar ao semear, "porque o pregar é uma arte que tem mais de natureza que de arte: caia onde cair". E acrescentava, no seu sermão da Sexagésima:

O pregar há de ser como quem semeia e não como quem ladrilha ou azuleja. Ordenado, mas como as estrelas. Todas as estrelas estão por sua ordem, mas é ordem que faz influência, não é ordem que faça lavor. Não fez Deus o Céu em xadrez de estrelas...

Idéia essa que encontro expressa, às vézes com as mesmas palavras, no *Críticon* de Baltazar Gracián, essa bíblia do "conceptismo" espanhol do Seiscentos. A Andrenio, que estranhava não estivessem as estrelas do céu postas em ordem e concerto, dissipando a tola presunção de que tivessem nascido por acaso, responde Critilo que nisso atendera a Divina Sabedoria a outra e mais importante correspondência, qual fosse a dos seus movimentos naturais e a "aquel templar-se de influencias".

149

E em seu *Arte Nuevo de Hacer Comedias,* Lope de Vega vangloria-se de contrariar no drama às regras severas dos tratadistas, quando associa ao cômico o trágico e mistura Sêneca a Terêncio, por julgar deleitável essa mesma variedade:

Buen ejemplo nos da Natureleza que por tal variedad tiene belleza.

E não hesita em transgredir a lei das três unidades, preconizada por Aristóteles, uma vez que já perdeu todo o respeito ao mestre, quando associou "a sentença trágica à humildade da baixeza cômica". É pois conscientemente que se volve, e com ele todo o teatro espanhol da era barroca, contra a sabedoria consagrada, e se deixa levar pela vulgar corrente, "por donde", diz, "me llamen ignorante Italia e Francia".

O anotador da edição Aguilar da obra de Lope (Madri, 1946) não deixa de lamentar que aos críticos tenha geralmente escapado esse propósito de rebeldia contra o estatuído, que anima o Fênix, e que, a seu ver, o define como um romântico *avant la lettre.* Definição essa, que, à força de querer acentuar a originalidade do poeta espanhol, deixa de considerar aliás a que ponto ele pertence efetivamente a seu tempo.

Em realidade aquela revolta contra os regulamentos consagrados pelo costume e pelos sábios, o empenho de copiar a natureza e atender ao gosto e à experiência dos humildes, enlaça-se em um movimento que, durante algum tempo, se generalizara através do mundo europeu e que corresponde à crise do humanismo renascentista. Para esse movimento, que pode dar seus frutos mais característicos justamente em terras como a Espanha, a Inglaterra, a Alemanha, onde o Renascimento não chegara a deitar fundas raízes, sugeriu-se há pouco o nome de Contra-Renascimento, forjado à imagem de Contra-Reforma. Em livro, não raro desconcertante pelo seu unilateralismo e fundado extensamente em informações de segunda mão, mas no entanto rico em sugestões para o historiador de idéias, um professor norte-americano (Hiram Haydn, *The Counter-Renaissance*, New York 1950) apresenta como distintivo geral da mesma tendência um antiintelectualismo exasperado.

Com seus preconceitos profundamente antiintelectualistas, *escreve*, o Contra-Renascimento admite a vaidade do saber, seja o saber da Escolástica Medieval, seja o do Humanismo, e passa a exaltar os simples e os humildes.

Faltou talvez, ao historiador, para completar e dar pleno sentido ao seu quadro, inscrever esse mesmo movimento na noção do Barroco, entendida a palavra em sua acepção mais lata. Falta até certo ponto explicável, quando se considere que só há pouco tempo, e em parte por influência de professores alemães imigrados durante a guerra, essa noção principiou a ocupar, timidamente embora, alguns *scholars* dos Estados Unidos.

Em verdade o "Contra-Renascimento", se não coincide inteiramente com o Barroco é, de qualquer forma, inseparável dele. A convicção de que a vida é sonho, de que somos exilados neste mundo e na mortalidade, o sentimento do tempo que tudo muda, devora e destrói é a base daquele outro sentimento próprio do anti-renascentismo: o da vaidade de todos os bens terrenos e principalmente da sabedoria dos homens. O tempo, o tempo que passa, eis a grande divindade do barroco, escreveu Fritz Strich, e apontou como símbolo desse sentimento, nas artes plásticas, para o espetáculo da árvore tombada, tão insistente nas telas de Ruysdael. E na literatura para o teatro de Shakespeare, onde o tempo é sempre o soberano invisível e todo poderoso. Já por isso não poderia Shakespeare submeter-se à regra clássica da unidade do tempo, que visa, de fato, a redimir-nos da tirania do tempo.

Mas no Barroco esse sentimento do tempo que foge, que tudo condena à perfeita inanidade, requer sua contraparte. A experiência da vaidade não leva apenas ao eremitério, leva ainda à tentação de aproveitar ao extremo o instante passageiro, exatamente porque passageiro. "Não só o *memento mori*, também o *carpe diem*", escreve Strich, "constitui motivo assíduo na poesia do barroco". O sentimento da *vanitas* não dirige os olhos apenas para o céu cheio de estrelas, mas busca dar colorido, através da magia estética, a um mundo de ilusão e sonho. De onde a necessidade de uma linguagem nova, estupefaciente, capaz de representar aquele colorido. Necessidade que não aparece apenas no artista profano, pois como infundir nos fiéis a idéia do *memento mori* e o pavor das penas das infernais, sem recurso à imaginação plástica, ao capricho da forma, à pompa exterior, à expressão metafórica, ao brilho artificial, às agudezas, às finuras, a tudo, enfim, quanto, ferindo os sentidos, irá alcançar os corações pelo caminho mais breve e mais seguro?

Tanto quanto o romântico, o artista barroco apela para as emoções, mais do que para a inteligência. Por outro lado, essa emotividade não procede, no seu caso, de um impulso íntimo irrefreável. Ele não quer exprimir uma personalidade. E se chega a desprezar os preceitos artísticos consagrados é a fim de agir com eficácia maior sobre os fiéis e os comparsas. Sua arte poética não se assemelhará a um código, mas a um receituário. E a máscara retorcida ou angustiada que apresenta pode dissimular uma inteligência fria, segura dos seus meios e atenta só ao efeito exterior. Nisto principalmente separa-se ele do romântico, ao menos do romântico ideal, embora não falte quem veja no barroco uma antecipação do romantismo.

Procurar os traços distintivos mais gerais, e os limites, de um estilo de vida e de expressão artística que pôde empolgar o mundo europeu durante o Seiscentos, não é, todavia, querer dar ao barroco uma unidade orgânica perfeita, ou erigi-lo em uma espécie de categoria histórica soberana ou ainda equipará-lo a uma força misteriosa que em dado momento passou a guiar os destinos humanos com férrea necessidade, até a hora em que, cumprida sua missão, possa ceder lugar a outras potências não menos misteriosas.

Contra os que assim persistem em querer determinar o "espírito" de uma época — um pouco à maneira de Spengler, quando falava na "alma" das culturas — parecem quase justificados os escrúpulos daqueles que prefeririam ver liquidadas de uma vez por todas noções tais como essa do Barroco e se detêm antes em expressões isoladas, o "maneirismo", entre outras, que se podem interpretar como simples constantes históricas. Semelhante solução tem o defeito, no entanto, de simplificar em demasia o problema, cingindo-se às vezes a puras exterioridades e tentando discernir, ao longo dos séculos, nexos significativos onde os nexos são apenas aparentes e casuais.

Podem evitar-se, contudo, os riscos acarretados pelas duas atitudes contrárias quando, ao falar, por exemplo, no barroco, se tenha em conta simplesmente que certas manifestões típicas de determinada época — no caso, do século XVII — apresentam entre si traços comuns, que denotam mais do que uma afinidade superficial, e que esses traços comuns podem ser congregados com alguma vantagem sob uma designação comum. Não se trata, porém, de erigir esse instrumento conceitual, como já tem sido feito, em personagem histórica, perfeitamente definida (e definida quase sempre em oposição sistemática a outras pretensas "personagens", como, por exemplo, o Renascimento, o Classicismo, a Era das Luzes), em benefício de certo gênero de especulações que servem menos para elucidar do que para confundir arbitrariamente os fatos.

Feita essa ressalva, creio que a noção do Barroco, mesmo em sua mais larga acepção, é utilizável com vantagem no estudo de nossa literatura e de nossa história. Ou melhor da literatura e da história luso-brasileiras. É o que demonstram, de certo modo, dois trabalhos recentes que tentarei comentar em outra oportunidade: um sobre o Padre Antônio Vieira e outro sobre Portugal na época da Restauração.

4.

As fronteiras, por vezes sumamente caprichosas, que costumam os historiadores fixar para a nossa literatura colonial, em face da metropolitana e portuguesa, comportam mais de uma curiosa incongruência. Assim é que não hesitam muitos em incorporar ao nosso patrimônio literário esta ou aquela figura — um Antônio José da Silva, por exemplo, ou um Matias Aires — que pertencem ao Brasil quase só pelo acidente da naturalidade. Contudo, a naturalidade reinol de um Tomás Antônio Gonzaga não parecerá um empecilho para sua anexação sem relutância à literatura brasileira.

Para tanto é certo que milita uma razão aparentemente ponderável, o ter podido ele, só no Brasil, desenvolver todo o seu talento poético. Mas ninguém duvida que seja essa uma razão menor, e por si só sem extraordinário relevo. A razão maior não virá tanto de sua ativi-

153

dade literária ou poética, mas de sua ação civil ou política. Desde que Gonzaga se achou envolvido na conjuração de Tiradentes, veio a ganhar por isso e tacitamente uma carta de naturalização que ninguém lhe disputa, inclusive de naturalização literária

Uma vez que nos atemos obstinadamente aos preconceitos discutíveis, a meu ver, de que antes de nossa independência política já tínhamos uma expressão literária nacional rigorosamente independente da portuguesa, tais incongruências parecerão explicáveis, dada a presença, no caso, de avaliações subjetivas e preferências pessoais que não se podem talvez evitar. Menos explicável é que até nativistas dos mais empedernidos recusassem lugar, em nossa literatura, a um autor seiscentista que muito nos deveu sem dúvida e a quem muito ficamos devendo. Gonzaga pertence ao Brasil — como pertence a Portugal —, mas não é esse mesmo, e talvez, com mais claros títulos, o caso de Antônio Vieira?

Do Reino saiu este, para a Bahia, aos seis anos de idade, e entre nós permaneceu até aos trinta e três, quando tornou a Portugal, já maduro na idade e no engenho. De modo que aqui transcorre o período agudo e verdadeiramente decisivo de sua formação espiritual. Entre a metrópole e a colônia de aquém-mar, onde se finaria em 1697, está dividido, quase igualmente, o restante de sua longa vida de sacerdote, missionário, pregador, teólogo, profeta, político, diplomata. Mesmo no Reino português, porém, e em outras partes da Europa — nos Países Baixos, na França, na Itália — bem se pode dizer que o Brasil e os negócios brasileiros ocupavam o melhor das suas meditações formando como a tela de fundo de sua atividade. Tanto o problema dos holandeses no Norte, como o dos judeus e cristãos-novos ou o das companhias de comércio, que dominam seu espírito, foram pensados largamente em função de interesses da América Portuguesa.

Comparando-o a Gregório de Matos, escreveu Sílvio Romero que um — Vieira — simboliza o gênio português "com toda a sua arrogância na ação e vacuidade de idéias, com todos os seus pesadelos jurídicos e teológicos". Ao passo que Gregório já lhe quer parecer a

perfeita encarnação do espírito brasileiro, com sua facécia fácil e pronta, seu despreendimento de fórmulas, seu desapego aos grandes, seu riso irônico, sua superficialidade maleável, seu gênio não capaz de produzir novas doutrinas, mas apto a desconfiar das pretensões do pedantismo europeu.

Essas caracterizações nacionais já nos parecerão hoje bastante arbitrárias e nada convincentes. O próprio brasileirismo que o historiador pudera discernir na facécia satírica de Gregório, compunha-se de qualidades, que, sem tirar nem por, já estavam prefiguradas, entre outros, em Quevedo. E, de passagem, cabe lembrar como até a alcunha que lhe valeu seu "desapego aos grandes" pertencera antes dele, e pelos mesmos motivos, àquele Boccalini, rancoroso inimigo dos espanhóis de Nápoles e dos "grandes" de Espanha, que evocou Lope de Vega!

> Senhores Españoles, que hicites
> Al Boccalino o boca de infierno?

Por outro lado existe alguma coisa na arrogância retórica, na "vacuidade de idéias, com seus pesadelos jurídicos e teológicos" associada por Sílvio Romero a Vieira, que se possa com justeza chamar menos brasileira do que lusitana e reinol?

De fato, um como outro — Gregório, tanto quanto Vieira, — simbolizaram menos nacionalidade distintas do que faces diversas e em verdade complementares do "mal do século" seiscentistas. Ambos cabem, a seu modo, dentro dos limites, do barroco, abordados aqui mesmo em artigo precedente. Por este aspecto, parecem bem elucidativas as palavras do longo prefácio que Antônio Sérgio escreveu para a recente edição das *Obras Escolhidas de Antônio Vieira*.

O ensaísta português é dos que conservam, em face da chamada "mentalidade barroca" uma atitude desconfiada, não muito diferente da que encontramos em Croce. Trata-se, escreve ele, de "uma forma de espírito que não exige coerência, que não demanda unidade, que não se alimenta de idéias e que se nutre só de *imagens* — incompatível, por isso, com a espiritualidade autêntica". E ajunta: "Ai de nós, portugueses, que sofremos ainda das conseqüências dela!"

É com o socorro da noção do barroco que ele consegue não apenas definir como apresentar um dos traços distintivos do grande orador sacro, mas ainda associar e subordinar a esse traço um modo de pensamento singularmen*te* estranho aos hábitos mentais de hoje e que parece inseparável da obra de Vieira.

Como relacionar, com efeito, à balda "encobertista", à mentalidade augural e visionária do intérprete do sapateiro Bandarra, o político realista, que parece ter diagnosticado tão nitidamente alguns dos males de que padecia a monarquia brigantina?

Aquele traço distintivo, que vemos nos *Sermões* — mas não só neles — é o insistente recurso ao sistema de figurações e correspondências alegóricas, especialmente aos chamados "conceitos predicáveis". Assim se denominava, sobretudo na era barroca, uma forma de raciocínio baseada na convicção vinda da Patrística, de que nas Escrituras Sagradas e nos Padres da Igreja, cabe procurar um significado simbólico, além do literal. Um exemplo significativo de Vieira, invocado por Antônio Sérgio é aquele, onde, a propósito do cerco da Bahia pelos holandeses, lembra o de Jerusalém por Senaqueribe. O episódio bíblico anunciava o contemporâneo, assim como o papel de Davi, na Palestina, prefiguraria o de Santo Antônio na Bahia. Com efeito, se o Senhor prometeu salvar Jerusalém, com iguais motivos salvaria a Bahia, que de seu nome próprio já é a cidade do Salvador. E a correspondência entre Davi e Santo Antônio seria explicável quando se considerasse que ao saial corresponde a samarra, à corda a funda, à voz, "formidável ao demônio", a harpa, etc.

Essas formas de interpretações alegóricas encontram-se, sem dúvida, na origem de muitas das *finezas* de Vieira, uma das quais, ultimamente estudada pelo Professor Robert Ricard, acabaria envolvendo-o em curiosa controvérsia com outro grande representante do barroco americano: a poetisa mexicana Soror Juana Inés de la Cruz. A partir dessas correspondências alegóricas, Antônio Sérgio passa a examinar engenhosamente o pensamento de Vieira, em particular no que toca às suas famosas predições políticas. Esse pensamento parece-lhe inseparável do processo alegórico que se tornou no orador e no publicista como uma segunda natureza.

Contrariando presunção largamente difundida, mostra o ensaísta como o método parenético de Vieira pouco deve à Escolástica ou ao uso do silogismo, pois que a fraqueza essencial das argumentações barrocas provém

156

justamente da arbitrariedade no estabelecimento das premissas. Em lugar do silogismo, o que temos é a correspondência alegórica. Poderia acrescentar que o "conceito predicável" se acomoda antes ao velho plantonismo cristão do que ao aristotelismo escolástico, já que suas origens remontariam a Clemente de Alexandria e aos primeiros padres da Igreja. E ainda que o apego a premissas arbitrariamente postas faça pensar nas formas de raciocínio silogístico defeituoso, tão freqüentemente abordadas pela lógica da Escola, uma das quais recebera, já na Idade Média, por sinal o nome de "barroco".

É certo, contudo, que as reflexões de Antônio Sérgio não só ajudam a melhor situar a obra e personalidade de Vieira, mas oferecem um dos exemplos mais expressivos de como determinado estilo de linguagem e raciocínio pode afetar decisivamente o próprio pensamento e as idéias de um autor. O conceito predicável constituiria, segundo um dos seus modernos intérpretes, o modo de rebaixar as doutrinas difíceis à capacidade dos idiotas e elevar as baixas e parvas à esfera dos doutos. A conseqüência seria o gosto por aquelas fantasias pomposas e grotescas que associamos tão freqüentemente à mentalidade do Seiscentos. Como explicar, no entanto, que essa atitude pudesse coexistir, no caso de Vieira, com o senso das realidades práticas que tantas vezes se denuncia em suas cartas? Entra aqui, certamente, uma daquelas contradições fundamentais em toda a arte, em toda a literatura e em todo o pensamento seiscentista. Tentar esclarecê-la é querer melhor esclarecer certos aspectos ainda confusos da era do barroco. E creio também que retifica um pouco o juízo tão severo que nos oferece, acerca dos característicos dessa era e de suas sobrevivências atuais no mundo português, o belo estudo de Antônio Sérgio.

5.

No seu prefácio, mostra Antônio Sérgio o nexo íntimo que ao método das correspondências alegóricas, tão típico do estilo e do raciocínio de Vieira, associa o pensamento augurista dominante em tantos dos seus escritos.

Ao sustentar a tese da ressurreição de D. João IV — fundando-se em que tinham sido anunciadas com grande antecedência certas ações do soberano que este não chegou a praticar e, por conseguinte, deveria viver de novo para cumprir o profetizado — Vieira teria seguido, em suma, o mesmo raciocínio que adota com freqüência na interpretatação das Sagradas Escrituras para aplicá-las a s u c e s s o s contemporâneos. O pensamento augurista prolongaria a mesma trajetória sobre terrenos profanos.

Em verdade, o mundo seiscentista guardava uma dose de inocência ainda maior do que a dos nossos dias. Bem podia acreditar na ressurreição dos mortos, assim como acreditava na ave Fênix, nos cometas pressagos, nos bruxedos, ou na virtude milagrosa da pedra bezoar que se cria no intestino dos ruminantes. Quem busque penetrar, segundo nossos hábitos mentais de hoje, o pensamento daqueles tempos, é muito provável que se perca em julgamentos simplificadores e falsos.

O certo é que o racionalismo nascente, mas no entanto jactancioso e já cheio de prestígio, não pudera, então, desalojar velhos e arraigados mitos, assim como a liberdade íntima conquistada através do humanismo e da revolução científica não lograra sufocar as exigências da ortodoxia. Em grande número de casos, o que ocorria era um enlace extraordinário entre o vetusto e o anticonvencional, entre a rotina e a inteligência inquisidora, suscitando alguns daqueles monstros híbridos, daqueles entes de razão, que deixam confuso o historiador de hoje.

Um intérprete do pensamento cervantino — Américo Castro — chegou mesmo a falar em hipocrisia, e não num sentido pejorativo, a propósito da estranha mescla da piedade e da crença com doutrinas essencialmente heterodoxas ou mesmo anticristãs, que discerniu no Quixote. Se é certo que, percorrendo atentamente a obra de Cervantes, pôde encontrar frases ou máximas (esta, entre outras: "Menos mal faz o hipócrita que se finge de bom do que o pecador público") tendentes, na aparência, a reforçar seu juízo, nada nelas contraria vivamente a suspeita de que, neste caso, o analista tenha sido um pouco transviado pela sugestão de símiles modernos.

O fato é que, quando alguns dos nossos sofistas se dedicam hoje à fabricação de "mitos" (um Sorel, por exemplo, ou os teóricos do totalitarismo) é em regra por acreditarem em sua eficácia atual, em sua utilidade pública, não porque confiem necessariamente em sua verdade ou dignidade transcendentais. Trata-se a rigor de recurso de emergência, destinado a sustar — por quanto tempo? — o esboroamento de uma armação social que, tendo prestado longos serviços no passado, parece válida para todo o sempre. Representam, com efeito, o derradeiro e mais raro requinte do racionalismo negador: a razão negando-se a si na esperança falaz de superar o produto danado das próprias obras.

Mas durante a idade barroca, o consórcio entre mito e razão deveria ser possível num grau que hoje desafia a mais sutil argúcia intelectual. Pois se uma, a razão já se impunha com todo o vigor da sua juventude, o mito, numa agonia lenta, resistia, obstinadamente, a todas as crises. Mito e razão podiam assim entrelaçar-se sem embuste.

Quando D. João IV morreu sem que se cumprissem todos os sucessos prometidos, seria lícito pensar que o Bandarra foi mau profeta ou, ao menos, que o Bragança não era o verdadeiro Encoberto das Trovas. Vieira prefere seguir o caminho torto por onde o miraculoso pode casar-se com o lógico. As profecias só se cumpriram em algumas partes, pensava. Logo D. João há de ressuscitar para que as outras se cumpram.

A razão ilumina e faz convincente o milagre, assim como a fé pode dar calor mágico ao cálculo mais soez, ao raciocínio mais frígido. Precisamente da argumentação calculadora há exemplos famosos nestas cartas, políticas ou apologéticas. Diante do Conde de Ericeira, que duvidou de seu tino, ou que o achou demasiado para objetos ou cérebros excessivamente humanos, busca argumentar com razões justas, não impressionar com sortilégios, que só impressionam talvez se suscitados do púlpito perante almas devotas. Mas quem duvida — lendo atentamente esses escritos — que a impecável lógica dos argumentos, ainda quando fundada em razões boas, é engenhosa em demasia para servir aos caprichos da história? Em outras palavras, quase nas palavras dos contemporâneos e contraditores de Vieira, mostra-se aqui e em geral através dos seus atos, mais sutileza nos juízos do que juízo nos negócios.

Pode-se pensar que essa sutileza, em muitos casos, é apenas outro nome para o fingimento, para a solércia, diga-se logo para a hiprocrisia consumada. No que andavam longe de enganar-se os contemporâneos, inclusive alguns dos mais tontos. A principar por El-Rei D. João. Pois não lhe dissera este, quando o pregador diplomata defendeu a idéia de um leve tributo sobre a frota do Brasil para pagar fragatas feitas na Holanda, que pusesse tudo isso em papel e dessa vez *sem lábia?* Contudo é preciso distinguir entre a lábia que se sustenta em ilusões ainda plausíveis, e a outra, a prestativa hipocrisia que se ocupa em nossos dias da forja de mitos. Ao tempo de Vieira as ilusões passavam por eficazes, simplesmente porque pareciam verdadeiras, enquanto os mitos de hoje passam por verdadeiros, apenas porque parecem eficazes.

É inevitável fazer essa distinção quando se procure bem compreender o pensamento seiscentista, e v i t a n d o aproximações enganadoras com o de nossa época. A inconstância das coisas do tempo podia levar aos maiores desatinos em suas transposições retóricas, porque se firmava num terreno constante e inabalável. A "natureza" alimentava-se do sobrenatural, tinha nele sua razão de ser ou sua meta final, embora fosse muitas vezes como a imagem invertida da eternidade. É uma idéia bem digna da idade em que viveu Vieira, da "idade barroca", este fecho de uma das suas cartas, escrita do Maranhão ao Padre Francisco de Morais:

> Amemos a Deus, amigo, e para amarmos só a ele conheceremos, que pouco merecem nosso coração todas as coisas do mundo. Todas acabam, nenhuma tem firmeza; nesta vida há morte, na outra inferno; e ainda é pior que um e outro o esquecimento de ambos.

Contra a tentação de esquecê-los valiam todos os prodígios do verbo, ainda quando se mesclassem com os do pensamento, ao ponto de se apagarem os limites; disso podia estar seguro Antônio Vieira, sempre lembrado de que sua primeira inspiração para o sacerdócio e para o mister de salvar as almas tirara-a ele, ainda adolescente, de uma prática do Padre Manuel de Couto onde se descreviam as penas infernais.

O artifício retórico serve à certeza irrefreável do *momento mori;* em nada é comparável, esta, às "certezas" apenas convincentes e pragmáticas que constituem uma ingênua máscara para o niilismo. Antônio Sérgio tem razão, sem dúvida, quando acentua na obra de Vieira a funda intimidade entre os recursos da palavra, da oratória, e o modo de pensar que o caracterizava, especialmente a obsessão das previsões políticas. Menos feliz, talvez, é a insistência em filiá-lo ao *conceitismo* e opô-lo violentamente ao cultismo, essa outra forma de expressão própria dos autores da fase barroca. Em realidade o cultista luxuriante e expansivo, não difere essencialmente, mas apenas em traços supérfluos, do conceitista, lapidar e concentrado. Um e outro visam, com o mesmo afã, a enlevar o leitor e o ouvinte, fazendo seus corações mais brandos para as coisas edificantes ou simplesmente mirabolantes.

A linguagem incisiva, epigramática, que vamos encontrar por vezes em Vieira, não parece mais fundamental em sua obra prolixa e arrebatada, do que o é em outros autores da mesma época, inclusive naqueles que se classificam de ordinário entre os cultistas exemplares. E o "conceito predicável", que segundo Antônio Sérgio anda a origem do *encobertismo* de Vieira, não é diferente — já o mostraram de modo cabal os estudos de Toffanin — do "conceito poetável", em que se apoiava toda a poética de Marino, pai e modelo dos verdadeiros culteranos. Seja como for, o prefácio do ensaísta português teve a virtude de iluminar admiravelmente aspectos ainda foscos de um dos maiores vultos da literatura brasileira e portuguesa.

6.

Enquanto Antônio Sérgio trata de ver no barroco, não uma verdadeira categoria histórica, vinculada a determinada época, mas simplesmente uma tendência psicológica (ou estético-psicológica), separável do período em que pôde dominar quase sem contraste, o Prof. Antônio D'Oliveira França, autor de *Portugal na Época da Restauração* (São Paulo, 1951) parte, no caso, de um perfil histórico singular, limitado no espaço e no tempo, e busca defini-lo em nítida oposição aos de outras eras.

Cortesia, burocracia, galanteria, guerra de cerco, cabeleiras, e rendas, literatura gongórica, arte barroca, *escreve,* são folhas do mesmo galho.

E acrescenta:

Há complexos de civilização e suas manifestações são aparentadas: uma curvatura de mesura cortesã é a mesma curva da coluna barroca e das sinuosidades da prosa conceptualista.

Há aqui duas atitudes certamente bem distintas. Uma delas consiste em atenuar-se na noção do barroco os traços que permitiriam melhor defini-la, até o ponto em que ela corra o risco de desfazer-se e perder qualquer significado. A outra atitude consiste, ao contrário, em reforçarem-se os caracteres distintivos a fim de que adquiram particular relevo e se transformem em instrumento apto para interpretações ousadas e de largo alcance. O risco, então, está nisto, que as próprias fronteiras são convertidas em barreiras — ou em trincheiras — e o todo pode ganhar talvez mais coesão do que verossimilhança.

No caso do professor paulista, a posição adotada neste opulento trabalho — tese de concurso para uma das cadeiras de História na Faculdade de Filosofia da Universidade de São Paulo — pode ser melhor compreendida após a leitura de sua tese anterior, onde se fixam de modo magistral as origens do absolutismo lusitano, acentuando-se, em particular, o papel dos legistas saturados do romanismo bolonhês na consolidação do poder real.

Assim como naquela obra ele relacionara a revolução portuguesa de 1383-85 e suas conseqüências políticas à ascensão das camadas burguesas e populares, por um lado, e, por outro, à "recepção" do Direito Romano, desta vez tenta estudar a revolução portuguesa situando-a expressamente sob a égide do "barroco".

Nessa demanda de uma harmonia que em cada época parece presidir espontaneamente as condições materiais, condições técnicas, condições espirituais — revela-se um dos aspectos do constante interesse que lhe merecem os ensinamentos dos seus mestres: os historiadores franceses agrupados em torno dos *Annales*. Um destes, Lucien Febvre, escreveu certa vez que há simplesmente História, H i s t ó r i a *tout court*. E Oliveira França observa, por sua vez, no prefácio a este livro, que o homem é o ponto de partida, não a economia de seu tempo.

Parece claro, entretanto, que para apreender numa plausível unidade as diferentes condições de existência material e intelectual dos homens deste ou daquele tempo, é forçoso ir buscar o princípio unificador e harmonizador

162

dessas várias manifestações. O homem é, sem dúvida, o ponto de partida, mas sucede que o homem de ontem não é precisamente igual ao homem de hoje nem ao de anteontem. Cumpre, nesse caso, discernir a atmosfera especial que ajudaria a compô-lo de cada vez. A mentalidade do homem prende-se a seu clima histórico. Em 1383, este podia ser definido, em Portugal, segundo ideais da burguesia ascendente e já legiferante. Duzentos e sessenta anos depois virá o momento da "mentalidade barroca".

A determinação do princípio aglutinador, que harmoniza as manifestações diferentes, mas sincrônicas, da atividade humana, — e sem ela mal se conceberá a historiografia — pode acarretar, não obstante, p e r i g o s sérios. Procurando superar a espécie de nominalismo que consistia em querer estudar os homens do Seiscentos independentemente dos quadros que parecem dar certa coerência aos seus pensamentos, palavras e obras, ele não se arriscaria por vezes a cair no extremo contrário? O certo é que, uma vez fixados e definidos, essa "atmosfera", esse "clima" do barroco tendem não raro a erigir-se aqui em realidades que não só tiranizam os homens mas estabelecem um abismo entre eles e seus antecessores e sucessores.

Se é verdade que neste livro as palavras "Seiscentismo" e "Barroco" chegam a adquirir, não raro, uma extensão de sentido bastante caprichosa (e não seria necessário, para frisar este ponto, invocar alguns curiosos erros de data em que incorre o autor), isso não perturba uma vontade enérgica de fixar, demarcar, definir, que pode conduzir a precisões enganadoras. "Já é tempo", diz, "de destacar-se como uma revolução artística, o Barroco do Renascimento". E o Barroco seria também Anticlassicismo. O classicismo, esse "castigo de barroco", segundo observa de modo tão expressivo, espelharia as clássicas virtudes burguesas de objetividade, senso da ordem, compostura, medida, equilíbrio, poupança. A burguesia francesa não precisou despejar-se pelos outros continentes; ficou em casa, e "contribuiu para a elaboração do racionalismo e do classicismo".

Não existiria à base de tais precisões um gosto talvez excessivo pelas formas esquematizadoras? Contra a concepção do barroco, interpretado como arte aristocrática, em oposição ao classicismo burguês, podem-se levantar,

163

com efeito, algumas dúvidas. Naquele século "sem povo", como França chama ao Seiscentos, é exatamente quando o povo aparece de modo mais ativo, ao lado, é certo, dos monarcas absolutistas, mas em prejuízo da aristocracia. É ele que pulula ainda nas novelas picarescas, desde o Lazarillo até ao Simplicissimus, ainda uma criação do Barroco, é quem anima o interesse renovado pelos "romances" velhos ou quem dita a linguagem coloquial de tantas poesias do tempo. E, por sua vez, a hesitação, ainda insistente no barroco, entre a corte e a aldeia, vai desaparecer praticamente entre os clássicos quase todos eles incuráveis cortesãos. Leiam-se a esse respeito as sobranceiras palavras com que La Bruyère se refere aos campônios de seu tempo. Ou medite-se no estratagema de Racine quando liberta Fedra do pecado da calúnia, baixeza indigna de uma princesa, para atribuí-lo à ama, naturalmente "capaz de inclinações mais servis".

Segundo a interpretação de Eduardo França o contraste entre barroco e classicismo é em suma um contraste entre a ordem longamente procurada e a ordem adquirida e aprimorada. Ainda neste ponto creio que entra uma simplificação ilusória. O barroco vê-se assim identificado aos seus elementos instáveis, "dinâmicos" (e o classicismo privado dos seus), talvez porque desse modo o retrato parece mais nítido. O resultado é que ele se apresenta aqui apenas em suas formas exteriores.

Esquecer o elemento de constância e estabilidade que domina apesar de tudo essas formas é, entretanto, encarar apenas uma face da realidade. Vossler (e antes dele Henri Brémond) pôde dizer que, em resultado da Contra-Reforma, se os artistas pertencem exteriormente ao mundo, pertencem internamente ao Céu. E necessitando vigiar-se e dominar-se, passam a cultivar aquelas formas calculadas, descontínuas, endereçadas ao aparato exterior e também à vinculação íntima: formas teatrais ilusionistas, retóricas, e, apesar de toda a sua mobilidade, fundamentalmente estáticas.

O contraste entre barroco e classicismo, que aparece tão acentuado na sugestiva tese de Oliveira França, vai dissipar-se na de Afrânio Coutinho que, impressa embora há mais de um ano (*Aspectos da Literatura Barroca,* Rio de Janeiro, 1950), só agora pode ser distribuída, juntamente com uma numerosa bibliografia suplementar. É talvez com algum acerto que Coutinho acompanha os críticos adversos à rígida separação entre classicismo e barroco. Fazendo, creio que deliberadamente e sem empenho de rigor ou método crítico, uma obra mais de divulgação do que de análise, ele sugere, contudo, em dado momento, uma visão da nossa literatura colonial do ângulo de certos estudos, sobretudo norte-americanos, ou publicados em terras de língua inglesa, acerca do barroco.

Entre as idéias que tenta glosar encontra-se esta, bebida principalmente nos trabalhos do Professor Morris Croll, de que os cânones estilísticos do Seiscentos provieram de uma rebelião contra as idéias ciceronianos na prosa, dominantes no Renascimento. Essa rebelião parece-lhe mesmo "um movimento da maior importância, possivelmente o mais importante" da vida literária européia na segunda metade do século XVI. E é a partir dela que desenvolve suas considerações sobre o barroco.

Ora, parece inegável que a relativa queda de prestígio dos grandes modelos do Renascimento, como Cícero, por exemplo, ou Virgílio, coincidindo com o maior crédito alcançado por outros mestres — Sêneca, Tácito e Lucano, entre muitos — é dos traços que melhor caracterizam a mudança de gosto operada naquelas eras. Dar ênfase excessiva, contudo, à significação de tal aspecto, é forçar uma perspectiva defeituosa, que pode redundar no perigoso exercício de procurar explicar o todo por uma das suas partes e, com certeza, não a mais considerável. Mas outro não é, talvez, o intento do autor de *Aspectos da Literatura Barroca* ao redigir a presente tese. Resta-nos esperar, em todo caso, que Afrânio Coutinho, valendo-se dos elementos proporcionados pela extensa bibliografia de que dispõe, e é acrescentada agora a sua tese, venha a empreender, enfim, o estudo do barroco literário, ao menos do barroco literário brasileiro, baseando-se na análise direta dos textos seiscentistas. Seria esse, talvez, o seu modo de contribuir para a renovação dos métodos de crítica e de história das mentalidades entre nós.

9. HERMETISMO & CRÍTICA

1.

Referindo-se, em uma das suas cartas, à dificuldade de interpretação de algumas passagens dos *Sonetos de Orfeu,* assinala Rainer Maria Rilke a impertinência das análises críticas que se fundam na explicação didática dos textos. Pela sua própria natureza, escrevia a Clara Rilke, a dificuldade não é, no caso, das que querem explicação, mas das que reclamam aquiescência submissa.

Essa mesma passagem serviu a um crítico e pensador atual — Romano Guardini — para ilustrar a distinção que, interpretada com alguma liberdade, se pode aplicar vantajosamente ao que chamamos de poesia hermética. O mistério, diz esse crítico, é qualificativamente diverso do problema. Este precisa ser resolvido, e, uma vez resolvido, perdeu a razão de ser; aquele — o mistério — há de ser sentido, respeitado, vivido. Mistério que se esclarece não é mistério. E embora em literatura, particularmente, possa confundir-se, às vezes, com algum ardiloso artifício nascido do simples desejo de mistificar, sua incompatibilidade fundamental com a erudição didática associa-se geralmente a motivos bem diversos: à impossibilidade, sobretudo, de reduzi-lo a termos racionais, por conseguinte, de resolvê-lo ou sequer explicá-lo.

Um poema de Augusto dos Anjos, por exemplo, pode ser "traduzido" ou parafraseado em prosa, e suportar, neste caso, esclarecimentos didáticos destinados àqueles que não se acham familiarizados com a linguagem científica do autor. Corresponde naturalmente à época em que os críticos podiam distinguir ou distinguiam, com mais razão do que hoje, entre "forma" e "fundo" em uma obra de arte, já que os elementos assim rotulados podiam, não digo dissociar-se inteiramente, porém constituir objetos de estudo a parte.

E mesmo onde o puro mistério parece dominar sem contraste, quantas vezes a obscuridade de certas poesias não provém do recurso, por parte do autor, a uma espécie de mitologia pessoal, cuja chave, uma vez achada, abrirá as portas à sua ampla compreensão? Ou então da alusão insistente a fatos, a personagens, a objetos históricos, que a generalidade dos leitores só poderá reconhecer mediante iniciação prévia? Um moderno crítico norte-americano, R. P. Blackmur, pôde demonstrar, por exemplo, que a escureza de certos *Cantos* de um dos mestres mais acatados da nova poesia anglo-saxônica, Ezra Pound, se dissipa como ao toque de uma vara mágica, desde que se conheçam suas fontes literárias, muitas vezes inacessíveis sem longo preparo. Quando o leitor esteja apto a distinguir as alusões greco-romanas, provençais, italianas, que saturam sua obra poética, então tudo há de ficar claro como o dia.

Não é essa, creio eu, que se poderia chamar razoavelmente, e em sentido estrito, uma poesia hermética. E mesmo nas criações poéticas onde "forma" e "fundo" são, por assim dizer, consubstanciais e sua separação não apenas se torne improfícua, mas rigorosamente impossível, parece lícito distinguirem-se pelo menos dois tipos de hermetismo literário. Os quais corresponderiam, um tanto grosseiramente, às duas manifestações que sempre passaram por ser características da poesia barroca: o

168

cultismo e o conceitismo. Em outras palavras, o que procede por meio de amplificações, pela sobrecarga de elementos decorativos, e o que age, ao contrário, por um excesso de tensão e contensão.

E ainda aqui é dado, por vezes, ao intérprete, fazer subir à tona e destacar, com maior ou menor êxito, a estrutura racional, o esquema de referências objetiva, que serviriam para pôr ordem nas emoções representadas, embora nessa tentativa corra o risco de falsear, por excesso de imaginação ou engenho, o verdadeiro sentido da obra examinada.

De qualquer modo, a possibilidade de explicitar o que está vagamente implícito, de virar para o avesso o poema a fim de desvendar sua face oculta, de considerar, além disso, certos aspectos que a crítica recente destacou com singular ênfase, como o das conotações, das imagens chamadas funcionais, da "tonalidade" afetiva, sem desdenhar as particularidades técnicas e formais, pode resultar numa operação quase sempre sedutora para o crítico e, em alguns casos, para o leitor.

Quantas dificuldades não se apresentariam ao intérprete, por outro lado, se andasse empenhado em redizer por outro meio, por meio do discurso lógico e racional, o que, no caso da poesia "não hermética", já fora dito do modo inequívoco, trocando-se em moeda corrente a linguagem sempre única, embora, aqui, transparente, da poesia?

Neste sentido, e em verdade só nele, parece de todo plausível o paradoxo, sugerido por um crítico moderno, John Crowe Ranson, quando escreveu que a análise dos textos difíceis é geralmente fácil, ao passo que a dos textos fáceis se torna quase sempre difícil.

Não é por acaso que, ao considerarmos certos padrões de análise que pretendem desmontar em todas as suas minúncias, para melhor estudá-las, as diferentes formas de poesia, ocorrem-nos quase unicamente nomes ingleses e norte-americanos. É que essa análise corresponde, especialmente nos últimos tempos, a certo tipo de dificuldade ou de hermetismo que se desenvolveu sobretudo na poesia dos países de língua inglesa, a partir de T.S. Eliot e da última fase do W. B. Yeats. Tal poesia,

169

tal crítica. Foi a ambição de estudar uma forma refratária, até certo ponto, aos métodos habituais de análise, o que determinou a expansão do que parece constituir uma nova forma de crítica.

Isso não significa que os métodos de análise suscitados por aquelas dificuldades sejam totalmente inválidos se moderadamente aplicados à poesia de outras épocas e outros países. Mesmo no Brasil, quando ainda se encontrava no apogeu a "nova crítica" anglo-saxônica, um ilustre estudioso destes assuntos, Osmar Pimentel, pôde servir-se com vantagem da noção dos "plurissignos", cunhada e desenvolvida por Philip Wheelright para a análise da linguagem poética dos "metafísicos" ingleses do século XVII e de certos modernos, na interpretação de textos de Carlos Drummond de Andarde e de Cassiano Ricardo.

Foi entretanto na aplicação sistemática daqueles métodos que esse tipo de análise revelou suas limitações essenciais. Assim é que chegou a degenerar, com facilidade, numa espécie de ultra-análise, procurando atribuir à obra estudada, a fim de melhor exercer-se, intenções secretas que estariam menos na mente do autor do que na do crítico. E assim, sob a capa enganadora do rigor e do sistema, descaiu quase sempre para um novo impressionismo, mais minucioso, porém não mais objetivo do que aqueles que professava combater. Do assunto, que exige consideração mais atenta, procurarei tratar em outro lugar.

Contudo não encerrarei o presente comentário sem referir-me a outra falácia característica desses métodos de crítica e que é largamente responsável pelo seu crescente descrédito em nossos dias. Criados para a interpretação de determinadas formas de poeisa, esses métodos mostraram-se naturalmente ineficazes quando aplicados a formas diferentes. E em lugar de admitir a relatividade dos critérios de que usavam, os partidários de tais critérios não hesitaram em decretar a inferioridade fundamental de todas as criações literárias que se mostrassem infensas ao seu emprego. Com isso pudemos fixar uma aparente hierarquia de valores, que só a um exame superficial parecia fornecer-lhes a arma infalível e sempre acessível no combate ao impressionismo crítico e ao relativismo.

De onde, também, os excessos de análise, os excessos de simplificação, os excessos de aplicação que, segundo reconhece hoje um dos iniciadores mais ilustres daqueles métodos, constituem a patologia de todas as técnicas convertidas em métodos, de todos os métodos convertidos em metodologias. No mesmo artigo onde reconhece tamanhos excessos (artigo publicado no número de inverno de 1951 da *Hudson Review* de New York), R. P. Blackmur faz a observação de que parte considerável da crítica recente não passa de uma anomalia nascida da suposição, ou suposição parcial, entre os críticos, "de que a literatura é arte independente, ou autônoma ou pura, de onde concluem que o ato crítico também há de ser independente, ou autônomo, se não perfeitamente puro, e por isso terá seus métodos próprios, válidos para todas as circunstâncias".

2.

Do exame de algumas formas de "hermetismo" que caracterizam a poesia atual e deveriam constituir o tema destes comentários, uma transição natural conduziu-me a abordar certos tipos de inquirição crítica surgidos do desejo de estudar objetivamente essa poesia. Para voltar ao tema fazia-se necessário considerar, sumariamente, embora, alguns aspectos mais freqüentes daquela inquirição.

O minucioso zelo que numerosos autores puseram em semelhante estudo, a veemência tantas vezes intolerante com que alguns passaram a defender seus pontos de vista e, não menos, a riqueza e variedade de termos especializados ("mononossignos e plurissignos", "denotações e contações", "estrutura e textura", "ação simbólica", etc., etc.) de que se serviam, pareceram, por momentos, dar a seu esforço uma aparência de rigor.

Entretanto algumas das limitações desse esforço tornaram-se logo evidentes. Uma delas estava em que se aplicou com exclusividade sintomática à poesia e, em verdade, somente a determinados tipos de poesia: àqueles mesmos que tornaram possível o aparecimento dessa nova crítica. Exceção feita do movimento que, nos países de língua inglesa, vai particularmente de Pound e Eliot aos autores da geração de '0, essa crítica só se ocupou mais intensamente dos seiscentistas ingleses da escola de Donne (os chamados poetas "metafísicos"), cuja reabilitação data de há poucos decênios. E estudos recentes vieram demonstrar cabalmente como sua interpretação dos mesmos "metafísicos" foi quase sempre viciada por um apego renitente a dogmas e preconceitos modernos.

No campo da crítica e história literárias, resultou dessa limitação que muitos nomes longamente consagrados, e até épocas inteiras da história foram deixadas no limbo, só porque não tinham recebido a água lustral que os acomodaria a uma crítica ocupada insistentemente em desenredar paradoxos ou determinar a função das imagens no contexto. Pode-se supor que a exigência, em nossos dias, de maior inteligibilidade no idioma das ciências, que repele, cada vez mais, as imprecisões e ambigüidades, reclamava com urgência sua contraparte. Na época do romantismo, a forma poética chegou por vezes a ser como uma forma patológica da linguagem da prosa, linguagem esta que se viera afinando no crescente contato das disciplinas científicas. Agora, porém, pode conquistar sua independência e sua dignidade particular, definindo-se em contraste minuciosamente simétrico com a expressão científica. Esta deveria ser reta; aquela, oblíqua. Esta, conceitual e transparente, aquela, escura e metafórica.

Que a poesia atual se distinga freqüentemente por determinados traços que a contrapõem à prosa, não vejo nisto nada de escandaloso. Acredito, bem ao contrário, que, em mais de um caso, aqueles característicos, explicáveis, provavelmente, por circunstâncias históricas, armaram o poeta de hoje para a conquista de territórios antes insuspeitados, e representaram um enriquecimento. Mas creio também que pretender erigi-los numa espécie de padrão absolutista para julgamentos críticos, é fechar definitivamente o caminho à boa compreensão e apreciação da obra literária, função elementar da crítica. Pois aferindo tudo por semelhantes padrões, como deixar de concluir que a poesia, antes do simbolismo ou dos doutrinadores da arte pela arte, esteve constantemente sujeita àquilo que alguns teóricos denominam a "heresia didática"?

Considerada segundo os atuais critérios estéticos, uma peça como o famoso *Mal Secreto,* de nosso Raimundo Correia, será de irremediável prosaísmo, com sua linguagem inçada de elementos conceituais, que caberiam bem, talvez, numa predicação sentenciosa. Mas se quisermos ver eliminados, por princípio, esses elementos, da linguagem poética, será preciso fazer uma revisão verdadeiramente catastrófica de toda a história da poesia. E se hoje já nos habituamos a julgar um tanto insólita a propaganda dos energúmenos que desejariam ver na literatura um mero veículo para a expressão e expansão de idéias, é porque nos esquecemos de que semelhante atitude não deixou de ser a mais constante através da história. E não só nas épocas racionalistas e "prosaicas" como o Setecentos, mas também, e talvez sobretudo, naquelas que, vistas de hoje, da distância, parecem embebidas de mais autêntico lirismo.

Nesse sentido será lícito dizer que a popularidade atual dos poetas da era barroca proviria muito menos de uma inteligência precisa de suas obras do que da analogia fictícia que se estabeleceu entre os princípios onde essas obras descansam e as convenções de neo-simbolismo. Longe de professar teorias que pudessem assimilar-se, sequer remotamente, às da arte pela arte, o que procuravam eles, efetivamente, apesar de suas imagens tantas vezes abstrusas, era — conforme o mostrou exuberantemente Rosamond Tuve — atingir uma "precisão lógica e uma firmeza intelectual" a toda prova. A poesia que criaram enlaçava-se à Retórica, à Filosofia e, não menos, à Lógica da época, na comum aspiração de servir à Verdade e submeter ao seu jugo os corações e a sabedoria dos homens. Essa a soberana missão do poeta, missão que ele aceitava, não com revolta mas com entusiasmo, porque deveria assegurar ao seu esforço uma dignidade sagrada e perene.

É certo que sua mesma fidelidade a doutrinas ainda carregadas daqueles "pseudoconceitos", que alguns autores modernos buscam eliminar do discurso teórico, tende, por sua vez, a dar-lhes seu natural encantamento.

Hoje, a operação lógica ideal há de carecer de poesia, assim como a operação poética há de carecer de lógica. E é bem possível que uma e outra andem nisto com a razão e com a verdade. Depois, sobretudo, que se desenvolveu uma severa lógica, fundada em sistemas de símbolos de rigor matemático, parece bem claro que muitas especulações antigas já participam um pouco da tonalidade emotiva e ambígua que pertence, de direito, ao domínio da poesia. Mas não vai um grave engano de perspectiva, certamente fatal para a apreciação crítica, em julgar-se que também assim o pensavam os antigos? Lembro-me a esse propósito de que meu amigo Euryalo Canabrava, em conferência pronunciada há pouco em São Paulo, se fazia arauto do pensamento que tende a favorecer a absoluta emancipação do idioma da poesia. Os processos que se achariam à base desse idioma não teriam a seu ver, sentido unívoco e nem comportariam a irreversibilidade aparentemente inseparável das operações lógicas. O grande verso do Dante — *Amor che muove il sole e l'altre stelle* — parece-lhe tremendamente falso do ponto de vista da linguagem científica e, não obstante isso, ou por isso mesmo, lhe oferece admirável sugestão poética. "O que move o sol e as estrelas", declarou, "não é o amor, mas o que está expresso na lei de Kepler, de acordo com o qual os astros descrevem, na sua órbita, uma elipse, de que o sol ocupa um dos focos". E acrescenta: "Admitamos, porém, que não se conheça a lei de Kepler. Mesmo nessa hipótese o verso da Divina Comédia jamais seria considerado uma proposição científica".

Jamais? Mal ou bem, continuo a pensar que na época de Dante se podia serenamente dizer do Amor, que move o sol e as outras estrelas, sem medo de contestação ponderável. Tratava-se de verdade rigorosamente "científica" e ortodoxa, numa época que ainda timbrava em ignorar a logística e a física atômica. É bem certo que o autor de *Três Temas do Espírito Moderno* não faz depender o preço de uma obra de arte da verdade das suas preposições. Nisto, e em muito mais, estarei sempre pronto a dar-lhe razão. Apenas afino mal com a idéia, talvez arbitrária e "cientificamente" improvável, de que se devam hipostasiar convenções modernas para convertê-las em invariável critério de apreciação estética. E ainda aqui suspeito que não me afastaria muito de quem, como ele, acaba afirmando que precisamos "reconhecer com simplicidade" o caráter do julgamento crítico.

Mas não desenvolverei ao extremo este ponto de vista, com medo de ter de subscrever o que disse há poucos dias, em jornal de São Paulo, certo filósofo, jovem e simpático, Luiz Washington Vita. O qual filósofo, depois de deplorar a ausência de crítica entre nós, investe acremente contra aqueles que "se transmutam em palmatórias do mundo, em defesa de uma tomada de posição historicista estriada de nocionamentos à maneira de Richards, como é o caso de Sérgio Buarque de Holanda". Palavras onde, a meu ver, se encerra boa dose de exagero.

Pode-se resumir em breves palavras a reflexão mais generalizada entre os que desejam ver no idioma da poesia apenas e exclusivamente aquilo que não pode oferecer a prosa discursiva e tratam de defini-lo por esse contraste. O cientista fixaria sobretudo aspectos isolados e necessàriamente esquemáticos da realidade, ao passo que o poeta procuraria refletir a própria densidade da vida, conciliando numa harmonia superior e orgânica, formas heterogêneas e até contraditórias.

Já procurei mostrar como este ponto de vista é válido, quando muito, com relação à poesia atual (deveria precisar: com relação a parte da poesia atual). Em outras épocas, servindo-se, embora, de recursos peculiares, como o metro, o ritmo, o acento, a assonância, a rima, ela não buscava necessariamente aquela conciliação de contrários, ou não a buscava através de linguagens especiais, de técnicos especiais, inacessíveis, umas e outras, à pura operação lógica.

Dado, entretanto, que parte da poesia atual pretende servir-se de um idioma própria, alógico ou metalógico (assim como os povos naturais, na concepção de Lévy-Bruhl, posteriormente renegada por seu próprio autor, se caracterizaram pela mentalidade pré-lógica), resta ainda saber se os critérios de análise forjados para elucidá-la se distinguiram por um plausível rigor.

Explica-se facilmente que semelhantes critérios visassem, antes de tudo, a resolver os problemas da linguagem, do estilo, da técnica, uma vez que tais problemas se prendem imediatamente à nova concepção da linguagem poética. Assim, em face de um texto literário, o analista haveria de comportar-se um pouco à maneira do psicanalista em face de um caso de neurose. Sucede, porém, que à psicanálise está associada uma terapêutica, e que o bom ou mau êxito do tratamento permitem até certo ponto ajuizar da bondade dos recursos empregados. E apesar da chamada "crítica nova" ter tido (e ter ainda hoje) devotos tão fervorosos como os teve — e os tem — a psicanálise, o certo é que no seu caso nos achamos privados de qualquer meio decisivo para comprovar a justeza das suas pretensões. Podemos admirar, é certo, a nitidez, o discernimento, a sutileza, do devoto, mas não são essas mesmas as virtudes que, para compensar tamanhos pecados, já distinguiam certos críticos impressionistas?

Contra os métodos do impressionismo sempre vale, certamente, a acusação de precariedade e falibilidade, mas quem nos garante a maior eficácia da alternativa sugerida? Um dos mais autorizados expoentes da "crítica nova", F. R. Leavis, reconhece que, sendo a poesia "concreta" e a prosa "abstrata", as palavras do poeta convidam, não a "pensar sobre" e a julgar, mas a sentir e viver a obra criticada, realizando uma experiência plena, que é toda em palavras. Apenas essa experiência, uma vez transposta em letras de forma, irá ganhar, graças a inexplicável metamorfose, o acento próprio das verdades axiomáticas e universais.

E ainda uma vez cabe lembrar, neste ponto, aquela observação bem significativa de Ransom: a análise dos textos fáceis é geralmente difícil, ao passo que a dos textos difíceis é geralmente fácil.

O certo é que diante de um texto difícil o crítico poderá dar rédea solta às suas associações pessoais, sem que o leitor inadvertido se aparceba necessariamente do engano. É claro que uma poesia que se distinga pela expressão "rica" e "espessa", em contraste com a linguagem rala da prosa, será a mais fértil para semelhante análise. De onde a importância absorvente que esse tipo de poesia vai assumindo entre as preocupações de certa crítica. De onde, também, a posição verdadeiramente privilegiada de que ela desfruta em recentes tentativas de revisão dos valores estéticos consagrados.

Não ando muito longe de supor que os progressos na crítica de literatura se prendam hoje, e cada vez

176

mais, aos progressos da moderna estilística. Mas parece-me tão parcial e enganoso o critério daqueles que, por princípio, aspiram a ver eliminado, no verdadeiro estilo poético, todo elemento discursivo e conceitual, quanto o de outros, gramáticos e retóricos, que repudiam, por sua vez, a dimensão emotiva, incapaz de capitular, em suas expressões mais intensas, ante interpretações puramente lógicas, e irredutível, por isso, a qualquer explicação didática.

Um esforço audacioso para vencer as limitações dos críticos empenhados em desembaraçar as complexidades do idioma poético, efetuou-o, não há muito, o norte-americano Cleanth Brook. Se uma das conseqüências de semelhante empenho tem sido a opinião bastante generalizada entre aqueles críticos, de que a boa, a genuína poesia, há de ser a mais complexa, quer dizer, a mais carregada de agudezas, paradoxos e ironias, Brooks nada faz para retificar tal opinião, de que também partilha. O que faz é tentar mostrar como uma análise meticulosa torna possível discenirem-se atrozes "complexidades" mesmo em textos poéticos aparentemente chãos e cristalinamente claros.

Ninguém dirá que, a rigor, seja isso possível, mas resta saber se não se torna já de si suspeito o escrutínio minucioso de um poema quando se tenha em mira, sistematicamente, chegar a tal resultado. E também, se um método talvez prestimoso para a elucidação de certo tipo de textos "difíceis" é cabível na análise de outros, onde precisamente a agudeza, o paradoxo, a ironia constituem exceção à regra? Não seria isto querer forçar a atenção sobre o acessório em detrimento do essencial?

Quando Brooks, diante de uma passagem obscura de T. S. Eliot, se reporta a Jessie Weston e a Frazer para explicar que o cabelo é símbolo da fertilidade, ninguém se alarmará com a interpretação, visto como o próprio poeta, ao anotar outras passagens de sua obra, não esconde que se apoiou naqueles autores, e também porque essa forma de simbolismo lhe é peculiar. Mas quando (em seu livro *The Well Wrought Urn*) o mesmo crítico procura distinguir igual símbolo em Milton (pág. 73), ou em Herrick (pág. 73) ou em Pope (pág. 86), não é preciso um conhecimento aprofundado da poesia inglesa para se presumir com boas razões que entra aqui um motivo obsessor do crítico, não dos criticados.

Obsessões como essa vão encontrar-se, aliás, não só em escritos de Brooks, mas nos de outros adeptos do *new criticism*. Não me recordo se, em sua admirável tradução de *Romeu e Julieta,* Onestaldo Penaforte, tão hábil no transpor para o português os jogos de palavras do original, aproveitou o sentido dúbio, no inglês do século XVII, do verbo *to die* (significando "morrer" e, ao mesmo tempo, "praticar o ato amoroso"), que segundo um dos seus intérpretes — F. C. Prescott — Shakespeare utilizou conscientemente. O fato é que, depois desse achado de Prescott, não faltou quem o empregasse na interpretação crítica de outros poetas, e não só do século XVII. Kenneth Burke, por exemplo (em *A Grammar of Motives*) descobre a mesma dubiedade em um poema de Keats. O próprio Cleanth Brooks (em *Modern Poetry and the Tradition*) discerne-a não só em Keats e ainda em Donne, mas até em um poeta, como Pope, notoriamente avesso a esses exercícios tantas vezes mortais.

Dessa espécie de ultra-análise, que em geral redunda num meticuloso impressionismo — conforme já foi notado aqui mesmo — não se pode evidentemente presumir que representa uma superação decisiva do impressionismo vulgar. E a pretensão constante, entre seus adeptos, levada por vezes às últimas conseqüências, de que ao crítico será sempre lícito encontrar em tal ou qual obra circunstâncias que ao próprio autor terão escapado, é uma fraca explicação que nem sempre convence os mais exigentes.

Hoje, quando os postulados fundamentais da "crítica nova" já perderam a sedução da novidade e foram largamente abandonados ou ultrapassados, parece quase uma impertinência querer insistir em que sua ambição de fornecer uma alternativa para o relativismo não se realizou. Menos infrutífero foi, talvez, seu esforço para penetrar no íntimo da linguagem poética. Mas já se viu que mesmo esse esforço se distinguiu por uma unilateralidade a toda prova e introduziu no julgamento literário escalas de valor extremamente caprichosas. Os critérios absolutistas que imaginou trazer para esse julgamento só foram adquiridos através de exclusões inaceitáveis.

178

Isso não quer dizer que a única alternativa lícita para quem estude a poesia será a de conformar-se com velhos critérios subjetivos. A obrigação dos que se dedicam a esse estudo está em procurar reduzir, através de métodos cada vez mais acurados, a zona de mistério que envolve a poesia. Várias tentativas modernas, sobretudo nos domínios da estilística, indicam que tal redução é possível, e para isso os próprios adeptos da "crítica nova" trouxeram contribuições que, certamente, não poderão ser rejeitadas em bloco.

10. POESIA & POSITIVISMO

1.

Um dos riscos a que andam mais constantemente expostos os críticos de livros e de idéias associa-se à crença na falibilidade insuperável e por isso na vaidade de seus julgamentos; estes podem dispensar, assim, qualquer prova objetiva e hão de valer, em realidade, como simples expressões de um temperamento. Outro risco provém, ao contrário, da surda confiança nos critérios usados pelo juiz. Os quais só poderiam verdadeiramente levar a alguma sentença cabal e inapelável.

Não parece difícil notar que nos achamos, aqui, em face de dois modos alternativas de absolutismo: uma vem da superestimação dos próprios juízes, outra da superestimação dos juízos; numa, o crítico faz-se valente por si só, tão valente, que chega a despreocupar-se da valia dos instrumentos ou argumento de que se serve, pois sua só presença é argumento capaz. Na outra, tem a cautela de escudar-se por trás de certezas peremptórias e implacáveis.

Não creio que tenha existido ou ainda venha a existir o crítico ideal, idealmente distante daqueles dois pólos. E ao menos por agora não vejo como se possa remediar o relativismo inerente a qualquer apreciação estética, já que os críticos se conformam raras vezes com o ofício de guias ou intérpretes, procurando guindar-se de preferência ao papel de julgadores.

Sucede ainda que muitos, achando a situação ignóbil, não hesitam em ceder à vontade de sistematizar ou hipostasiar uma ou outra daquelas atitudes contrastantes, para convertê-la em padrão definitivo. Contra a primeira — a do impressionismo — já se pôde dizer todo o mal possível, e seria ocioso reproduzirem-se aqui esses requisitórios. Contra a outra, a dos que se fiam religiosamente em princípios rígidos, válidos para todos os casos, é mais difícil discorrer em poucas palavras, pois que varia com a variedade dos motivos invocados por seus defensores. E também porque em geral professamos acreditar menos nos homens do que nos princípios. Estes, não sendo de matéria corruptível, estariam acima da condição mortal e surgem não raro como se baixassem do céu.

Devo limitar-me por conseguinte a uma das formas que vem assumindo entre certos críticos essa atitude, principalmente às repercussões que ela tem podido alcançar sobre as atividades literárias. Para melhor defini-las seria inevitável talvez recorrer a uma expressão de cunhagem recente — recente de há alguns decênios — e que, segundo parece, foi primeiramente usada em literatura por T. S. Eliot: o "autotelismo". A crítica há de ser francamente autotélica; quer dizer que há de ter em si mesma sua finalidade, erigindo-se em disciplina independente, caracterizada por métodos que a emanciparão em definitivo do servilismo em que tem vivido diante das obras de criação ou imaginação.

Note-se que nenhum crítico de responsabilidade, a começar por Eliot, o principal responsável pela difusão da palavra, associou seu nome ao prestígio de que ela se reveste hoje entre divulgadores mal-avisados.

E quando, há três ou quatro anos, um desses divulgadores — Stanley E. Hyman, em seu livro intitulado

The Armed Vision — contrariou a opinião de Eliot, para afirmar que o autotelismo não é uma "pretensão absurda" (*a pereposterous assumption*) mas simplesmente o fundamento de toda a crítica nova, não faltou naturalmente, entre os "novos críticos", quem se alvoroçasse contra semelhante interpretação. Um deles, Cleanth Brooks, em prefácio à antologia crítica que organizou Robert W. Stallman (*Critiques and Essays in Criticism*, New York, 1949) rebela-se contra ela, e não sem veemência. Parece-lhe mesmo que definição tão grosseiramente radical acarretaria antes um sério dano do que um lucro tangível.

Não estou longe de julgar que a veemência do protesto nasceu, neste caso, de uma consciência intranqüila. E que haveria nessa veemência, talvez, um pouco de vaidade machucada: a vaidade machucada de quem se reconheceu, a seu pesar, numa fotografia sem retoque. Não foi à-toa que o canhestro divulgador e polemista veio a precipitar involuntariamente, com seu livro, a liquidação dos métodos de crítica que procurava exaltar.

A verdade é que autotelismo sempre foi e será, como bem o disse T. S. Eliot, uma pretensão absurda na crítica. Mas é igualmente verdadeiro que, sem o confessar embora, e mesmo sem ter disso plena consciência, alguns críticos — nos países anglo-saxões — fundaram por algum tempo, sobre tamanha pretensão muitas das suas especulaôçes literárias. E ainda, que contribuíram, nesse domínio, para a prosperidade de certo número de pontos de vista que ainda hoje sobrevivem obstinadamente à própria ruína dos antigos "novos" ideais.

Tudo isso é particularmente exato com relação à poesia, que sempre foi o objeto favorito, para não dizer único, daquelas especulações.

Uma crítica que se quer autotélica, supõe necessariamente uma poesia igualmente autotélica, ou seja, dotada de expressão não apenas distinta, porém minuciosamente oposta a todas as demais formas de linguagem, mormente às mais precisas e inequívocas. É curioso acompanharem-se as várias etapas do desenvolvimento desse pensamento que, a bem dizer, nasceu menos de uma aplicação direta ao estudo da poesia, do que do espírito de sistema, da vontade de organizar um corpo do doutrina crítica absolutamente coerente consigo mesma. O passo inicial foi dado quando alguns autores acharam interessante determinado tipo de crítica, por isso que ajudava aperentemente a elucidar uma nova espécie de poesia, irredutível aos padrões de análise tradicional. Logo em seguida passaram a achar interessante essa nova espécie de poesia, porque se prestava a ser analisada por aquele novo tipo de crítica. E por fim concluíram, embora não o queiram dizer nesses termos, que a única poesia interessante e essencialmente "poética" — no passado, no presente, no futuro — é a que não se afasta muito violentamente de modelos que justificam a existência da nova crítica.

O fato é que a noção de poesia apadrinhada por esses autores se revelou bem depressa das mais contagiosas e prestativas. É bem notório que a "nova crítica" surgiu em oposição confessada ao "espírito científico" e às várias modalidades de positivismo. Pois acontece hoje que o fruto dileto de suas especulações conseguiu de súbito seduzir a nata dos novos positivistas. Essa atitude parece, ao primeiro relance, bem paradoxal, sabendo-se que parte de certas pessoas que se habituaram a condenar todas as formas ambíguas de expressão lingüística — atributo essencial da mesma poesia que hoje enaltecem.

Contudo há uma ponderável razão para os seus pontos de vista. É que a inumanidade, a aridez, de seu ideal de expressão parece bastante evidente para não reclamar uma contraparte. A "poesia das matemáticas" não conquistou até agora, jamais conquistará, as almas sensíveis ao particular e ao concreto. Que a estas se outorgue, pois, um domínio especial, inconfundível e intransferível, sob a condição de não fazerem incursões arriscadas em outros terrenos. Só assim se tornará enfim possível um *modus vivendi* razoável entre duas atividades tradicionalmente inimigas. A poesia continuará oposta, sem dúvida, à ciência e à lógica, mas oposta como o avesso da costura.

Há pouco li em um tributário dessas concepções — o Professor F. S. C. Northrop, da Universidade de Yale (*The Logic of the Sciences and the Humanities,* New York, 1948, pág. 179) — estas palavras que bem esclarecem o sentido da concordata enfim estabelecida entre positivismo e romantismo.

Pode-se dizer, *escreve*, que a arte de nosso tempo, libertando-se do realismo do senso comum, se tornou mais fiel a si mesma. E é importante que nos compenetremos ainda de uma circunstância: é disso que a alma humana precisa (...). Uma das coisas que fazem as nossas vidas monótonas e vazias e nos deixam, ao fim do dia, fatigados e relaxados de espírito, é a pressão do contato taxativo, prático, utilitário com os objetos do senso comum.

Se a arte tem algum valor positivo será este, no seu entender de nos livrar de tais preocupações e revelar imediatamente "a inefável beleza e riqueza do componente estético da realidade..."

Aí está, cientificamente justificada e demonstrada, uma nova teoria da arte pela arte, em particular da poesia pela poesia — livre de todas as constrições lógicas, livre da heresia didática, livre da expressão unívoca e nítida. Poesia, enfim, consciente de sua dignidade própria, porque consciente dos próprios e infranqueáveis limites. E ainda, acima de tudo, restauradora, estimulante, terapêutica.

Frisar isto é, creio eu, querer esclarecer melhor o fundamento de certas opiniões de Euríalo Canabrava que deram margem a algumas reservas de minha parte. A questão, que já não se restringe a um amável diálogo entre aquele ilustre filósofo e este comentador de escritos alheios, teve o dom de interessar alguns poetas e críticos, pois que envolve um tema sempre atual e empolgante.

2.

Nas páginas anteriores procurei esboçar uma aproximação entre certas teorias ultimamente expostas por ilustres escritor e pensador brasileiro sobre a natureza da linguagem poética e algumas concepções surgidas do prestígio do neopositivismo, sobretudo nos países de língua inglesa. Lembrei, à esse propósito, o ponto de vista que alvitrou um professor de Yale, tendente a apresentar a poesia como verdadeira antitoxina, boa para corrigir os efeitos da artificialismo, do pragmatismo, do cientifismo da era da técnica. Opondo-se em tudo às manifestações da mentalidade científica ela iria adquirir, com uma dignidade própria, as virtudes de poderosa e intensiva terapia.

Note-se, de passagem, que esse ponto de vista não constitui, salvo, talvez, nas aparências, uma verdadeira inovação. É notório que, já na Antiguidade clássica, as técnicas específicas e mesmo o vocabulário da medicina puderam presidir ao desenvolvimento das doutrinas estéticas e filosóficas. E que a palavra *catarsis,* por exemplo, pertencente à *Poética* de Aristóteles, também pertenceu, antes dela, e continua a pertencer, ao idioma dos médicos.

Essa espécie de defesa e ilustração da poesia não aparece expressa, ao que eu saiba, em nenhuma das páginas de doutrina estética de Euríalo Canabrava: a conferência que pronunciou em São Paulo sob os auspícios do Clube de Poesia, os artigos em que respondeu às minhas tentativas de objeção à mesma conferência ou ainda o estudo impresso em inglês na "Philosophy and Phenomenogical Research" que intitulou *Convention, Nature and Art* —, e que teve a amabilidade de me enviar em separata. Contudo algumas afinidades fundamentais entre os princípios que defende e os que deixam ao poeta a liberdade, na sua linguagem específica, de praticar certas esquisitices a fim de que o cientista e o lógico possam evitá-las na sua, permite talvez inscrevê-lo entre os adeptos do que eu chamaria uma concepção alopática da poesia.

As afinidades a que me referi não vão certamente ao ponto de retirar sua originalidade ao pensamento de Canabrava. No trabalho já citado, do Professor Northrop, diz-se, por exemplo, da *Divina Comédia,* que, como pura poesia, nada perdeu para nós de seu apelo emotivo. No entanto, pelo conteúdo filosófico e científico, estaria irremediavelmente superada. É que os progressos realizados pela filosofia e pela ciência ocidentais, depois de Aristóteles e Santo Tomás, distanciaram-nos daquele conteúdo. "E por isso", conclui, "a *Divina Comédia* perdeu sua mensagem para o mundo moderno."

Também Canabrava serve-se, para reforçar seus pontos de vista, do exemplo do Dante. Tanto na conferência pronunciada em São Paulo como no artigo publicado nos Estados Unidos, observa como, desde Kepler, a presunção de que Amor move o sol e as outras estrelas é cientificamente falsa.

A partir desse ponto cessam, porém, todas as afinidades entre as suas idéias e as do professor de Yale. Para Northrop, os erros científicos da *Comédia* são decididamente sua parte vulnerável e deveriam servir como advertência aos novos poetas para que deixem de agora em diante, a quem de direito, as proposições científicas e filosóficas. Só assim, diz, a arte se tornará fiel a si mesma. Para Canabrava, no entanto, o problema não é posto nesses termos, visto como considera que a linguagem dos poetas é em sua essência uma linguagem ambígua. Assim, pouco importa procurar discernir nela seu significado ("erro muito freqüente", diz, "na crítica literária"), como o faríamos com uma proposição lógica e científica, isto é, com uma proposição essencialmente unívoca.

É sobre esse ponto que tive ocasião de manifestar minhas dúvidas. Acreditava, continuo a acreditar, que a ambigüidade, sendo, talvez, um traço bastante considedável na poesia moderna, está longe de representar a verdadeira essência da linguagem poética. Não quis afirmar com isso, é claro, que a expressão ambígua, indireta, oblíqua, fosse inexistente em outros tempos; para ver o absurdo de semelhante afirmação, bastaria que recorresse aos tratados de Retórica. Ela existiu, com efeito, e não apenas nos livros dos poetas, mas ainda na prosa dos oradores e nos escritos dos filósofos e dos sábios. A briga do asianismo contra o aticismo afeta a todos os gêneros e é de todas as épocas.

Foi por assim julgar que não me abalou vivamente o outro exemplo que invocou Canabrava em artigo no *Diário Carioca*. Diz ele:

> É inegável que Virgílio escreveu as *Geórgias* com a intenção de atender a um apelo do Imperador Augusto, por intermédio de seu ministro Mecenas, para incentivar a volta dos romanos ao cultivo dos campos e aos trabalhos agrícolas (...) Mas o poeta tem consciência de que as cenas por ele descritas figuram em um fundo alegórico: *Hinc canere incipiam*. A alegoria empresta às criações virgilianas a multiciplidade de sentido que constitui a tônica fundamental da linguagem poética.

Quem nao percebe, entretanto, que aquele *canere* é inteiramente afinado, e eu diria talvez desafinado (diria, pensando no antiprosaísmo rancoroso de alguns dos nossos pós-modernistas), neste caso, pelo seu mesmo objeto? O poeta discorre apenas, e com simplicidade, sobre o modo de lidar com o *raster* no preparo do solo para as fartas mesas, sobre os cuidados que reclamam a vaca no curral e a abelha na colmeia, sobre o zelo necessário —

ó! Mecenas — no sustento dos porcos ou o modo de evitar a erisipela gangrenosa... E se apela para alguma estrela do céu, é que a experiência sugeriu, a eficácia de sua proteção, quando se trate de revolver a terra ou amarrar a vida ao olmeiro.

A fantasia foi voluntariamente abolida; é a realidade bruta o que inspira aqui os versos do poeta. Ele o diz expressamente, quando (liv. II, vs. 45-46) lembra que não usa de ficções, nem de ambigüidades (*ambages*) ou de longos exórdios. Além disso, o *canere,* o cantar, ao seu tempo, era próprio não só de poetas, mas ainda de animais menos fidalgos e escassamente alegóricos, como os sapos, por exemplo, que hoje gostam mesmo é de coaxar, ou como os corvos, que se reduziram a crocitar e grasnar. Por outro lado o cantar aplicava-se ainda a ofícios mais severos do que os da poesia, de modo que mesmo o mestre--escola usava "cantar" suas lições — *canere pro cepta,* escreveu Horácio — e os alunos, nas classes, já costumavam, se não me engano, cantar números.

Aliás a intenção de alegoria, que o Mantuano teria emprestado às suas Geórgicas, não parece servir precisamente a argumentação, em outros pontos tão clara, de Canabrava. Essa intenção fora atribuída, é certo, a Virgílio — mas não exatamente ao Virgílio das *Geórgicas —,* por aqueles que, alguns séculos após a sua morte, se empenhariam, no espírito da tradicional querela entre filósofos e poetas, em mostrar como os últimos seriam tão sábios e úteis à república quanto os primeiros. O sentido literal serve apenas, pensam, para indicar um sentido oculto e muito mais importante, que seria inexprimível de outra forma.

Mas justamente a alegoria não acho que forneça uma forma exemplar de ambigüidade, de multiplicidade de significações. Penso mesmo que, a rigor, nada apresenta daquela multiplicidade que, segundo Canabrava, constituiria a tônica fundamental da linguagem da poesia, pois nela, o literal e o oculto dizem, ao cabo, uma só e a mesma coisa. É por isso que na Sagrada Escritura, onde a teologia chegou a distinguir três sentidos, além do literal ou histórico, todos eles supõem uma única significação, e esta será perfeitamente inequívoca. Assim pôde escrever Santo Tomás que a multiplicidade de tais sentidos não gera o equívoco, nem nenhuma outra espécie de multiplicidade, pois, como já se disse, esses sentidos se multiplicam, não por ter uma palavra muitas significações, mas porque as próprias coisas podem ser sinais de outras coisas. Donde o não haver nenhuma confusão na Sagrada Escritura, por se fundarem todos os sentidos em um... (*Sum. Teol.*, 10, e Resp. — na tradução portuguesa de Alexandre Correa).

Em outras palavras pode dizer-se que a alegoria aponta, em verdade, para o mesmo sentido inequívoco, que é a meta ideal da ciência moderna. À sua maneira, a própria ciência moderna também se serve de anotações simbólicas, quando quer transmitir-nos, livre de contingências, sua mensagem essencial. Do ponto de vista da nova lógica, é claro, certamente, que toda poesia, de todos os tempos, anda inçada de confusões e ambigüidades. Mas entra provavelmente um sério anacronismo no querer julgar essa poesia do prisma da nova lógica, para ver na ambigüidade sua tônica essencial. Mesmo entre filósofos e "cientistas", se foi norma freqüente o recurso à expressão precisa e reta, desembaraçada de "elementos antropomórficos", livre dos fatores determinados pela condição humana, não se pode dizer que foi norma obrigatória. Basta lembrar que o antepassado remoto de todos os racionalismos doutrinou em diálogos, e que o pai do racionalismo dos nossos tempos escreveu, com o *Discurso do Método,* uma pura autobiografia espiritual.

Há ainda um ponto, nos escritos de Euríalo Canabrava, que se relaciona diretamente ao tema destes comentários. Num dos artigos onde responde às minhas observações, censura, com toda razão, o impressionismo lírico impenitente, que descobre em alguns críticos, os quais escreveram verdadeiros poemas a propósito de outros poemas e se comprazeriam em precárias e nebulosas inferências. Contra esse mal, bate-se pela introdução de métodos determinados pelo fato de ser a crítica, a seu ver, "uma atividade lógica por excelência". Resta saber-se até que ponto a análise lógica reclamada é o instrumento apropriado para a abordagem de uma poesia que, segundo sua mesma definição, está fundada sobre valores afetivos e irracionais e cada vez mais se distingue por seu caráter eminentemente alógico.

3.

Será facultado à crítica, na medida em que se relacionaria a uma atividade lógica por excelência, abordar um tipo de poesia como a atual, que se distingue cada vez menos pela presença de elementos lógicos e conceituais? Essa pergunta, que ficou sem resposta em artigo anterior, há de estar ao centro das preocupações de todos os que tendem a fazer dependente o juízo crítico de métodos constantes, elaborados à imagem das normas do pensamento científico.

Não estou longe de supor que a resposta possa ser, em princípio, afirmativa, quando consideramos que a linguagem poética se caracterizou com freqüência (mas não obrigatoriamente), e se caracteriza cada vez mais, pela busca deliberada da pluralidade de significações, que é um estorvo, e também um convite, ao emprego daqueles métodos. Pois nada nos leva a crer que a pluralidade de significações seja irredutível. E que, a exemplo da química analítica, uma análise acurada não pudesse decompor as ambigüidades em seus elementos simples, nas unidades de sentido, quando verdadeiramente existem.

Contudo não creio que tal possibilidade tenha sido até aqui devidamente utilizada. Nenhum mestre de moderna lingüística por exemplo, desde a obra pioneira de Saussure, parece ter situado esse problema em posição dominante nas suas investigações — salvo, naturalmente, em casos singulares, onde ela se apresenta como simples idiossincrasia. E se é exato que um dos analistas da chamada "escola de Zurique" (Emil Staiger, em *Grundbegriffe der Poetik,* Zurique, 1946, pág. 82) discerniu no lirismo certa tendência para uma linguagem própria, que, desdenhando a exigência da comunicação, foge naturalmente às palavras bem definidas e a seu encadeamento normal, é certo também que não apresenta essa tendência como isolável de outras, que em seu conjunto formariam como o "tipo ideal" do lirismo. Por conseguinte ela não estaria na essência do idioma lírico. E a outras formas de expressão poética seria fundamentalmente estranha.

Tudo isto explica por que, em suas análises críticas — e o mesmo se pode dizer, talvez, da generalidade dos estudos estilísticos —, o problema não se apresenta em alto relevo. Há sem dúvida o breve e sempre sedutor ensaio que William Empson dedicou expressamente ao estudo da ambigüidade poética (*Seven Types of Ambiguity*, Londres, 1930). Hesito em acreditar, no entanto, que os meios empregados nessa obra, onde não há (como não há em outros trabalhos da mesma família) nenhuma garantia sólida contra "nebulosas e precárias inferências", onde a análise parece extravasar às vezes em ultra-análise, onde dificilmente se poderá distinguir o que pertence de fato à peça estudada daquilo que o crítico nela meteu de modo mais ou menos caprichoso, possam ser tidos por satisfatórios entre os que aspiram a examinar a poesia servindo-se de critérios que conduzam a uma objetividade quase científica.

Aliás o próprio Empson não deixa de proclamar em diversas oportunidades a falácia de tal aspiração, que não é a sua. Em verdade ele não procura estudar a poesia naquilo que esta poderia ter de intrínseco, mas, segundo o exemplo de seu mestre Richards, nos efeitos que poderia suscitar no leitor ou no ouvinte. E ainda aqui faz vivo empenho em desfazer qualquer suspeita de que seu intento se compare, de algum modo, ao intento do cientista. Quando a poesia, escreve, pode ser considerada friamente, quando se converteu em amostra para exame, é sinal de que se trata de poesia morta, indigna do exame. E mais: quando um crítico aboliu em si toda emoção diante do poema, quando reprimiu a simpatia em benefício da simples curiosidade, é sinal de que se tornou incapaz de examinar o poema.

Achamo-nos aqui nos antípodas dos critérios quase de anatomista que reclama Euríalo Canabrava. Segundo esses critérios, a poesia há de ser complexa por excelência, suficientemente complexa para permitir e justificar um aturado esforço de análise, pois é claro que, diante de uma peça sem complexidades, caracterizada pela expressão límpida, transparente, inequívoca, obediente a padrões firmes, esse esforço deixa de ser rendoso. Assim também uma operação cirúrgica só pode tornar-se "brilhante", se requerida por um caso particularmente delicado, e há de ser tanto mais notável quanto mais delicado for o caso.

Acontece, entretanto, que o bom êxito da operação cirúrgica está sujeito a outras condições importantes:

entre elas a de que o paciente não morra da cura. E quando se trate de análise crítica da linguagem poética importa que a complexidade e a ambigüidade, embora extremas, sejam redutíveis, de modo convincente, a unidades de sentido. E aqui está aparentemente a parte mais difícil das teorias de Canabrava. Considerando a multiplicidade de significações, traço essencial da linguagem poética, ele exclui, sem razão, os casos, provavelmente mais numerosos, onde tal multiplicidade não constitui a regra. Por outro lado exclui outros casos, também numerosos atualmente, onde a rigor não é lícito falar nem em multiplicidade, nem em unidade de significação.

Manuel Bandeira veio em meu socorro, na embrulhada em que caí, quando, comentando no outro dia o nosso debate, em entrevista ao *Diário Carioca* lembrou aquele verso célebre de Racine:

La fille de Minos et de Pasiphae.

Eu diria que aqui, como em parte considerável das modernas criações líricas, a poesia tende a ser, cada vez menos, uma arte temática para situar no primeiro plano os valores sonoros. Justamente nesses casos não tem muito cabimento o falar em significação, plural ou singular. A palavra, que nasceu com uma finalidade pragmática definida, vai perder sua função essencial: a poesia aspira plenamente à condição da música. E só então é justificável uma análise quase estritamente formal, que em outras circunstâncias seria impossível, pois que a forma, na generalidade dos casos, é largamente condicionada pelo sentido. Daquela "poesia de palavras", onde o valor sonoro e musical se emancipou definitivamente do valor semântico, poderiam dizer seus adversários — e eu não me coloco entre eles — o que da metafísica disse Carnap, um dos mestres de Canabrava: que é uma espécie de música impura. Como a música, ela seria expressão do sentimento vital, mas expressão imperfeita, por isso que se serve de um instrumento — a palavra — dirigido a fins diversos.

Há ainda outro tipo de poesia refratário a essa análise dos significados. Pois caberia a procura de ambigüidades nos produtos da "escrita automática", de tão poderosa influência sobre o desenvolvimento da linguagem poética nestes trinta e quarenta anos?

192

Tentativas como as que vêm realizando Euríalo Canabra e outros autores devotados à pesquisa das "dimensões da linguagem", permitiriam, se bem sucedidas, tornar compatíveis as concepções do positivismo lógico e as necessidades da análise literária. Não serei eu quem negue mérito a tais tentativas que, mesmo sem ferir o alvo, ainda podem servir para dar rigor e eficácia maiores ao esforço crítico.

A alegação, feita pelos que, como Herbert J. Muller (em *Science and Criticism,* New Haven, 1943, pág. 102), tendem a desdenhar os esforços de comprovação, lembrando que os próprios valores, ideais e finalidades de nossa vida civil descansam sobre idéias inverificáveis, não podem ser muito satisfatórias. Para o verdadeiro cientista, em particular, a palavra "impossível" sempre teve um timbre incômodo. E contra os que negam de antemão a possibilidade de chegar-se a métodos que asseguram objetividade maior à análise literária, poderia Canabrava opor as razões que, em seu trabalho recente sobre a lógica matemática, e a mensuração dos fatores psíquicos, publicado no número de setembro de 1950 dos *Arquivos Brasileiro de Psicotécnica,* o levam a mostrar como a nova lógica, tornando-se cada vez mais qualitativa, teria introduzido critérios perfeitamente aplicáveis à análise dos processos subjetivos.

Receio, entretanto, que o entusiasmo diante de certos resultados parciais no emprego de instrumentos de análise, como os da lógica matemática, venha a comprometer esse mesmo e plausível rigor. Parece-me instrutiva, a respeito, a posição que assume Canabrava com relação à poesia e à linguagem poética. Igualmente instrutiva é sua atitude em face do domínio histórico, esse campo, diz, onde se movem "os desconhecidos e parâmetros ocultos".

É certo que em artigo recente, publicado em *A Manhã* do Rio de Janeiro, ele tende a modificar a confiança que, a princípio, pareceu depositar na possibilidade de se estenderem à historiografia as diretrizes indicadas em trabalhos sociológicos como os de Dodd e Lundberg. Não obstante, é fácil notar como essa prudência não esconde uma crença quase inabalável na eficácia das técnicas da teoria das probabilidades aplicadas aos estudos históricos.

A pedra de toque para se julgar o valor científico das pesquisas históricas, do ponto de vista do positivismo, está claramente na possibilidade de previsão. E é dessa base que partem aquelas diretrizes sociológicas quando vêem (como no caso de Lundberg) um único obstáculo à previsão em ampla escala, na falta, até agora, de instrumentos e símbolos padronizados de mensuração estatística dos acontecimentos históricos.

É fácil notar que o apego ao verificável pôde desembocar aqui numa crença dogmática em alguma coisa inverificada, ou que só foi dado verificar em aspectos relativamente irrelevantes e que seria perigoso querer generalizar: a crença em que a vida histórica obedece forçosamente a uma espécie de plano, por conseguinte se sujeita a seqüências previsíveis. Neste caso, o alvitre mais cordato parece-me justamente o de um dos pioneiros desse mesmo positivismo, de Hans Reichenbach, quando, em seu livro *Warscheinlichkeitslehre* (Leiden, 1935, pág. 417), escreve que "naturalmente não podemos excluir de modo algum a idéia de que o mundo histórico se sujeita a seqüências previsíveis; apenas nada sabemos de certo a respeito". E quando acrescenta, pouco adiante, que "não precisamos da crença, fundada numa petição de princípio, que pressupõe a presença de uma ordem regular no mundo".

E o que é válido para o caso da historiografia não deixa de sê-lo para o da crítica literária. A assimilação desta a uma atividade lógica supõe, na literatura de "imaginação" ou "criação", especialmente na poesia, uma ordem regular intrínseca e fundamental, turvada apenas por certas ambigüidades ou outros artifícios que, com um pouco de trabalho, poderíamos desfazer.

Ora, parece-me que a crença nessa ordem mensurável e previsível, como sua exclusão por princípio, decorreriam, em suma, de uma atitude intensamente dogmática, incompatível com o simples desejo de objetividade. E uma atitude dogmática na crítica ou na historiografia, não é a única alternativa possível, para o impressionismo, sempre vago e inconseqüente. Estou certo de que assim também pensa, embora sem muita energia, um filósofo tão severamente lúcido como Euríalo Canabrava.

4. (No Reino das Ambigüidades) *

Em artigo para o *Diário Carioca*, meu prezado mestre Euríalo Canabrava volta à pendência das ambigüidades para acusar-me de quatro lamentáveis deslizes. O assunto pede alguns esclarecimentos.

1) Escreve o articulista que permaneço apegado à teoria de que não há distinção entre linguagem poética e linguagem científica. Ora, o que tenho pretendido é apenas contrariar a simplificação tendente a apresentar o idioma da poesia como essencialmente "ambíguo" ao oposto da proposição científica ou do enunciado do senso comum. Lembrei a existência de numerosos casos onde a linguagem da poesia não é, e não quer ser, ambígua ou multívoca, por conseguinte onde existe a própria possibilidade de alguma decisão sobre a verdade ou o erro do seu contexto. Não sugeri que entrasse aqui alguma regra geral e invariável, pois isso equivaleria a resvalar para um unilateralismo semelhante àquele que procurava combater. E evidentemente não precisaria insistir nos casos onde o verso aparece como "descrição indefinida", porque isto não fora nunca negado pelo meu contraditor.

2) Afiança ainda o Sr. Canabrava que, nas *Geórgicas* de Virgílio, ao oposto do que eu dissera, não existe referência alguma ao modo de se evitar a erisipela gangrenosa. Assim, acrescenta, "fui obrigado a admitir que o ilustre crítico recorre à imaginação para suprir suas falhas de memória".

— Acontece, porém, que não é preciso trabalho de imaginação ou de memória para se encontrarem nas *Geórgicas* as passagens — mais de uma —, onde são referidos os meios usuais contra o terrível mal, descrito ao fim do livro terceiro. Um deles consiste, por exemplo, em dei-

---

* POLÊMICA SERGIO BUARQUE — EURÍALO CANABRAVA. Sob esse título, publicou o *Diário Carioca* de 11 de novembro de 1951 uma nota introdutória ao presente trabalho, redigido por Sergio Buarque de Holanda, como adendo a um de seus artigos críticos semanais no mesmo jornal. É o seguinte o teor da referida nota: "O Sr. Sergio Buarque de Holanda, crítico deste jornal, escreveu ao seu artigo de hoje um adendo em resposta ao artigo de domingo último de nosso colaborador, Sr. Euríalo Canabrava. Entre ambos, como se sabe, trava-se uma polêmica conseqüente a reparos do primeiro a uma tese do segundo relativa à natureza da linguagem poética. Dado o interesse que vem despertando o debate, que assumiu tom excepcionalmente vivo na última investida do Sr. Canabrava, tivemos por acertado destacar a "nota" do artigo de nosso crítico oficial, nota a que deu o título de "NO REINO DAS AMBIGÜIDADES".

tar-se vinho puro, com auxílio de um funil, pela goela do animal contaminado (II, 509-14). Outro, em mudar as pastagens (III, 548). Meios esses que se teriam revelado, aliás, ineficazes ou contraproducentes. É verdade que a erisipela gangrenosa não aparece com tal nome em nenhum lugar do poema. Contudo, neste passo, socorri-me, não da imaginação, e sim da interpretação de comentadores aparentemente autorizados. Um destes, Henri Goelzer, membro do Instituto de França e professor da Faculdade de Letras de Paris, diz expressamente: "On croit de l'érysipèle gangreneuse". De qualquer modo o erro ou acerto no nome da tão feia peste não vai afetar o sugerido em meu artigo. A obra do Mantuano, não menos do que a de Catão ou a de Varrão, está cheia de conselhos práticos sobre a agricultura, a apicultura, a pecuária, que nem por isso lhe conferem tom de relatório. E tenho a petulância, nestes casos, de procurar entender Virgílio, não segundo Canabrava, mas segundo Virgílio. O qual declarou expressamente que não usava de circunlóquios ou ambigüidades.

3) Acusa-me ainda, o ilustre censor, do "formidável disparate de atribuir a F.C.S. Northrop, filósofo norte-americano, filiação direta à escola neopositivista..."

— Ora, o que está dito, de modo bem claro, nos meus artigos, é exatamente o oposto de tal "disparate". Em um deles, impresso no suplemento do *Diário Carioca* de 22 de julho último, falei de Northrop como tributário de concepções que visam a corrigir a aridez do pensamento dos novos positivistas (não necessariamente da *"escola neopositivista"*) reservando um domínio particular à poesia e ao "componente estético", e estabelecendo, assim um *modus vivendi* entre duas atividades tradicionalmente incompatíveis. Em artigo posterior referi-me a concepções tais como a do mesmo professor de Yale, dizendo que surgiram, aqui sim, do "prestígio do neopositivismo nos países anglo-saxões". É claro, pelo que estava dito antes e pelo que se seguia, que a expressão aparentemente ambígua — "surgidas do prestígio" — queria indicar antes a reação do que a filiação. Com efeito, no que se seguia, observei que Northrop apresenta a poesia como verdadeira antitoxina, própria para remediar os efeitos do artificialismo, do pragmatismo, do cientificismo (poderia ter precisado "do positivismo") da era da técnica. Mais recentemente tentei, no entanto, amolecer a ênfase com que o Sr. Canabrava chegou a falar em antipositivismo de Northrop. Pareceu-me que "antipositivismo" não é a palavra indicada quando se trata de autor que reconhece a justeza e o mérito das teses dos novos positivistas e mesmo dos adeptos da chamada "escola neopositivista" nos domínios estreitos que elegeram, e de autor que não quer desprezar ou abolir esses domínios, mas dar-lhes uma espécie de contrapeso. Afirmar de uma filosofia, que não sendo rigorosamente positivista é, por força, antipositivista, constitui uma dessas simplificações em tudo comparáveis à de quem presume que ou a linguagem há de ser científica, e neste caso unívoca, ou há de ser poética, e então essencialmente ambígua. Simplificações essas ("disparates", diria em outra circunstâncias Canabrava), que nunca foram o meu forte.

4) "O crítico paulista", conclui o filósofo, "se esquece com freqüência de que acusar alguém de dogatismo não é responder a seus argumentos". — De pleno acordo. Uma vez que os argumentos se converteram em dogma tornaram-se, pela sua própria natureza, irrespondíveis. Um artigo de fé não se discute com vantagens ou sem perigo. É bastante constatar (desculpem-me os puristas) a presença desse limite impermeável a qualquer debate profícuo. Foi o que fiz, não com "ares de superioridade", como o presume Canabrava — embora possam não parecer outra coisa os ares de quem ousa divergir de autoridade tão conspícua — mas com alta estima, subido apreço e distinta consideração.

11. ESSÊNCIA E EXISTÊNCIA

A apologia do pensamento medieval, cuja persistência ainda é patente em nossos dias com a proliferação de correntes filosóficas inspiradas diretamente na lição do Doutor Angélico, pode ser tentada por numerosos e ponderáveis motivos. Entre estes, hesito em crer, porém, que devam figurar no primeiro plano os que defendeu Alceu Amoroso Lima em livro recente (*O Existencialismo,* Rio de Janeiro, 1951), ao exaltar aquele pensamento, que pretenderia abarcar céu e terra numa "incorporação total", onde o abstrato não exclui o concreto e o geral não suprime o particular. Pois não é exatamente a legitimidade de tamanha pretensão o que procuram pôr em choque, servindo-se de bons ou maus argumentos, as tendências filosóficas denunciadas neste livro? E não seria de justiça que seu autor se detivesse em examinar esses argumentos ao invés de se restringir simplesmente, como se restringe, a enaltecer aquilo mesmo que eles tendem a negar?

199

Foi por deliberação, não foi por distração, que a idéia existencial optou, contra os pensamentos totalizadores, por uma visão "estreita". É certo que, no primeiro momento, essa atitude resultou de uma reação contra o sistema hegeliano, que Alceu Amoroso Lima qualifica de "catastrófico". Mas também não há dúvida que os motivos da reação parecem conservar todo o seu vigor em face de outros "totalitarismos" filosóficos, inclusive, talvez, o daquela "incorporação total" da realidade a que alude o pensador brasileiro.

Em um dos seus livros, já Kierkegaard tinha notado como "se pode dizer de certas épocas isentas de paixão e amigas da reflexão que, em contraste com outras, ganham em amplitude o que perdem em intensidade" (*Kritik der Gegenwart*, Innsbruck, 1934, pág. 49). Páginas depois, no mesmo livro, ainda acrescenta que "na verdade, todo somar é apenas um diminuir; tanto mais se acrescenta quanto mais se subtrai". E em nossos dias, retomando o mesmo tema, não já em nome da paixão, mas do rigor no entendimento, Jaspers pôde escrever (em *Vernunft und Existenz*, Bremen, 1947, pág. 99) que só aquela "estreiteza" e exigüidade, "não um pensamento universal, ilimitado, que como tal nos leva ao vazio e ao sem fim", há de ser válida para qualquer inquirição verdadeiramente fundamental acerca do problema básico do ser.

Em artigo anterior tentei mostrar como esse mesmo é o pensamento de Heidegger em sua crítica aos fundamentos da metafísica ocidental. Crítica exercida igualmente em nome do rigor, não em benefício de alguma estética do indefinido. A expressão talvez mais enfática, e quase patética, da mesma idéia, encontro-a nas páginas mimeografadas do curso que um intérprete francês das filosofias da existência, Jean Wahl, pronunciou, não há muito, na Sorbonne:

Se ao pensamento filosófico original, *dizia*, foi possível possuir simultaneamente profundidade e amplitude, isso já não se dá atualmente. Nossa força é a separação. Nós perdemos a ingenuidade!

Se Amoroso Lima não quis ver nessa voluntária opção pelo "exíguo", considerada condição de intensidade e profundidade, mais do que um capricho, é sem dúvida porque o intento polêmico lhe vedou a consideração de minudências só aparentemente irrelevantes. O resultado é um constante obscurecimento daquelas mesmas razões que, para melhor impugnar, convinha melhor clarear. Se é certo, como afiança — e é falso — que a idéia existencial dá primazia ao indefinido e vago sobre o definido e nítido, vemos que os juízos sumários o levam por sua vez a imprecisões traiçoeiras.

Assim, quando diz à página 136 que "o louvor da indefinição como encontramos no existencialismo, desde Kierkegaard, leva a fazer da filosofia um simples reflexo da opinião comum", não exprime essa descrição exatamente o avesso do que está em quase todo o pensamento existencial, desde Kierkegaard, e com singular constância em Heidegger, para quem o juízo da opinião participa expressamente dos domínios da "tagarelagem" e se inscreve entre os modos inautênticos da existência? E quando o crítico brasileiro vê na posição existencial o primado do temperamento, e até da animalidade (pág. 134) "como a *única faculdade capaz de revelar a existência*" não há aqui um retrato e mesmo uma caricatura daquela fase "estética", isto é, eudemonística, que, em Kierkegaard, há de ser superada pela ética e finalmente pela religiosa, onde o estético não é certamente "abolido", mas destronado?

Há pelo menos uma imprecisão e uma indefinição, onde o autor procura, às páginas 141 e seguintes, apresentar a "temporalidade" existencial mais ou menos à imagem do historicismo vulgar para finalmente concluir que, aceitando, com outras correntes de pensamento, o que se chama aqui "deificação do tempo", o "existencialismo" deixa de ser "uma reação para ser uma persistência".

Neste caso, como em tantos outros, receio que o recurso a violentas oposições dialéticas tão do gosto de Alceu Amoroso Lima, e que empresta a algumas das suas reflexões um colorido quase hegeliano, resultará em deformação nítida dos fatos. Lembrarei que ninguém, mais do que Kierkergaard e seus herdeiros, parece ter reagido contra a concepção dos que atribuem relatividade histórica a todos os atos humanos e convertem os indivíduos em simples parágrafos de um processo temporal único. Se é cabível metê-los com o historicismo no mesmo saco e falar em "deificação do tempo", seria preciso acrescentar que, no seu caso, só tem sentido o tempo da vida individual não o tempo genérico. E isso já os separa radicalmente daquela concepção que, de fato, vem embebendo todo o pensamento moderno, inclusive o de muitos que supõem reagir contra ela. De passagem caberia perguntar se a própria tendência de Amoroso Lima para amarrar constantemente certas formas de pensamento a épocas determinadas, e só a elas (por exemplo: "As duas filosofias mais representativas do século XX estão, assim, presas ao século XIX. São filosofias anacrônicas", pág. 143), também não constitui, a seu modo, uma forma de tributo ao historicismo.

No âmago de toda a sua crítica está o clássico binômio essência-existência, e ainda aqui entra mais de uma indefinição polêmica.

> Não há existência sem essência, *escreve à página 104,* mas pode haver uma essência sem existência, um conceito sem realidade, uma potência sem ato, desde que a essência é um conceito que não implica necessariamente a existência. Logo é o equilíbrio entre essência e existência (. . . .) que representa a verdade.

E o profundo erro do pensamento existencial estaria em que rompeu esse equilíbrio em favor da existência.

A primeira imprecisão estaria, creio eu, onde se descreve o próprio ponto de vista defendido. Em realidade parece difícil supor qualquer equilíbrio entre essência e existência sem implicar que os dois termos designariam parcelas dosáveis, de um todo, e é claro que isto não entra bem nos princípios da filosofia tomista, nem nas intenções de seu intérprete. Pois tem cabimento falar em "equilíbrio" entre a possibilidade e a sua atualidade? A segunda imprecisão, e neste caso a mais importante, está em que Alceu Amoroso Lima toma, de começo a fim, a palavra "existência" rigorosamente no sentido que tinha para a filosofia escolástica. A vantagem de semelhante interpretação está em que lhe permite uma das suas sugestivas construções dialéticas. Para ele o "existencialismo" situa-se no pólo oposto ao "essencialismo" platônico; entre um e outro está a boa solução, a do verdadeiro realismo, quer dizer a da filosofia tomista, com seu *equilíbrio* entre essência e existência.

Sucede, entretanto, que nesse contexto vai esmaecer-se um dos significados legítimos da palavra "existência", justamente o mais forte e que ela pôde adquirir ou recuperar há apenas um século. Um autor dos nossos dias nota como no pensamento filosófico só havia originariamente um pressentimento vago do sentido que, com Kierkegaard e depois de Kierkegaard, se deu à expressão um quilate histórico já hoje bastante possível (ver Karl Jaspers, *Philosophie*, 2ª ed., Berlim, 1948, pág. 13). Esse significado não se pode dizer que resultasse de mero capricho. É bem notório que, etimologicamente, a palavra "existir" (*exsistere*) comporta sobretudo a idéia de "elevar-se sobre", "sair de". Num léxico latino encontro-a exemplificada numa frase de Varrão — *Exsistunt sata* — que quer dizer "as sementes saem (da terra)" e em outra de Cícero, que traduzida significa: "a cobiça nasce da avareza". Existência, nesse sentido, é sempre ponto de partida, não é "atualidade" e nem ainda perfeição. Por isso mesmo não se acomoda facilmente ao binômio essência-existência em que procura inseri-la Alceu Amoroso Lima. Pois se há no caso alguma analogia, será por força incompleta e, ao cabo, enganadora. Cumpre notar, aliás, que a simples possibilidade de tal analogia já foi reiteradas vezes contestada por alguns expoentes e, não menos, por adversários desse pensamento.

Em sua obra mestra, já observava Heidegger, há mais de vinte anos, que a palavra Existência, na única acepção em que a emprega, "não tem e nem pode ter o sentido ontológico do termo tradicional *existentia*" (*Sein und Zeit* pág. 42). E em sua recente carta sobre o Humanismo pode reafirmar com alguma veemência esse ponto de vista.

Semelhantes precisões desprezou-as, porém, Alceu Amoroso Lima. Em lugar da inquirição metódica, que estaria à altura de empreender, se o quisesse, preferiu a atitude doutrinária. E, segundo o hábito comum nos doutrinadores, firmou-se em definições que aceita com vigor e julga ocioso discutir.

Não penso que seja esse o modo feliz de descrever e combater um pensamento que principia por contestar a legitimidade daquelas mesmas definições. Ao radicalismo crítico só é possível contrapor uma crítica radical, isto é, atenta aos seus verdadeiros fundamentos, não uma posição simplesmente doutrinária, que afirma ou nega, mas em verdade não rebate. E por se ter esquivado a semelhante crítica, tenho a convicção de que não feriu o alvo.

12. VÁRIA HISTÓRIA

Com uma série apreciável de trabalhos impressos sobre problemas de história e historiografia, já se colocou José Honório Rodrigues entre os que mais devotadamente se vão aplicando, entre nós, ao trato daquelas matérias. Por estranho que pareça, as falhas mais sensíveis, no seu caso, não parecem provir — como em tantos outros — da insuficiência de zelo e de conhecimentos históricos, mas justamente do fervor e da riqueza de informação erudita. Do fervor que, mal temperado, pode degenerar na simples impaciência, na ânsia de alcançar resultados definitivos, ou na erudição que se converte com facilidade em bagagem ostentosa, quando sobreposta à pesquisa e ao objeto da pesquisa, em lugar de acomodar-se naturalmente a uma e a outro.

De ambas essas falhas — impaciência e ostentosa erudição ocupou-se um professor da Universidade de São Paulo — Eduardo d'Oliveira França — em resenha publi-

205

cada, não há muito, na *Revista de História,* acerca de outro livro deste autor: *Teoria da História do Brasil.*

Embora constituído de trabalhos avulsos, datados de diferentes épocas, o último volume publicado de José Honório Rodrigues — *Notícia de Vária História* (Rio de Janeiro, Livraria São José, 1951) — dá a aparência de um progresso nítido sobre o antecedente.

Acham-se aqui presentes algumas das virtudes que já distinguiam o autor do trabalho pioneiro, publicado entre nós, acerca dos problemas teóricos e da metodologia da História, sem que os vícios daquelas virtudes cheguem a atingir, neste caso, um relevo desproporcionado. É possível que isso se deva unicamente ao caráter fragmentário, às vezes despretensioso, dos trabalhos que se reuniram no volume, mas de qualquer modo o fato merece menção e realce. Cabe observar, aliás, que esse caráter fragmentário não tira ao autor o gosto da aventura através de territórios ínvios e quase sempre ignorados da generalidade dos nossos historiadores.

Neste caso encontram-se os estudos, que formam a parte mais importante deste livro, dedicados às relações entre a religião e o desenvolvimento do capitalismo e da burguesia, em sua aplicação à história do Brasil. Sejam quais forem as reservas que podem merecer suas tentativas nesse sentido, é inegável que o simples fato de abordar, de um prisma brasileiro e ibérico, os resultados de pesquisas, que a partir sobretudo de Max Weber (e de Sombart) puderam inaugurar todo um novo e sedutor capítulo da historiografia contemporânea, já reclama, por si só, atenção especial. Mesmo nestes estudos, é certo que só dificilmente consegue ele desembaraçar-se de algumas das falhas mais flagrantes de seu trabalho anterior. Com efeito, só a impaciência, tantas vezes inimiga da precisão, pode levá-lo, por exemplo, à página 39, a apresentar como de Gustav Grundlach, um dos "críticos ferozes" de Weber e de sua teoria acerca da ética protestante e o espírito do capitalismo, certa afirmação — "assim um cego vê as cores" — que não se encontra em nenhuma página da crítica, severa, sem dúvida, e contudo admiravelmente serena, de Grundlach, mas que pertence a outra obra, esta, em verdade, "feroz" e enfática — a de Othmar Spann. Foi realmente o sociólogo e economista austríaco quem, referindo-se à tese de que os objetivos da ação religiosa seriam predominantemente econômicos, acrescentou: "Assim um cego fala das cores", *so redet ein Blinder von der Farbe*" (Othmar Spann, *Kämpfende Wirssenschaft*, Jena, 1934, pág. 138). E quando, no mesmo lugar, José Honório Rodrigues transcreve, e expressamente nesse caso do próprio Spann, outra opinião desfavorável a Weber, não o faz sem transfigurá-la de maneira desconcertante para quem tenha lido o original.

Nenhum desses enganos, que avultam particularmente pela circunstância de partirem de quem se dedicou aturadamente aos problemas de metodologia da História, chega a prejudicar sua tese fundamental exposta nos capítulos intitulados "A Expansão Capitalista versus Ideologia Canônica em Portugal" e "O Pecado Danado da Usura". Essa tese fundamental é a de que os povos ibéricos não puderam desenvolver as mesmas virtudes econômicas suscitadas especialmente nos países calvinistas, porque, fiéis aos príncipios canônicos, seus governos estorvavam por todas as formas a iniciativa individual e estabeleceram desde cedo uma espécie de capitalismo do Estado. A diferença essencial entre a conquista portuguesa e o domínio holandês estaria "na libertação feita pelo segundo, das idéias medievais e na declaração oficial (?) enfática e audaciosa, de que a pobreza é um mal".

De um modo geral parece bem apoiado esse ponto de vista que mereceria ser desenvolvido em estudo mais documentado. Apenas em algumas das suas particularidades estaria sujeito a objeções, não sem importância. A primeira objeção há de relacionar-se com a explicação unilateral e exclusivamente "idealista" que o autor, fortemente atado à teoria inicial de Weber sobre a formação do "espírito" capitalista, tende a oferecer dos fatos. No seu caso, a tendência é reforçada pela circunstância de apresentar constantemente noçoes, tais como "capitalismo", "feudalismo", "burguesia", à maneira de realidade palpáveis, bem delimitadas e que se podem verificar empiricamente. Atitude em tudo semelhante à que se observou aqui mesmo, à propósito de Gilberto Freyre, com sua noção de uma "forma" sociológica ideal, dominando e, de certo modo, gerando os acontecimentos.

O resultado dessa atitude, no caso de José Honório Rodrigues, está em que as idéias, para ele, parecem atuar de modo direto e, a bem dizer, mecânico, sobre os acontecimentos. "Quando Calvino, em 1540, licenciou teoricamente a usura", diz, "estavam" (queria dizer: "ficaram") "a Inglaterra e a Holanda libertas de considerações morais para a aventura capitalista" (pág. 56).

Ora, se Calvino, em sua famosa carta *De Usuris,* provavelmente de 1545, admitiu que a proibição de empréstimo a juros existente nas Escrituras deve ser interpretada segundo a lei da caridade, foi justamente por ter em vista considerações morais. Nisso não se afasta vivamente de interpretações católicas, sobretudo jesuíticas, familiares a todo leitor das *Provinciales* de Pascal, e nem, aparentemente, da doutrina de Santo Tomás. Mesmo um historiador como Ashley, cujas idéias se aproximam bastante a esse respeito das que defende José Honário Rodrigues, não deixa de assinalar as passagens do Doutor Angélico onde se apresenta o comércio como atividade legítima, desde que o mercador vise a um lucro moderado e que esse lucro se apresente não como objeto, mas como salário de seu esforço.

E outro historiador, que José Honório Rodrigues conhece, e em cujo artigo sobre as "idéias econômicas de Calvino" se apóiam visivelmente suas considerações, mostra como a doutrina calvinista sobre a usura não ultrapassa muito a dos demais teólogos.

Pode-se dizer, *escreve efetivamente Henri Hauser,* que até àquela data (1545) os interesses são interditos em princípio, posto que sejam admitidos em um sem-número de casos especiais. Com Calvino eles se tornam lícitos em princípio, embora continuem interditos cada vez que pareçam contrariar as regras da eqüidade e da caridade. São estas regras, não é a interdição da usura, o que se faz obrigatório.

Se é verdade que, procurando dissipar as contradições inevitáveis na doutrina medieval, o reformador de Genebra deu margem a que o empréstimo com interesse pudesse tornar-se de direito comum, de modo a estabelecer-se uma simples diferença quantitativa entre a usura lícita e a proibida, parece ilusão supor que a mentalidade capitalista tenha surgido, em certos países, daquela carta de 1545, como um *deus ex-machina.*

Nenhuma idéia, nenhuma lei, pode converter-se por si só, independentemente de condições "atuais" que tornavam possível seu aparecimento e seu florescimento, em força decisiva na história dos povos ou sequer na história das idéias. A ética do capitalismo não brotou da predicação ou das intenções pessoais de Calvino e ainda menos de sua simples opinião favorável, com restrições, ao empréstimo a juros. Pode dizer-se mesmo, e com razões bem melhores, que nasceu a despeito daquela predicação e daquelas intenções. Assim como a prática de negócios de especulação em terras ibéricas, e não só entre judeus e cristãos-novos, pôde prevalecer, ainda mais, talvez, do que entre reformados, sem embargo da lei da Igreja e das Ordenações, que os condenavam por usurários. E quando, exatamente dois séculos depois de Calvino, uma encíclica papal tornou lícitos, ou antes, regularizou, os empréstimos a juros, não consta que tenha determinado nos países católicos o famigerado "espírito do capitalismo".

13. FUNDADORES DA EUROPA

1.

As impressões contraditórias que sugere o livro de Pero de Botelho intitulado *Da Filosofia — I. Tratado da Mente Grega,* edição da revista *Candeia,* de Belo Horizonte, "provisoriamente em Paracatu, Minas Gerais", devem ter contribuído para a repercussão quase nula de uma obra que, no entanto, supera largamente o nível usual dos estudos filosóficos entre nós.

Confesso que a declaração inicial do autor, onde escreve, a propósito de seu trabalho, que mostra, "inclusive em sua expressão literária, uma forma intrínseca de assimilação vital do dito, pensado e escrito..." basta para prevenir-me de algum modo contra ele. E depois, no agradecimento a Dom José Gaos, "pelas leituras (*sic*) que fez deste livro e por suas valiosas sugestões" julguei descobrir, por lamentável precitação, uma forma de jactância intelectual que raramente se casa bem com a vontade de saber ou com a pesquisa desinteressada e livre.

Só agora, retomando a obra para lê-la e relê-la da primeira à última página, apesar de sua expressão literária realmente insólita e às vezes rebarbativa e pedante, onde se chega, por exemplo, a invocar a cachaça de Paracatu entre citações gregas e alemãs, e onde se atribui a Aristóteles a afirmação de que o aturdimento é uma "... encrenca das faculdades mentais...", pude enfim compenetrar-me da injustiça. A verdade é que este trabalho representa fruto de atenta meditação amparado em conhecimentos que não se improvisam, acerca de um tema fascinante e fértil.

As raízes sobretudo helênicas de tudo quanto ainda hoje nos parece especificamente ocidental já inúmeras vezes foram exploradas por pensadores e historiadores da cultura. Só o Ocidente tem, a bem dizer, uma ciência, escreveu Max Weber à primeira página de suas sempre admiráveis contribuições para a sociologia da religião. A astronomia babilônica faltava, por exemplo, o fundamento nas matemáticas, que só os gregos lhe poderiam dar. Faltava também à geometria dos hindus a "prova" racional, outro produto helênico, assim como a física e a mecânica. E a sabedoria política dos povos orientais careceu de qualquer espécie de sistematização comparável à do aristotelismo.

Sem o conceito racional, ainda uma criação do Ocidente, melhor será dizer da mente grega, não se conceberiam nem o saber jurídico dos romanos, nem o Direito Canônico, nem o Estado e suas "constituições". E a força dominadora na sociedade dos nossos dias — o capitalismo — pode-se dizer, em verdade, que mergulha suas longas raízes no mesmo solo. A simples ganância, a sede do lucro material, que todos os povos e todas as épocas conheceram em maior ou menor grau, nada tem a ver com a mentalidade capitalista, que se identifica, ao contrário, com a subjugação e disciplina daqueles impulsos irracionais.

Em seu estudo não se propôs, no entanto, Pero de Botelho, considerar as origens do que hoje nos parece típico e verdadeiramente único no mundo e na civilização ocidentais. O capítulo onde expõe com vivacidade o emancipar-se e afirmar-se do ideal de vida teórico em face da visão mítica, não encara abertamente aquele ideal nos prolongamentos e deformações que virá a padecer ao longo da História. Deformações estas que parecem operar-se, de fato, já entre os discípulos do Estagirita, com a transição do ideal da vida contemplativa para o da inteligência ativa e prática.

Tais deformações, cuja importância foi assinalada por um autor que Botelho bem conhece e admira — Werner Jäger — são, por sinal, omitidas no ensaio. Todo seu esforço visa antes a dissimular o contraste das duas atitudes, a estabelecer mesmo, entre elas, uma harmoniosa confluência, e a apagar, enfim, a suspeita fácil de que a exaltação da inteligência pura nos colocaria, para recorrer às suas expressões, na vizinhança de um "intelectualismo inquilino das nuvens". Às núpcias, escreve, entre *Bios e Teoria* chamou um filósofo a *praxis* suprema. Caberia antes dizer que tais núpcias, em outras palavras a vida mental e contemplativa, representam a *praxis* suprema do *filósofo,* não do homem da rua, e é esse verdadeiramente o pensamento de Platão. O próprio do filósofo, na concepção platônica e aristotélica, estará justamente no distrair-se das coisas imediatas e práticas em favor das essências eternas; no expor-se, com isso, à chacota do mundo, assim como Tales de Mileto, na famosa digressão do Teeteto se tinha exposto à zombaria da criada trácia porque, "inquilino das nuvens", tropeçou e caiu dentro do poço.

Todavia essa sutil indistinção não é de molde a invalidar a tese do livro, pois parece exato, de certo modo, e isso já foi dito, que com Sócrates, e depois dele, a filosofia desceu do Céu para entrar nas cidades e nas casas dos homens. A *teoria* passou, no mundo europeu, herdeiro, por esse lado, da cultura helênica, a fecundar, a iluminar, e a servir a ação prática, posto que em sua pureza ideal só lograsse sobreviver nos eremitérios e nos claustros. Caberia, pois, falar na existência de um sentido amplo da vida teórica, assim como existe um sentido estreito, e é certamente aquele ideal também que Pero de Botelho assimila de preferência à mente grega.

Por outro lado, não obstante, se recusa expressamente a colorir sua análise de qualquer juízo de valor. A própria ênfase com que opõe a "experiência concreta da existência orientada e percebida com algum sentido teórico" (pág. 24) ao simples viver da lesma, serve para indicar o fervor intelectual que põe nessa análise. Falar em intelectualismo é sem dúvida pretender devassar um pensamento que quer ser discreto neste particular. "Se a experiência concreta da existência orientada ou percebida com algum sentido teórico pode ou não trazer algum saber efetivo e vivaz sobre as coisas é outro assunto." "É certamente capital", acrescenta, "mas que não será abordado aqui por não ser lugar adequado."

Desde já pode-se ter como certo que ao situar Platão e o pensamento derivado em certo sentido de Platão no cerne daquilo a que chama a "mente grega", ele se separa de todas as filosofias vitalistas e irracionalistas que, contra esse pensamento vão exaltando o dos sofistas, o dos pré-socráticos, até mesmo aquele misterioso mundo pelásgico anunciado há quase um século pela intuição de Bachofen. Para Pero de Botelho tudo isso participaria largamente da visão mítica pintada em cores tão escuras já às primeiras páginas de seu ensaio.

Pode-se ter a medida da separação lembrando como, para Nietzsche, precisamente Platão foi um "anti-helênico e um semita de instinto". E para Burckhardt, foi o contraditor daquilo que, a seu ver, estava na verdadeira essência da mente grega: o senso da evolução do indivíduo e o da liberdade pessoal. O historiador da cultura dos gregos reconhece ainda em Platão uma tendência mais egípcia do que helênica para as formas estacionárias e fixas que se manifesta em toda sua obra, desde a doutrina das idéias até às concepções políticas da República. E em nossos dias Werner Jäger volta a acenar para as mesmas afinidades egípcias ao abordar o ideal de arte que se exprime nos *Diálogos*.

Platão, *diz*, queria viver num país onde a arte estivesse confinada a formas hieráticas fixas e fosse isenta de quaisquer reformas, de renovações, de gostos e inclinações pessoais. O Egito era o único país onde poderia encontrá-la. Ali parecia que a arte jamais mudava, jamais evoluía. Uma monumental respeito à tradição preservava os padrões do passado (*Paidea*, III, New York, 1944, pág. 229).

O quadro da "mente grega" que nos propõem alguns desses pensadores será, assim, bem diverso daquele que nos pinta o intérprete brasileiro. Numa das epígrafes de seu livro, reproduz ele a frase de Heidegger, segundo a qual "o começo da metafísica no pensamento de Platão é também o começo do Humanismo". Apenas, ao oposto de Heidegger, parece ver no Humanismo um ideal positivo e permanentemente válido". E um pouco sob o jugo desse ideal, ou melhor, do ideal de vida teórico, é que se situam suas teorias sobre a arte e a poesia, formando as páginas mais importantes, mais originais e também as mais discutíveis de seu ensaio. Por isso mesmo deverão merecer comentários à parte.

2.

> E na Grécia surge esse homem teórico, que devassa sem esquivança e pergunta pelas coisas sem medo...

escreve o autor, numa frase que interrompo aqui para não entrar com ele no desvão de uma gíria filosófica muito especializada. Algumas linhas adiante ainda escreve:

> Tratando com as coisas frente a frente, não como poderes sobrenaturais ou potestades, mas em caráter inquisitivo de conhecimento, mente alerta e teoricamente apetrechado, com este homem, fundador da Europa, a filosofia...

Pouco importa ao nosso ensaísta se esse filosofar não se acha purgado de todo elemento mítico. Lembrando a observação de Werner Jäger sobre o muito de mitogonia que ainda restaria em Platão e Aristóteles, não deixa de assinalar judiciosamente como a palavra "mito", ao lado de acepção, pejorativa, negativa, — sempre é claro do ponto de vista do nosso ideal de vida — comporta outra, positiva e ajustável a semelhante ideal, à teoria. "Em Platão", diz, "há mito sem culto, sem potestades pois aqui está usado como metáfora poética em função metafísica". Poderia precisar, aliás, que o próprio Jäger já fez implicitamente semelhante distinção, quando, por exemplo à página 151 do 1.º volume de *Paidea,* notou que o mito não implica, no caso, um apelo ao elemento irracional do homem. Sua presença há de servir, ao contrário, para completar o quadro traçado pela análise lógica.

Onde aparentemente, Pero de Botelho avança muito além do intérprete do pensamento helênico é na extensão talvez indevida que tende a atribuir ao vinco deixado nesse pensamento pelo ideal teórico. E este ponto é particularmente significativo do prisma da crítica literária, uma vez que nos transporta às origens da *Poética* e do pensamento sobre a poesia e a arte na mente dos gregos.

Para o ensaísta brasileiro, a poesia torna-se legitimamente tributária daquela atitude mental que, insinuando-se já na aurora da filosofia grega, só irá ganhar consciência, entretanto, com Sócrates e depois de Sócrates. A ponte para esse encontro amistoso da poesia como ideal teorético é fornecida pela conhecida passagem de Aristóteles onde se diz que pela admiração começam e começaram os homens outrora a filosofar. E não é na admiração extasiada ante o desconhecido e o mistério que se acham também as nascentes da poesia? Esta admiração, escreve Botelho,

este endeusamento, esta vidência da oculta raiz das coisas, é o que aproxima o filósofo grego e o de sempre ao poeta, pois suas afinidades vêm do mesmo berço: da admiração entusiasmada que de ambos é a raiz vital.

O que não viu ou não quis ver o autor é que, segundo a mente grega, ao menos quando informada pelo pensar especulativo, tal afinidade não vai muito além do berço. No filósofo, a admiração desvenda a própria ignorância: dessa forma converte-se ela em acicate para a especulação teórica. Não está escrito que o mito exclua sempre e necessariamente o gosto da sabedoria. Ao contrário, logo depois da passagem da *Metafísica* citada por Botelho sobre a admiração como berço da filosofia, disse Aristóteles, expressamente, que o amante do mito é em certo sentido um amante do saber, pois que o mito é feito de maravilhas. E raciocinava mostrando que um homem atordoado ou extasiado de admiração se supõe ignorante e que, se tal homem vai filosofar, é para fugir a essa ignorância.

Ora, o poeta e, em geral, o artista, segundo a mente grega, são prisioneiros, voluntários ou não, daquele momento inicial. O próprio deles é o comprazerem-se no mito, por isso na ignorância. Diz, aliás, Pero de Botelho, e diz bem, de seu ponto de vista, que "arte é filosofia na metade do caminho". Poderia dizer muito melhor, sempre, é claro, de seu ponto de vista, que o artista é um "filósofo" antes de caminhar e, em realidade, incapaz de caminhar com os próprios pés. Por isso mesmo não conseguiu sair do mundo do mito e da ilusão; continuou sendo o servo, na melhor hipótese, da Verdade (do Belo) que não ajudou a criar — isto quando fala a verdade — e seu insciente porta-voz. E assim como expulsa o mito do pensamento filosófico, Platão há de querer e, pelas mesmas razões, expulsar o poeta da cidade ideal.

Esta concepção deverá interpretá-la a seu modo quem, como Pero de Botelho, procura situar a arte em geral, e a poesia, sob a égide do pensar teórico, que para ele quase se confunde com a essência da mente grega. Não escamoteia para isso as numerosas passagens dos diálogos onde o artista é apresentado como copista em segunda mão de uma coisa já existente, não como criador. A doutrina platônica a esse respeito é bem conhecida. Deus cria, por exemplo, a cama abstrata e ideal. Vem o carpinteiro e fabrica a cama concreta. Finalmente o artista, no caso o pintor, reproduz, com sua faculdade de imitação, a cama que o carpinteiro fabricou.

Nesse exemplo parece vivamente caracterizada a significação que nos *Diálogos* se empresta ao conceito de reprodução imitativa, de *mimesis,* que parece impregnar, depois de Platão, todo o pensamento *estético* (estético em nosso sentido moderno) dos gregos. Mas Botelho tenta ver mais de um problema nesse princípio da reprodução imitativa. Um deles, e creio que o decisivo, estará nisto, que a imitação, enquanto forja da obra de arte, seria também criação, quer dizer *poesia* (*poiesis* significa o "fazer", o "produzir"). Pois não está dito no *Banquete* que tudo quanto faz passar uma coisa do não-ser ao ser é criação, de maneira que os produtos de todas as técnicas são criação e os manufatureiros criadores? Por que, então, aquela proeminência do artífice carpinteiro, copista em primeira mão, sobre o artista poeta?

Para o pensador brasileiro, o artista, pelo simples fato de acrescentar alguma coisa ao objeto já existente, fazendo-o belo, eleva-o a um grau mais alto, coloca sua reprodução no mundo dos valores, além de captar seu puro palpitar na eternidade. O simples copista imita apenas a natureza, ao passo que o artista imita a própria Criação. A "esfera do artístico não pertence à realidade da rua".

217

Não importa abordar, por ora, a lógica ou procedência de tal raciocínio. Basta-nos notar que em nenhum ponto ele é abonado — bem ao contrário — por qualquer passo dos *Diálogos*. Não entraria, neste caso, um engano na interpretação dos escritos de Platão? A tradução de Jowett, entre outras, que a mim hão de servir de fundamento e ao Sr. Botelho de simples auxílio, pois que leu no original, traz bem claramente, é certo, as palavras "criação" e "criador" aplicadas indiferentemente ao artífice e ao artista. Mas na obra já clássica de Ernst Robert Curtius sobre a literatura européia e a Idade Média Latina (*Europäische Literatur und Lateininsches Mittelalter,* Berna, 1948, págs. 153-4) vamos encontrar, a outro propósito, uma pista para a elucidação de problema aparentemente intrincado. A palavra *poiesis* estaria relacionada, em grego ao "fazer" no sentido de "fabricar" e de "preparar". Em Heródoto não se designam diversamente as atividades próprias do ourives e do vinhateiro.

Assim, *nota Curtius,* quem interpreta *poiesis* como "criação" introduz na visão grega um elemento que lhe é estranho, elemento tirado à noção judaica e cristã da Criação. Quando chamamos o poeta de criador utilizamos uma metáfora teológica. As expressões gregas para o que chamamos *poesia e poeta* têm significado tecnológico, não metafísico e nem, digamos, religioso.

Esta exposição do ilustre romanista nos faz compreensível a posição constantemente subalterna a que a cultura helência parece ter confinado o artista. Mero imitador de aparências, ele seria incapaz de atingir, com suas próprias forças, aquelas essências eternas que formam o objeto da verdadeira filosofia. O historiador clássico dessa cultura descreve-nos em cores vivas a insistente querela e inimizade que dividiam entre si filosofia e arte: "a última exaltava o mito, que a primeira se empenhava em eliminar da consciência helênica" (Jacob Burckhardt, *Griechische Kulturgeschichte,* 3.º volume, Berlim e Leipzig, 1931, pág. 49). Caberia, em outras palavras, dizer que a filosofia, negando o mito, relegou-o ao domínio da arte, sobretudo ao da poesia. Esta, já o dissera Platão na *Repúública,* dirige-se, não à razão, que calcula e mede, mas à parte mais baixa da alma, às paixões e aos sentimentos.

De modo que o artista, se porventura acrescenta alguma coisa, em sua arte, ao objeto copiado, não o faz como quem pretende reter "o puro palpitar da eternidade", mas como a criança, que depois de cair, se apega à parte ferida, e se compraz antes em prolongar o choro, do que em receber o socorro da medicina (*Rep.*, 603-4). Seu propósito, fazendo mais a reprodução do que a coisa reproduzida, não estaria em elevar essa reprodução a um plano superior, ao reino dos valores, mas em torná-la, ao contrário, mais excitante para os sentidos e as emoções, que participam da parte inferior da alma e da esfera do mito.

É certo, segundo mostra Curtius, que com Aristóteles a poesia, ou antes a Poética, pôde incluir-se pela primeira vez entre as disciplinas de elevado nível, ganhando uma função tanto moral quanto filosófica. Para isso fez-se a distinção entre as disciplinas poéticas e as práticas (e ainda as teoréticas), passando a abranger estas — as práticas — tudo quanto se relaciona, entre os homens, ao *agir,* e aquelas o que se relaciona ao *fazer.* Assim é que foi enfim possível a outra distinção, entre artes úteis e belas-artes; entre a tecnologia e o que, desde o Estagirita, nos habituamos a denominar *Poética* em sentido estrito. (Note-se bem, de passagem, que assinalar esse fato não significa erigir Aristóteles, como absurdamente já o tem feito alguns, numa espécie de precursor das doutrinas recentes da arte pela arte, nascidas no século passado e que são radicalmente estranhas ao gênio grego.) Convertendo-se a Poética num galho da filosofia não se terão por isso transformado, mas apenas definido e delimitado, as idéias já então correntes acerca da arte e da poesia. De fato, a doutrina peripatética da arte como reprodução e imitação, não como criação, continua a ser essencialmente a do platonismo.

Voltando mais diretamente à tese de Pero de Botelho, ouso suspeitar, até prova em contrário, que a noção da arte como cópia, não do mundo sensível, mas da realidade ideal, terá nascido primeiramente em algum solo onde os antigos padrões helênicos tenham sido contagiados pelas religiões e mitologias da Ásia. A poesia, considerada como verdadeira criação ou recriação, pertence provavelmente à mentalidade helenística, não à

219

mente helênica. E se não aparece nos *Diálogos* de Platão, reponta claramente nos tratados de Plotino de Alexandria que, em *Enéadas,* V., 1, para lembrar só uma passagem, entre muitas, diz que as artes

não imitam diretamente os objetos visíveis, mas remontam às raízes de onde procedeu o objeto natural; suprem as deficiências das coisas porque possuem a beleza. Fídias fez seu Zeus sem atentar para qualquer modelo sensível. Imaginou-o tal como ele seria se consentisse em manifestar-se aos homens.

E nas notícias que acompanham sua tradução francesa das *Enéadas,* para a Coleção das Universidades de França. Emile Brehier (Plotin, *Ennéades,* V., Paris, 1931, pág. 128) observa como

longe de partilhar das Teorias de Platão, que faz da obra de arte uma simples imitação de objetos naturais, Plotino defende uma arte idealista, na qual o artista rivaliza com a natureza e ainda faz melhor do que a natureza.

Neste caso, e provavelmente em outros, é fácil ver como Pero de Botelho não chegou a emancipar-se, tanto quanto o desejara, da moldura de nosso tempo. O que, representando sem dúvida uma limitação, não desmerece sua obra, na medida em que nasce de um esforço singular e talvez inédito entre nós para captar com seriedade e independência um problema universal e vivo.

14. AS CARTAS CHILENAS

1.

O problema da autoria das "Cartas Chilenas" sofreu ultimamente transformação de tal modo inesperada, que para examiná-lo é necessária uma reforma de nossos padrões tradicionais de julgamento. Há um século que tal problema vinha provocando os eruditos, suscitando em muitos um interesse apaixonado e talvez em desproporção com os méritos literários do poema.

Não se trata, com efeito, de obra-prima e excepcional, onde o anonimato representasse um desafio implacável à argúcia dos historiadores ou dos críticos. Nem é assunto em torno do qual girassem extraordinárias questões de exegese literária. E no entanto, longe de despertar um interesse comedido, os debates que suscitava chegavam a ser ociosos e truculentos como qualquer rixa de gramáticos.

Coube a um poeta — Manuel Bandeira —, a um historiador — Luís Camilo de Oliveira Neto —, a um historiador e poeta — Afonso Arinos de Melo Franco — elevar a questão a um plano onde ela pode ser apreciada com amenidade e proveito. Esses três homens examinaram pacientemente o caso, arejaram-no por vários lados e, partindo de idéias divergentes ou pelo menos mal assentadas, coincidiram ao cabo na conclusão: a obra é de Tomás Antônio Gonzaga.

Ao ensaio de Manuel Bandeira não há exagero em dizer que passa a constituir desde já um trabalho modelar no gênero. É certo que faltavam ao crítico alguns dos elementos de juízo que independem de reações pessoais. Esses elementos, segundo quer o Professor Silvanus Morley, invocado pelo próprio Bandeira, inscrevem-se em duas categorias bem nítidas: os que constam da estrutura íntima do verso e os que procedem das combinações de rimas: a estrofação. Sucede, porém, que estrofação e rimas não existem nas "Cartas". Restaria ao crítico socorrer-se da estrutura dos versos.

Aqui, *observa ele,* por mais que apurasse a atenção e o ouvido, não pude assinalar diferenças sensíveis entre os dois poetas: ambos se valem de hiatos, sinereses, "enjambements", e não há ritmo das Cartas que não se encontre com maior ou menor freqüência num e noutro". (Manual Bandeira, "A Autoria das Cartas Chilenas" — Separata do n. 22, de abril de 1940 da *Revista do Brasil,* Rio, 1940, pág. 1).

A sensibilidade sempre atenta e meticulosa do poeta Manuel Bandeira é todavia de grande serviço para Manuel Bandeira crítico em face das asperezas deste estudo. Ela penetra as minúncias mais obscuras para descobrir elementos que reforcem suas conclusões ou tornem plausíveis simples sugestões, como onde lembra que a "Epístola a Critilo" poderia bem ser de Cláudio Manuel da Costa.

Mas diante do problema da autoria das "Cartas Chilenas" são bem escassos os elementos capazes de permitir um confronto objetivo. Compreende-se que Manuel Bandeira se detenha em particular nos cotejos de linguagem, onde encontrou material abundante. E ainda aqui o critério seguido e o discernimento na pesquisa são sempre admiráveis.

O único argumento sério que se poderia opor ao seu trabalho é o fato de ter limitado as investigações unicamente a Cláudio Manuel Costa e a Gonzaga, quando há outros autores lembrados. Era preciso restringir, porém, o campo de estudo, e os dois poetas de Vila Rica apresentavam as melhores credenciais. Para completar o trabalhar cumpriria estender o exame aos elementos históricos, suscetíveis, talvez, de lançar nova luz sobre a vida dos possíveis autores e eliminar definitivamente alguns nomes.

A esse trabalho deu-se Luís Camilo de Oliveira Neto, cujo estudo, esparso em artigos na imprensa, não tenho em mãos para comentar devidamente. Além da consulta a vários documentos até então inéditos e que puderam modificar sua impressão inicial, inclinando-o a atribuir a autoria das Cartas a Gonzaga e não a Cláudio, o pesquisador mineiro, familiarizado como poucos com a história de sua terra, efetuou alguns confrontos com surpreendentes resultados, que esclareceram melhor o problema. Comparando, por exemplo, um ofício dirigido por Gonzaga, ouvidor de Vila Rica, à rainha D. Maria, Luís Camilo de Oliveira Neto mostra como nele se assinalam justamente as mesmas irregularidades da administração do Governador D. Luís da Cunha Meneses, o Fanfarrão Minésio das Cartas, que o poema tão asperamente fustiga. E às vezes em termos idênticos, conforme indicou Manuel Bandeira em seu estudo.

Ambos os métodos, o do cotejo de estilo e linguagem e o do confronto histórico, retoma-os Afonso Arinos de Melo Franco no prefácio à bela edição que dirigiu por encomenda do Ministério da Educação (Critilo — Tomás Antônio Gonzaga — *Cartas Chilenas.* Ministério da Educação e Saúde, Rio de Janeiro, 1940). Todavia, guiado pela orientação dos seus estudos e por preferências pessoais, o autor do prefácio detém-se sobretudo nas investigações históricas. E justifica essa preferência depois de mostrar como em escritores residentes na mesma região, vivendo na mesma época e tendo formação intelectual equivalente, os fatos da linguagem podiam facilmente confundir-se.

> Os fatos da vida particular de cada um, *observa,* é que não se confundiam, os acidentes e ocorrências de suas respectivas atuações sociais, que uns e outros (...) coincidem de forma irrecusável, nas Cartas e na vida de Gonzaga, não tendo correspondência com as existências dos demais indigitados autores

A falência de prova de estilo conduzida sem o necessário rigor patenteia-se por exemplo na recente tentativa de Sud Menucci, ressuscitando a velha tese da colaboração de Gonzaga e Cláudio nas Cartas, tese já defendida pelo historiador Pereira da Silva. Parecem-me de todo procedentes as críticas de Afonso Arinos a essa tentativa do erudito escritor paulista. Um dos pontos em que se ampara Sud Menucci é a declaração contida no segundo interrogatório de Gonzaga, onde se alega que Cláudio lhe emendava as poesias.

Em realidade não é obrigatório acreditar que entre essas poesias figurassem as "Cartas Chilenas". E dado que figurassem, como não concluir também que a colaboração se estendesse às "Liras" de Dirceu? Nesse caso da figura do cantor de Marília nada restaria em nossa história literária senão uma pálida sombra.

Muito mais aceitável é a crença de que a "Epístola de Critilo", que precede o poema, fosse, essa sim, obra de Cláudio. Crença apoiada, aliás, em boa tradição e que teve como um dos seus arautos o antigo condiscípulo de Cláudio, Antônio Ribeiro dos Santos.

Outra boa tradição, que o tempo desmanchou, é precisamente a de que as Cartas foram escritas por Tomás Antônio Gonzaga. O primeiro, parece, que fez desandar essa tradição, foi Varnhagem. Afonso Arinos lembra como em 1851 Varnhagem atribuía a autoria do poema a Alvarenga Peixoto e em 1867 a Cláudio. Poderia também lembrar que em 1845, numa nota à sua edição dos "Épicos Brasileiros", o grande historiador já opinara abertamente contra o parecer corrente de que Gonzaga pudesse ter escrito as Cartas. Primeiro porque nessa atribuição ia grande injustiça à memória do poeta Dirceu, "delicadamente apoixonado pela sua Marília". Depois porque o autor

parece que nos quis tirar dessa dúvida, visto como na carta 3ª., antes de fazer menção de si, refere-se ao mesmo Gonzaga nestes versos:

> O nosso bom Dirceu talvez que esteja
> Com os pés escondidos no capacho
> Metido no capote a ler gostoso
> O seu Virgílio, o seu Camões e o Tasso.

E sugere então a mais extravagante das suas três versões consecutivas, a de que o poema teria sido uma sátira ao Conde de Bobadela (!) escrita por Domingos Caldas Barbosa (!) — a quem chama Barbosa Caldas —, sendo causa do degredo deste para a Nova Colônia.

Com o estudo e a meditação, o visconde teve a coragem de corrigir por duas vezes sua opinião quanto ao nome do autor das Cartas. Não quanto ao ponto onde contraria uma tradição aparentemente bem assente, a tradição de que o poema era da autoria de Gonzaga. Nisso reconhecemos ainda uma vez o perfil traçado por Capistrano de Abreu daquele homem caturra, que em tudo expunha complacentemente sua opinião, com tanto mais complacência quanto se afastava da opinião comum.

A absurda hipótese de que o verdadeiro autor fosse possivelmente o mulato Caldas Barbosa não ganhou adeptos, tal a fragilidade dos argumentos em que se fundava: As opiniões seguintes do historiador pareceram mais atraentes. Com o Varnhagen de 1851, que atribuíra a sátira a Alvarenga, ficou Ferdinand Denis e ficou mais tarde Camilo Castelo Branco, segundo observa Afonso Arinos. O *Curso de Literatura,* de Camilo, foi publicado em 1876, e em 1867 já Varnhagen tinha reformado sua idéia anterior, tornando-se partidário da autoria de Cláudio. Mas o apoio do escritor português veio prestigiar singularmente a segunda opinião de Varnhagen, que ainda hoje tem sido defendida por outros eruditos como Lindolfo Gomes.

2.

Dado que seja a mais plausível a atribuição a Gonzaga das "Cartas Chilenas" sua leitura ajuda a mudar nossa idéia tradicional do poeta de Marília, fazendo-a mais exata e familiar. Pode-se dizer que do suave Dirceu tal como as "Liras" o estereotiparam nas imaginações, ao autor sarcástico e azedo, que a sátira anônima deixa adivinhar, vai toda a prodigiosa distância que separa o retrato fantasista de Gonzaga apenso às edições de sua obra e a descrição que do ouvidor de Vila Rica nos transmitiu o Conselheiro Pereira da Silva, fundado aparentemente em honestas tradições.

Como reconhecer nesse homenzinho baixote e prosaicamente gordo aquele perfil de linhas clássicas, emoldu-

225

rado em longos cabelos ondeantes que se derramam sobre o largo busto?

Em muitos outros aspectos as "Cartas" revelam bem melhor o homem que as redigiu e o mundo onde se arrastou do que as composições líricas de Dirceu. E é natural que assim suceda. O arcadismo cogitou principalmente de fazer esquecer a realidade feia e desagradável por um cenário de lenda. Na sátira, por menos que o queira, o autor é forçado a participar da vida ambiente, a respirar segundo seu ritmo, a acompanhar-lhe o movimento. E denunciando é justo que a si mesmo se denuncie. Afonso Arinos já mostrou como as invectivas de Critilo contra Minésio traem a todo instante o Desembargador Tomás Antônio. Seria razoável perguntar se também não traem o inconfidente futuro. Aí está um campo de investigações que pode deter, senão um crítico, pelo menos um historiador dos princípios que prepararam a conjuração mineira.

Em realidade tudo se encontra no poema menos as idéias de subversão que se poderiam esperar. O autor empenha-se antes em querer ver restaurada a justiça — zelo de magistrado — do que em assistir a uma transformação da sociedade. Sua revolta não é contra as instituições que podem abrigar a injustiça, mas contra a injustiça que deturpa as instituições. Ele se revela aqui o extremo oposto de um revolucionário, pois é precisamente contra o afrouxamento da tradição que se volve quase sempre o seu sarcasmo impiedoso. A velha ordem, transitoriamente pertubada pelo Fanfarrão, parecia-lhe destinada a perdurar como lei eterna e indiscutível. E o que se propôs contar são verdades.

> Em que possam falar os homens sérios
> Inda daqui a mais de um cento de anos...

Contra os novos costumes, prenúncio da barbárie revolucionária, sua atitude é a de um rigorista à moda antiga. Indigna-se, por exemplo, porque o governador não cedeu o lado direito ao bispo em uma cerimônia pública:

> Se os antigos fidalgos sempre davam
> O seu direito lado a qualquer padre
> Acabou-se essa moda.

Quando Minésio se põe a caminhar diante da bandeira do senado e não ao lado, "como praticavam os seus

226

antecessores" e como ordenava a pragmática, a revolta de Critilo explica-se apenas.

> Por ser esta bandeira um estandarte
> Onde tremulam do seu reino as armas.

A tirania de Cunha Menezes é iníqua não porque vise a manter a força uma ordem transata e insustentável, mas justamente porque proteja escandalosa ascensão dos novos elementos, incapazes de se acomodar às boas e ditosas maneiras de outrora. E essa ascensão vertiginosa de homens rústicos, só comparável ao retraimento ou à progressiva ruína das casas de melhor prosápia, agredia o poeta como se fora uma ofensa pessoal.

A verdade é que não só a ação subterrânea dessas forças transformadoras, próprias do meio em que vivia, como o simples contágio de novos usos diretamente trazidos da Europa e que encontravam fácil acolhida nos lugares de melhor polimento da América Portuguesa, vinha favorecer intolerável situação. Que tal contágio fosse apreciável nas Minas Gerais não é para supreender, quando sabemos que até na longínqua Cuiabá já se levavam à cena peças de Voltaire, como então ocorreu nos festejos realizados pela chegada do Ouvidor Diogo de Toledo Lara Ordonhes. E o próprio polimento dos costumes torna-se facilmente um convite ao relaxamento das hierarquias, um estímulo à instabilidade social, à mobilidade vertical, conforme manda dizer o pedantismo sociológico. Basta que venha desacompanhado de uma nítida consciência de classe. Bem expressivo e até simbólico dessa verdadeira demissão das camadas superiores é o desuso crescente do florete, insígnia natural da nobreza e reminiscência de tempos em que todos traziam a vida pendente de seu punhal, adaga ou espada, que em Portugal foram antiga mente as armas lícita e de bom nome, ao contrário das que podiam ferir ao longe, havidas por traiçoeiras e só legítimas na defesa.

> Em outros tempos, amigo, os homens sérios
> Na rua não andavam sem florete:
> Traziam cabeleira grande e branca,
> Nas mãos os seus chapéus. Agora, amigo,
> Os nossos próprios becas têm cabelo,
> Os grandes sem florete vão à missa,
> Com a chibata na mão, chapéu fincado
> Na forma em que passeiam os caixeiros.

Ao lado disso o efeminamento dos homens, manifesto até nos vestuários e no costume de mosquearem o rosto, de pintarem os lábios, os lóbulos das orelhas, as faces e usarem brincos, ajudava a desfazer qualquer resistência na gente de melhor casta. E como sempre sucede em tais casos, as mulheres, por sua vez, masculinizavam-se, usando cabeleira de bandas, largando o espartilho, exibindo os sapatos e cheirando rapé. Pensando bem não deixa de ser paradoxal o fato de Gonzaga, que bordava os vestidos da noiva, escandalizar-se ante essa masculinização das mulheres:

> Ninguém antigamente se sentava
> Senão direito e grave, nas cadeiras
> Agora as mesmas damas atravessam
> As pernas sobre as pernas...

Em sua crítica de costumes esse homem, mais tarde envolvido numa conjuração subversiva, revela-se consistentemente o que em linguagem moderna se chama um reacionário. Arrepia-se ante as considerações inauditas que recebem do governo indivíduos de baixa condição, sobretudo quando, apesar do bastão de comando, não se envergonham de exercer o antigo ofício, se lhes trás proveito:

> Esses famosos chefes, quase sempre
> Da classe dos tendeiros são tirados.
> Alguns inda depois de grandes homens
> Se lhes faltam os negros, a quem deixam
> O governo das vendas, não entendem
> Que infamam as bengalas, quando pesam
> A libra de toucinho e quando medem
> O frasco de cachaça...

Tais indivíduos bem poderiam replicar a seu áspero censor como a Santo Agostinho respondiam os cristãos mal convertidos: "Somos cristãos por causa da vida eterna e pagãos por causa do mundo". É certo que nem todos procediam assim. Havia os que, para maior dano da república, timbravam em copiar os nobres, criando uma nação de ociosos:

> E também, Doroteu, contra a polícia
> Franquearem-se as portas, a que subam
> Aos distintos empregos, as pessoas
> Que vêm de humildes troncos.

E Critilo justifica sua repugnância por essa situação apresentando motivos judiciosos e feitos para calar no espírito dos homens prudentes:

Os tendeiros,
Mal se vêem capitães já são fidalgos;
Seus néscios descendentes já não querem
Conservar as tavernas, que lhes deram
Os primeiros sapatos e os primeiros
Capotes com capuz de grosso pano.
Que império, Doroteu, que império pode
Um povo sustentar, que só se forma
De nobres sem ofício?...

Mais do que esses motivos, porém, sente-se que era o desprestígio dos homens de sua categoria o que mais irritava o poeta. Orgulhoso de seu sangue limpo e de sua casta, ele via com maus olhos a jactância de mulatos e filhos de vendeiros galgando as posições e ganhando consideração. A revolta desse incofidente era, no fundo, um ressentimento de aristocrata.

Todos os episódios que retrata compõem, por outro lado, um quatro admiravelmente expressivo do que era a vida brasileira e mineira em fins do século XVIII e que abre largos horizontes aos investigadores de nossa história social. Creio mesmo que a estes, muito mais do que aos puros literatos, é que as *Cartas Chilenas* podem oferecer excepcional interesse.

15. ÁRCADES & ROMÂNTICOS

Entre os nossos árcades e a sensibilidade lírica do século XIX, os historiadores têm procurado assinalar incessantemente um claro vínculo de parentesco. José Veríssimo, por exemplo, viu ora em Cláudio Manuel da Costa, ora em José Basílio da Gama, precursores, e às vezes mais do que precursores, do romantismo. Outros, com maior freqüência, vão buscar aquela sensibilidade nas liras do terno Dirceu, opinião partilhada, aliás, por um crítico italiano, pertencente, aliás, à Arcádia romana, embora à Arcádia de nossos dias, não à do Setecentos. O qual escreve que

a poesia do Tomás Antônio Gonzaga não é só um pressentimento de poesia romântica, mas já um início, e precisamente disso deriva seu significado na história da literatura arcádica de Portugal [1].

1. JOLE M. SCUDIERI, RUGGIERI, "L'Arcadia Luso-Brasiliana e Tomás António Gonzaga", *Arcadia. Accademia Litteraria Italiana — Atti e Memorie*, Série, 3.ª — Volume II.º — Fascículo 1.o. pág. 35.

Ronald de Carvalho já havia encontrado um cunho romântico na obra de Silva Alvarenga. E para Afrânio Peixoto, o primeiro romântico brasileiro foi, sem sombra de dúvida, o nosso José Bonifácio de Andrada e Silva, o Patriarca, chamado Américo Elísio na Arcádia.

Haveria justificativa para essas associações? No caso de Silva Alvarenga, aquele romantismo, se alguns o discernem nas próprias estrofes de *Glaura,* assumiria já caráter consciente em certo passo da *Epístola* a Termindo Sipílio onde se reclama a obediência às leis simples da natureza e se compara desfavoravelmente o que "estuda o que diz" a quem de "mágoa e dor, geme, suspira e cala",

Para mover-me ao pranto convém que vós choreis,

exclama, com efeito, o poeta. Não sei, porém, se alguém já notou como quase toda a epístola é um reflexo nítido e, nessa passagem, precisamente uma tradução *ipsis litteris,* de Boileau, o codificador do classicismo francês, tão vizinho do racionalismo cartesiano, tudo quanto se poderia esperar de mais estranho à sensibilidade romântica. Mas isso não impede o francês de escrever este verso,

Pour me tirer des pleurs il faut que vous pleuriez,

que o brasileiro copiou fielmente mais de um século depois.

É verdade que o racionalismo cartesiano, quando repele a autoridade e a tradição, e convida os homens a buscar dentro de si mesmos o critério praticamente exclusivo de acesso ao real, assim como os caminhos para o abandono da superstição e do erro, pode-se dizer que deu acesso à tendência oposta. Aquela interiorização propugnada visa claramente a acordar o intelecto, mas não poderia ser também a porta do irracional e da emotividade?

Não são invencíveis, em realidade, certos contrastes que o século XVIII, dependente ainda, por muitos aspectos, do cartesianismo, nos apresenta desde cedo e ao primeiro relance: a era da razão triunfante é ao mesmo tempo, e já antes de Rousseau, a época das "almas sensíveis". Nas lágrimas dos árcades, que tantas vezes as verteram, é lícito pensar que entrasse em parte uma simples e antiga convenção poética. Mas que a convenção criasse fundas raízes entre eles, e já agora se apresentasse despida dos paradoxos, agudezas, hipérboles e "crises", que quase invariavelmente a ornavam entre os seiscentistas, é fato só por si característico. Não obstante toda a frivolidade do mundo rococó, o despojamento a que, bem ou mal, se sujeitava a poesia, responde de certa forma a um ideal de veracidade e simplicidade, que o arcadismo se propôs desde o começo. Nos versos que suscitará, nem mesmo os suspiros de praxe vão dar um som tão falso como em geral acontece nos dos seus antecessores, sempre amigos de converter os olhos em fontes, mares ou rios caudalosos.

Tudo isso se verifica igualmente e, talvez, sobretudo, entre os árcades brasileiros, continuadores, ao menos nesse ponto, da tradição lírica lusitana. Cláudio Manuel da Costa, que se confessa "uma alma terna, um peito sem dureza" já representa bem, e muito cedo, o tipo de sensibilidade que irá grassar largamente mais para fins desse século XVIII e prolongar-se no seguinte. E é em tal aspecto que se fundam aparentemente os que insistem no romantismo ou pré-romantismo da inspiração do cantor de Nize. Que dizer então de Gonzaga? Um crítico eminente e dos mais notáveis conhecedores da chamada Escola Mineira, Rodrigues Lapa não hesitou em discernir, por exemplo, uma "peculiar sonoridade romântica" em versos como aquele onde, no afeto sem limites que pretende votar à sua formosa Marília —

Eu tenho um coração maior que o mundo.

— o poeta acha, afinal, remédio seguro contra a pérfida malícia dos homens e a apatia insondável dos deuses.

Todavia esse comprazer-se no puro sentimento, ou aquela aspiração a um tipo de vida pacato e burguês, "anti-heróico", que era, segundo nota ainda o professor Lapa, a de Voltaire e a dos autores ingleses da época — mas já não fora também literalmente, a do velho Horácio, um dos numes do nosso Dirceu? — ou sequer o naturalismo de seus quadros poéticos, ainda se acham longe, creio eu, de nos mostrar em Gonzaga, ou em qualquer dos seus companheiros, algum pressentimento ou, muito menos, um "começo de realização" de certos ideais que ultrapassariam sua época.

Pode falar-se no possível romantismo, ou no pré-romantismo, na "modernidade" relativa, dos nossos árcades quando, com isso, seja reconhecida a importância dos nexos inevitáveis entre cada época e as que a precedem e sucedem. Mas se tal reconhecimento serve para livrarnos do velho hábito que consiste em fragmentar-se a história da humanidade em períodos radicalmente distintos, armados uns contra os outros, em proveito de um senso mais agudo das continuidades históricas, cumpre não chegar-se a um extremo tal que venham a esbater-se os traços distintivos das diversas eras, e dissipar-se os contrastes que as escondem sob afinidades ilusórias.

Que o arcadismo, em particular, oferece certas semelhanças com manifestações que a ele se seguiram, é inegável. Mas uma atenção maior leva-nos, na maioria dos casos, a discernir nelas o que há de simples aparência. É certo, por exemplo, que a repulsa a toda autoridade exterior e à tradição, em favor das verdades que cada homem pode encontrar dentro de si, com o socorro de sua luz natural, se acha à base do romantismo, e o impregna tanto como havia impregnado a atmosfera poética onde nasceu o arcadismo. No entanto nada mais diverso do papel atribuído em um e outro caso a esse processo subjetivista.

Para o racionalismo, tal como se havia mostrado já no pórtico do primeiro dos grandes textos cartesianos, ele visa essencialmente a nos fazer descobrir uma verdade universal através de nossa alma racional, isto é, da razão una e idêntica em todos.

Pois é justamente contra essa noção, presente já nas teorias do Direito Natural, da fundamental identidade da natureza humana em todos os tempos, que o romantismo havia dirigido suas baterias, mesmo quando não perseguisse conscientemente tal propósito. A presunção dessa identidade trata de opor o senso do individual, do particular que, em alguns casos, chega a transformar-se na única explicação e razão de ser da obra de arte.

Ora, no mundo dos árcades, o que chama constantemente atenção, é bem o contrário dessas tendências individualizadoras, que o romantismo irá cultivar. E isso parece verdadeiro ainda num caso como o de Tomás Antônio Gonzaga. Nos retratos que ele nos apresenta de Marília, é fácil observar, por exemplo, que o típico e o ideal prevalecem em todas as circunstâncias sobre o individual. É por isso que assumem escassa importância neles os elementos contingentes e sensíveis, que serviriam à primeira

234

vista para compor sua silhueta mortal. Esta não se confunde necessariamente com a imagem ou as imagens que formou o poeta, onde entram elementos herdados da convenção ou da tradição literária, e que bem podem variar segundo as circunstâncias. Se numa lira, e exatamente a primeira da primeira parte, os cabelos da amada são uns fios de ouro, logo na seguinte já "de loira cor não são, têm a cor da negra morte", tudo conforme os momentâneos caprichos do cantor, que ora segue fielmente os padrões petrarquistas, ora imita, com a mesma docilidade, determinada passagem de Anacreonte, pois os traços da Marília real não precisam corresponder aos de sua idealização poética.

Se, por outro lado, nas descrições que nos deixou o mesmo Dirceu, vamos deparar insistentemente com o zelo pelo dado concreto, zelo que não recua nem diante do prosaico, é ilusório pensar que nesse empenho aparentemente realista ele tivesse ultrapassado as convenções estéticas tradicionais. A verdade é que uma das características do idílio rústico que sua poesia espelha ainda mais do que a de Cláudio Manuel da Costa, está justamente na presença do contraste entre idealidade do quadro pastoril e a minúcia exata, não raro grosseira. Essa característica pertence, de fato, à convenção e até à afetação bucólica, desde os tempos de Teócrito, se não antes.

A afetação bucólica é, por outro lado, inseparável da adesão a um ideal de vida eternamente válido. A imagem da idade de ouro, do paraíso perdido, que a Arcádia procura, quase por definição, restaurar, informa constantemente, para seus adeptos, certos padrões de beleza inteiriços e imperecíveis.

Mesmo quando esses autores tratam de buscar a inspiração dentro de si mesmos, só o fazem, em realidade, por se acharem plenamente convictos de que o senso das normas estéticas ideais, universais, imorredouras, cada um o traz impresso na própria alma e é em tudo comparável àquele senso comum cartesiano, à razão "idêntica naturalmente em todos os homens". De sorte que a espontaneidade reclamada por um Silva Alvarenga, por exemplo, quando a coloca acima do estudo e do esforço, não tem para ele, como não tem para outros árcades, a missão que essas mesmas palavras irão ter depois entre os românticos.

E não representa nem ao menos uma idéia moderna na época. Pois o próprio racionalismo, que não lhes seria conhecido, em geral, senão através de seus reflexos literários, viria apenas fortalecer, nesse ponto, convicções que, leitores assíduos de Horácio e de Cícero, eles bem poderiam deduzir, por exemplo, do célebre *poeta pascitur* ou retirar intacta da crítica ao abuso das regras e à retórica escolar no *De Oratore*.

Seja como for o que ainda pretendem os árcades, antes de tudo, é a manifestação de valores universais, não a revelação de verdades particulares, únicas, inefáveis, que levassem a distinguir cada artista, não apenas de seus confrades mas também do comum dos mortais. A superioridade que estimavam ver admitida e aceita geralmente, não é a que pudesse resultar, porventura, de atributos que sirvam para destacar o autor da lei comum, mas dos que lhe permitirão exprimir mais adequadamente a beleza eterna.

2.

Se pessarmos de Tomás Antônio Gonzaga para outro árcade brasileiro igualmente famoso, ou seja Basílio da Gama, em realidade o único brasileiro cujo nome está nos livros de registro da Arcádia romana correspondentes ao Setecentos, mais se evidenciará a falácia da existência de uma genuína sensibilidade romântica entre os poetas da chamada Escola Mineira. Se é responsável, de algum modo, pela introdução de um timbre novo na poesia de língua portuguesa, a verdade é que o autor do *Uraguai* não foi um temperamento fortemente original. A exigência da originalidade representa, de fato, uma preocupação, essa sim, romântica e moderna, que o século XVIII ainda ignorava, por assim dizer. Alguma coisa de diferente realizou o nosso Gama, quando compôs uma epopéia de acordo com os exemplos mais acatados, num século alheio ao molde épico, e já foi muito. Quanto aos mais, era inevitável que apelasse abundantemente para a lembrança dos clássicos. O tema eleito era pobre: a guerra movida por portugueses contra os índios das Missões do Uruguai, domesticados, adestrados, armados, municiados, por padres da Companhia, que não os queriam ver transferidos para os domínios de Sua Majestade Fidelíssima. A fonte de que se valeu para os acontecimentos versejados, foi o panfleto pombalino contra os padres, redigidos, segundo consta, por Luís Antônio Verney, o "abade" Verney, árcade romano, como Gama, e que já costumava recitar em 1744, no bosque Parrásio, sede na Arcádia em Roma, com o nome pestoril de Verenio Origiano.

Com sua tendência para sublimar homens e coisas de sua época, não duvidou o mineiro em erigir os fatos narrados na *Relación Abreviada* em sucesso de magníficas proporções, digno de ser mostrado aos pósteros em versos imortais. Que nesse parecer não andava só, mostram-no as palavras de um seu contemporâneo e admirador:

> Não é presságio vão: lerá a gente
> A guerra do Uraguai como a de Tróia.

Contudo não é em Homero que ele buscará paradigma para a ação épica. A luta do Conde Oeiras contra os padres da Compania de Jesus deveria ser encarada como uma nova, mas autêntica cruzada: era esse justamente o sentido manifesto nos escritos polêmicos que o ministro de El-rei D. José fez imprimir e distribuir, com o fito de justificar e angariar adeptos para sua campanha. Cruzada, não já dos cristãos contra os infiéis, mas da Razão contra o insidioso obscurantismo encarnado nos "negros bandos das noturnas aves". Mas o confronto da luta movida nos séculos da Fé pela posse do Santo Sepulcro iria de algum modo canonizar uma campanha a que Basílio da Gama deu sua adesão ativa e bajulatória. O esforço empreendido pelos portugueses para desalojar os índios fanatizados pelos jesuítas num obscuro sertão da América do Sul, não valia por si só, pela tenacidade dos conquistadores lusos, pelo heroísmo dos índios enganados, pela perfídia dos padres enganadores, valia, acima de tudo, pelo seu significado simbólico. Simbólico da marcha triunfal da ciência da Era das Luzes, assim como da derrocada fatal da superstição orgulhosa e da sinistra ignorância.

Por esse aspeto, a vitória que lograram as hostes de Gomes Freire de Andrade bem poderia admitir comparação com a tomada de Jerusalém pelos cruzados. Um breve e remoto episódio das guerras coloniais ganhava assim, através da idealização heróica, um sentido verdadeiramente épico. E como as idéias do tempo não eram infensas à imitação dos grandes mestres, do passado, o modelo da epopéia americana, sonhada por Basílio da Gama, estava naturalmente indicado. Mais do que os outros épicos, mais do que o Ariosto — antes exaltado do que imitado durante o século XVIII —, Torquato Tasso pertence aos poetas favoritos entre os luminares da época, a começar por Metastasio, modelo dos árcades, árcade ele próprio. Ao menos por isso bem podia inscrever-se entre os "modernos".

No entanto o autor do *Uraguai,* longe de manter-se inerte e passivo diante do modelo que escolheu, preocupa-se em reelaborar a seu modo os motivos e as imagens do Tasso, a fim de melhor se amoldarem à sua própria fantasia criadora, à *forma mentis* do século, e aos gostos de quem, apesar de todas as pretensões heróicas, continuava a ser predominantemente um árcade. Ainda nisto, não se apartava muito do modelo adotado, daquele mesmo Tasso que, segundo notou um crítico — Attilio Momigliano —, canta as gestas da Cruzada, empresa bélica, em um tom em tudo semelhante ao da lírica de Petrarca. E a propósito do autor do *Uraguai* não é demais lembrar aqui a origem petrarquiana de um dos seus versos mais famosos:

Tanto era bela no seu rosto a morte

Para infundir em sua criação épica aquela emotividade e musicalidade que encontrou na *Gerusalemme,* não se limitou Basílio da Gama a servir-se, transfigurando-os, de versos, de imagens, de motivos tassescos. Várias vezes acontece que fragmentos destacados do italiano são habilidosamente aglutinados, com uma habilidade em tudo digna do grande modelo, para se inserirem no novo contexto, sem perda de sua pompa retórica bem característica. Pode-se ter um exemplo do processo, tomando justamente o começo do poema. A primeira vista, a similitude com o verso da *Gerusalemme,* que principia "Fuma del sangue ancor ..." (C. IX, st. 8) pareceria efeito de irrelevante coincidência formal. Tanto mais quanto as mesmas palavras se combinam em ambos os poemas em unidade de significação inteiramente distintas uma da outra. Mas logo à página seguinte do italiano vamos deparar com aqueles outros versos, que dizem:

Vincitrici la Morte errar per tutto
Veddesti, ed ondeggiar di sangue un lago,

238

e já então o encontro parecerá menos fortuito. Caberia pensar ao menos que uma assídua leitura do Tasso tivesse deixado resíduos inconscientes na memória do brasileiro, que, conjugando-os, pôde imprimir-lhes novo significado e infundir-lhes vida nova. Mas uma simples e involuntária coincidência não explicaria facilmente como aqueles *dijecta membra* — "Fuma del sangue ancor...", "lago di sangue", "ondeggiar" —, se unissem neste conjunto onde tudo tende a indicar uma sábia e, quase se poderia dizê-lo, uma astuciosa dosagem:

> *Fumam ainda* nas desertas praias
> *Lagos de sangue* tépidos e impuros
> Em que *ondeiam* cadáveres despidos.

O sinal de que Basílio da Gama, ao utilizar-se de certas figuras do *Gerusalemme,* não o fez distraidamente, mostra-se de modo claro no próprio preâmbulo do poema e, de fato, duas linhas adiante da passagem citada. Apenas no verso

> O rouco som da irada artilharia,

viu-se forçado pelo assunto a dar um substituto pobre para a brilhante onomatopéia final daquele

> Il rauco suon de la tartarea tromba,

que Tasso, por sua vez deve ter tomado ao Poliziano, em

> Sono Megera, la tartarea tromba,

das *Stanze,* I, 28, e que tão bem se ajustaria às próprias idéias do poeta da *Gerusalemme* acerca da sonoridade das vogais, onde afirma, no *Discorsi del Poema Eroico*, que a letra I não se presta tão bem a suscitar impressões tempestuosas, quanto o A e o O, que forçam a abrir mais a boca.

Em compensação não será grave heresia cuidar que o autor do *Uraguai* se mostrou bem à altura do modelo na transposição de que surgiram aqueles versos famosos:

> Os olhos em que Amor reinava um dia
> Cheios de morte...,

— onde a pausa provocada pelo cavalgamento parece por em destaque e magnificar a beleza da figura. No Tasso,

239

surge ela principalmente na passagem do canto V, onde Gofredo depara com Gernando prostrado ao solo, tintos os cabelos de sangue, o manto

> Sordido e molle, e pien di morte il viso,

e depois, na descrição da agonia de Clorinda, em seguida ao combate com Tancredo:

> ....chiusa in breve sede
> La vita, empie di morte il senso e'l volto.

Essa figura parece ter seduzido vivamente as imaginações setecentistas. Maffei introduziu-a em sua *Merope,* que um amigo de Basílio e futuro inconfidente, Alvarenga Peixoto, traduziu para o português. E ainda depois da publicação do *Uraguai,* irá reaparecer na *Mirra,* de Alfieri, onde Pereu retrata a heroína

> ... di dolor pieno, e di morte il viso.

Dela há uma variante no final da *Jerusalém,* quando o poeta pinta sua Armida

> Giá tinta in viso di pallor di morte,

e neste caso se avizinha da fonte originária, do Ariosto, que, ao relatar a batalha de Paris, e o assalto do feroz Rodomonte ao palácio real, mostra o povo ali aglomerado,

> Dai visi impressi di color di morte.

Sempre alerta para os lugares mais brilhantes do modelo direto, que no caso continua a ser o Tasso, copia-o Basílio da Gama aqui, ao contar como uma das suas grandes personagens, o índio Cocambo, avista em sonho a imagem do Cepé lendário,

> Pintado o rosto do temor da marte.

16. GOSTO ARCÁDICO

Para Antonio Candido

A insurreição contra a linguagem alambicada e retorcida da era barroca foi no Brasil, como no Portugal setecentista, mais do que uma questão de moda, uma espécie de imperativo patriótico. Que a gosto lusitano se acomodava mal às excentricidades do estilo culto, como se dizia, e que à chamada Idade de Ouro das letras castelhanas tenha correspondido no mundo português uma fase de abatimento ou esclerose da criação intelectual é o de que poucos duvidavam. Vieira, tão brasileiro quanto português, exclamou, é certo, em um dos seus arroubos oratórios, que "o estilo culto não é escuro, é negro boçal e muito cerrado", embora não seja difícil vislumbrar em seus mesmos escritos o vinco do cultismo e ainda mais o do conceitismo. Dessa insurreição, antes epidérmica do que fundamental, encontram-se amostras igualmente elo-

241

qüentes na própria Espanha seiscentista de Calderón de la Barca, para não falar em Quevedo, em Lope, em Gracián.

Apesar disso, a firme convicção de que a revolta contra os excessos do gongorismo e a volta ao natural, ao natural mentiroso, embora, dos jardins à inglesa, levados, aliás, da China[1], dos heróis de peruca e tricórnio, dos pastores fingidos da Arcádia rediviva, significou realmente apreciável novidade, servia para colorir de tintas frescas e dar luz própria a certas manifestações lusitanas literatos do círculo da Rainha Cristina da Suécia, agora popular.

> Faça-lhe a culterana
> Mui bom proveito à língua castelhana,
> Que a frase portuguesa, por sezuda,
> Por prezada e por grave não se muda.

Assim se pode ler na *Fênix Renascida*, coletânea impressa entre 1716 e 1728, e que, apesar de inspirada até certo ponto em novos modelos, ainda está grandemente impregnada de espanholismos. E já em fins do século XVIII irá repisar os mesmos temas a epístola poética, entremeada de alexandrinos "à castelhana", dirigida pelo brasileiro e mestiço Manuel Inácio da Silva Alvarenga a seu conterrâneo Basílio da Gama:

> Tu sabes evitar, se um tronco ou jaspe animas
> Do sombrio espanhol os góticos enigmas
> Que inda entre nós abortam alentos dissolutos
> Verdes indignações, escândalos corrutos.

De qualquer modo é lícito dizer que no Brasil, como em Portugal, o despojamento das contorções seiscentistas caminha paralelamente ao declinar das influências espanholas nas letras, e ao enaltecimento concomitante, não só dos quinhentistas portugueses, como de autores italianos mais recentes e, logo depois, também de franceses. O bom êxito que alcançou entre portugueses dos dois mundos uma instituição nitidamente setecentista e italiana como foi a Arcádia, é explicável, ao menos em parte, por essas circunstâncias. Os árcades apareceram expressamente para reagir contra o mau gosto, e o mau gosto, para os portugueses da época, é sinônimo de gosto espanhol, enquanto

---

1. Sobre a origem chinesa dos chamados jardins ingleses, ler Arthur O. Lovejoy, "The Chinese Origin of a Romanticisn", *Essay in the History of Ideas*, Baltimore, The John Hopkins Press, 1948, p. 99-135.

não se converte naqueles "góticos enigmas" de Silva Alvarenga, que vêm a dizer a mesma coisa. As cicatrizes de guerras continuadas e, mais ainda, a lembrança da humilhação nacional do tempo dos Filipes, serviam para carregar de forte conteúdo emotivo a renovação das letras pátrias.

A languidez meio feminina, o doce abandono, a graça falsamente rústica dos primeiros árcades, pareciam, sem dúvida, desmentir tamanho calor e pugnacidade. Um traço constante nas composições poéticas do tempo é a afetação. Há nelas um fervor afetado, como há uma naturalidade e uma simplicidade afetadas. Em regra, os homens do Setecentos não viam provavelmente a parte da afetação, e sim a da simplicidade, a da naturalidade, a do fervor. Uma existência doméstica e mofina, inimiga de qualquer mudança, ainda podia casar-se naqueles dias com pensamentos, palavras e obras honestamente heróicos. A crença dos que tentam incompatibilizar esses mimos com sentimentos mais graves e alevantados, só nos é possível hoje graças à perspectiva da distância. Ou lembram o que se dizia daquelas hostes de turcos que, ao enfrentar soldados austríacos emperucados, estavam certas de estar diante de um exército de donzelas.

Essa ambigüidade faz parte de todo o ambiente espiritual onde se formaram os árcades. Sem ela é inexplicável a popularidade internacional desfrutada então por obras como a de Metastasio, que um apologista, Estevão Arteaga, pôde assinalar em 1785, desde Cádiz até a Ucrânia e deste Copenhague até o Brasil. Não parecerá estranhável se, já durante os primeiros decênios do século XVIII, muitos portugueses pudessem tomar ao pé da letra as palavras com que se tinham apresentado ao público os literatos do círculo da Rainha Cristina da Suécia, agora metamorfoseado em pastores da Arcádia romana. A beligerância meticulosa do seu manifesto, em que se declaram dispostos a exterminar o mau gosto "e empenhar-se para que não pudesse ressurgir, perseguindo-o onde quer que se aninhe ou se esconda, até entre os castelos e vilas mais ignotos ou impensados" pareceu encontrar lisonjeiro eco em seus corações. Podiam afinal pretender-se aliados do novo exército numa guerra de extermínio, já que tinham a animá-los no combate motivos nacionais indisputáveis.

243

Com efeito, não haveria de ser apenas passiva e receptiva a participação portuguesa nas batalhas da Arcádia. É bem certo que a tradição lusitana, a própria tradição lírica lusitana, nada podia dar de efetivamente novo aos metrificadores italianos. E só excepcionalmente uma peça camoniana, mas inspirada, aliás, em Petrarca, irá animar, por sua vez, mais de uma das composições recolhidas nos quatorze volumes das *Rime degli Arcadi*. Foi diretamente de Camões, não foi de Petrarca, que um dos colaboradores do volume 6.º, impresso em 1717, extraiu o soneto, que assim principia:

> Alma bella gentil, che ti partisti
> Innanzi tempo...

para terminar:

> Deh Colui prego onde beata or béi
> Che te veder si presto ora mi lasce
> Quanto ratto ti tolse a gli occhi miei[2].

O autor, se assim merece ser chamado, era o napolitano Basilio Gianelli, na Arcádia Cromeno Tegeatico, de cuja morte, ocorrida em sua terra natal, já haviam tido notícia os colegas romanos no dia 3 de agosto de 1716. Não seria uma personagem apagada em sua pátria esse conterrâneo, concidadão e amigo de Giambattista Vico, árcade como ele. Advogado de profissão, Basilio Gianelli era autor de versos de circunstância, reunidos em 1690 em um opúsculo que parece ter tido boa acolhida e nem faltou mesmo quem escrevesse a sério que foi "grande poeta"[3]. "Advogado e versejador bem reputado em Nápoles, e fora de Nápoles, tão bem versado em história quanto dotado de gosto"; são palavras de Croce a seu respeito[4]. Na mocidade andou envolvido, com outros, num processo eclesiástico por anticlericalismo, até por ateísmo, do qual conseguiu safar-se graças, em parte, à solidariedade que recebeu das autoridades leigas de Nápoles. Segundo um estudioso da obra de Vico, o autor da *Scienza Nuova,* temeroso da ação do Santo Ofício, que o poderia atingir, como amigo dos acusados e réu de igual crime, tratou de fugir em tempo de uma possível perseguição[5].

2. *Rime Degli Arcadi*, t. VI, Roma, 1717, p. 77.
3. *Apud* FAUSTO NICCOLINI, *La Giovinezza di Giambattista Vico* Bari, Gius. Laterza & Figli, p. 20.
4. BENEDETTO CROCE, *Bibliografia Vichiana*, vol. 1.º, Nápoles, Riccardo Ricciardi Editore, 1947, p. 174.

Contra essa versão se pronunciaram Croce[6], que a qualifica de hipercrítica, e também Fausto Niccolini[7], discípulo de Croce.

Entretanto as riquezas minerais do Brasil já tinham permitido a Portugal, ou à Corte portuguesa, cooperar com singular munificência para a glória e prosperidade da academia e dos seus ideais estéticos. Aos literatos italianos da época não repugnava ainda, como repugnará mais tarde a Alfieri, receber favores de príncipes. Assim, em 1721, justamente quando estava em curso de publicação a *Fênix Renascida,* El-rei D. João V, representado pelo seu embaixador junto à Santa Sé, era solenemente acolhido entre os pastores da Arcádia, como se fora um dos seus, e tomava o nome de Arete Melleo[8]. Naquele mesmo ano de 1721, segundo consta das memórias do "custode" Morei, ingressam na academia outros dois portugueses: o cardeal inquisidor D. Nuno da Cunha — Basilide — e o cardeal D. José Pereira de La Cerda — Retimo. O antigo embaixador junto à Santa Sé, Rodrigo de Abrantes, nela irá entrar, por sua vez, em 1722, com o nome pastoril de Longindo, e em 1723, com o de Ramiro, seu sucessor no mesmo posto, D. André de Melo de Castro, Conde das Galveas, o mesmo que, governará depois, como vice-rei, o Brasil, durante quase 15 anos.

A tão altas demonstrações de apreço de que eram alvo sua pessoa e seus agentes diplomáticos, não se mostra insensível D. João V. No momento em que tendem a perturbar-se as relações entre Lisboa e a Santa Sé, e chegarão mesmo ao formal rompimento em 1728, devido à resistência oposta pelo Sacro Colégio aos desejos expressos da Corte de Lisboa de que a Monsenhor Vicente Ricci, núncio de Sua Santidade junto à dita Corte, seja dado o chapéu cardinalício, procura o rei fidelíssimo favorecer por todos os meios ao seu alcance a academia dos árcades, com o fito de manifestar seu reconhecimento por aquelas homenagens.

5. ANTONIO CORSANO, *Umanesimo e Religione* in G. Vico, Bari, Gius. Laterza & Figli, 1935, p. 183 e ss.
6. BENEDETTO CROCE, *op. cit.,* vol. 2.º, Nápoles, Riccardo Ricciardi Editore, 1948, p. 848 e ss.
7. FAUSTO NICCOLINI, *La Religiosità di Giambattista Vico,* Bari, Gius. Laterza & Figli, 1949, p. 19 e ss.
8. M. G. M., *Memorie Istoriche dell'Adunanza degli Arcadi,* Roma, 1761, p. 36.

245

Entre as demonstrações do favor régio, nenhuma, porém, devia tocar o coração dos amáveis pastores como a dádiva, que em 1725 lhes fez o Bragança, de uma faixa triangular de terreno à beira de uma das tortuosas rampas do Janícula, com soberba vista da cidade, para servir de casa própria à Arcádia romana. Agora iam eles dispor, afinal, de um sítio condigno para as tertúlias acadêmicas, as solenidades lítero-musicais e, havendo boa vontade, porque o espaço era pouco, até para os jogos olímpicos, onde não parece fácil imaginar pomposos literatos e abades corpulentos a exibir nas corridas e lutas corpo a corpo a mesma agilidade com que sabiam improvisar versos. Recuperavam-se assim, de algum modo, aqueles dias já remotos, em que a Rainha Cristina se entretinha em receber os futuros acadêmicos, árcades antes da nova Arcádia, nos vastos jardins e aposentos do Palácio Corsini, ali ao pé da mesma colina. Desde então tinham vivido sem pouso muito certo, às vezes de empréstimo pelos salões do Príncipe Don Livio Odescalchi di Como, fidalgo da estirpe de Inocêncio XI, ambicioso de subir até a glória literária pelos caminhos do mecenato, ou, desaparecido também esse protetor, em mesquinhos apartamentos de aluguel, quando não se contentavam com a pastagem dos fundos do Castel Sant'Angel, a que deram de chamar prado do Castelo, e tinha ao menos a virtude de propiciar um cenário bucólico à inspiração dos pastores.

Adaptada e arrumada, a área que doou D. João V irá incorporar-se a toda a história ulterior da Arcádia com o nome de Bosque Parrásio, caro ao culto de Apolo. Ainda em nossos dias pode ser vista na atual Via Garibaldi, do lado direito de quem sobe na direção de São Pedro em Montório. Vernon Lee, que por ali andou quando se preparava, em 1880, ou pouco antes, para estudar o *Settecento* italiano, ainda pôde encontrar no salão mor um retrato a óleo de D. João V, de armadura completa e peruca de crina, a ostentar — escreve — no semblante simiesco, "uma das naturezas mais bestiais que imaginar se possam"[9].

9. VERNON LEE, *Il Settecento in Italia*, Nápoles, Riccardo Ricciardi Editore, 1932, p. 4, 6 e ss.

Na sua descrição, o Bosque Parrásio é, todo ele, uma confusão de folhas e folhagens das mais várias espécies. Entre os cercados feitos de buxo e teixo, à sombra das aveludadas nespereiras, enlaçam-se jasmins, tremoços e cravinas. Guirlandas de minúsculas rosas pendem ali e acolá para ir atufar-se nas lápides marmóreas, onde se destaca em relevo a frauta simbólica da Arcádia:

Fistula cui sempre decrecit arundinis ordo
Nam calamus cera jungitur usque minor.

Uns poucos pinheiros e loureiros esguios dissimulavam uma gruta recoberta de avencas e samambaias, de onde escorre gélida a Água Paola. Em frente à fachada da vila jorra uma fonte, enquanto a hera, as campânulas e os tomateiros tomam conta do anfiteatro em miniatura.

A casa que outrora abrigara os rimadores arcádicos, ainda segundo a descrição de Vernon Lee, havia sido abandonada a uma família de humildes hortelãos, que tiveram a audácia de converter em cabides as cabeças esculpidas de repentistas e poetisas engrinaldadas. Pelos cantos das desertas salas de recepção, encontrou à inglesa, esparramadas, várias ferramentas no meio de grãos amontoados de feijão e milho. Das paredes mofadas, celebridades enfileiradas contemplavam num sorriso pálido toda aquela desolação: declamadoras macilentas e feias, vestidas de verde mar ou azul celeste, cabelos anelados, a tanger a lira, deixando ver míseros braços; frades mal barbeados; damas soneteiras, meigas e desenxabidas; poetas improvisadores... E no meio dessa turba rococó o rosto repulsivo e trigueiro do monarca português rodeado de outros heróis da Arcádia: Alfieri com o hábito semimilitar e cara sanhuda por baixo dos cabelos revoltos; Algarotti, filósofo para damas, pingente de figurões, meio escondido pela juba imensa; o Abade Pietro Metastasio, refestelado comodamente num sofá, flácido, elegante, no seu sentimentalismo egoísta e satisfeito.

Vernon Lee, mostra a má vontade de quem se dispôs a estudar de corpo e alma a Itália do *Setecento* para no final, descobrir que a Itália do Setecentos é enfandonha, que Parini é enfadonho, Goldoni é enfadonho, Metastasio é quase enfadonho... Sobre esse oceano tedioso que acabaria sendo a Itália do século XVIII, ou melhor a

Itália de 1720 a 1796, sobretudo a da Arcádia e do Bosque Parrásio, hão de existir, mas não as conheço, descrições menos desoladoras do que as da inglesa irreverente. Mas da Arcádia e dos árcades, que aqui nos interessam, as do Presidente Des Brosses se ocupam, senão me engano, em fazer espírito, por exemplo, sobre o famoso *cavalier* Bernardino Perfetti, capaz de improvisar longamente, ao som de um cravo, a respeito dos mais inesperados temas. Goethe esteve em 1788 no *boscareccio* do Janículo para ser recebido com o nome pastoril de Megalio Melpomene. Meio desencantado, porém, depois que uma indiscrição tornou conhecida a verdadeira identidade de quem, viajando incógnito, se fazia passar por um pintor alemão, de nome Filippo Miller, dedica-lhe umas quatro páginas, se tanto, das mais de 600 que formam suas *Viagens Italianas,* e delas a maior parte é ocupada pela transcrição, no original italiano, do texto do diploma de pastor árcade de número, "por isso que, vertida em outra língua perderia seu sabor todo peculiar"[10].

Em 1788 já a sociedade pastoril ia sobrevivendo às antigas glórias. Mas não devia ser coisa tão mesquinha uma sociedade que se honrava ainda de contar entre os seus um Goethe ou um Alfieri e ainda continuava a deitar sucessivas "colônias" nas principais cidades da Itália, no restante da Europa e até no Novo Mundo. Mesmo no Brasil terá havido uma Arcádia Ultramarina. Ou não houve? O certo é que na "academia" que se reuniu em Vila Rica a 4 de setembro de 1768 para felicitar a posse de D. José Luís de Menezes Abranches Castelo Branco, Conde de Valadares, no governo de Minas Gerais, ocorrida a 16 de julho do mesmo ano, o nome de Cláudio Manuel da Costa, figura principal, senão organizador das celebrações, era seguido da simples indicação: "Bacharel formado pela Universidade de Coimbra". Passados três meses, ao fazer representar o seu *Parnaso Obsequioso,* publicado por diligência de Caio de Melo Franco, já o poeta, além de bacharel em cânones, é sócio da Academia Litúrgica de Coimbra e mais, "criado pela Arcádia Romana Vice-Custódio da Colônia Ultramarina com o nome de

---

10. JOHANN WOLFGANG GOETHE, *Gedenkausgabe der Werke, Briefe und Gespraeche,* vol. 11, *Die Italienische Reise. Die Annalen* Zürich, Artemis Verlag, 1949, p. 528 e ss.

Glauceste Satúrnio"[11]. Uma demorada pesquisa nos papéis da Arcádia Romana, que se conservam hoje no prédio da Biblioteca Angélica, ao lado da Igreja de Santo Agostinho, em Roma, não me forneceu dados que confirmem ou desautorizem a alegação de que o doutor Cláudio tivesse sido "criado" Vice-Custódio na "colônia" ultramarina pela dita Academia.

É verdade que os manuscritos das atas da Arcádia de Roma, até hoje guardados em sua biblioteca, abrangem o período que vai de 1698 até 1727, que compreende quase toda a custódia de Crescimbeni e, após longo intervalo, recomeçam em 1772 com a eleição de Pizzi para custódio-geral, justamente quando a "colônia" de Vila Rica estaria completando seus quatro anos de idade. De sorte que as atas onde podia figurar a licença para a criação do grêmio de Vila Rica ou estão perdidas ou nunca foram lavradas. Na Biblioteca da Arcádia existe, por outro lado, volumoso códice manuscrito contendo o rol dos nomes e cognomes dos pastores admitidos, assim como suas naturalidades respectivas durante os califados de M. G. Morei e outros, entre as eras de 1743 e 1844. Mas nem nesse vasto documentário se menciona Glauceste Satúrnio. O único árcade natural do Brasil ali registrado é o "abade" de Gama, Giuseppe Basilio, com o nome pastoril de Termindo e a naturalidade: "Americano"[12]. A data precisa de sua inscrição não figura, mas deveria situar-se nos primeiros tempos de sua residência na Itália, que vai de 1763 a 67 e em todo caso sob o custódio M. G. Morei, o mesmo que, com seu prenome arcádico — Mireo — foi, no Parrásio, uma espécie de padrinho do poema *Uraguai* e de seu autor:

> Vai aos bosques da Arcádia, e não receies
> Chegar desconhecido àquela areia.
> Ali, de fresco, entre as sombrias murtas
> Urna triste a Mireo não todo encerra.

Ainda que não exista nenhuma indicação a respeito, o catálogo só inclui aparentemente os pastores diretamente filiados à academia de Roma, como foi o caso de Basílio da Gama, não os das inumeráveis "colônias", e

11. CAIO DE MELLO FRANCO, *O Inconfidente Claudio Manuel da Costa*, Rio de Janeiro, Schmidt Editor, 1931, p. 67.
12. Biblioteca Angélica: Archivio IV — Catálogo IV., p. 111.

essa falta de registro explicaria — mas é uma simples hipótese — a omissão do nome do Vice-Custódio Ultramarino. Pode-se também supor — outra hipótese —, que o próprio Termindo se teria prestado a servir de intermediário para sua criação. Sabe-se que a academia do Parrásio nunca se mostrou parcimoniosa quanto à admissão de novas "colônias" e novos "pastores". Um escritor que não se cansava de persegui-la com seus sarcasmos, e alvejava muito especialmente o próprio custódio Morei — Mireo Rofeatico —, pôde lembrar em 1764 como a instituição que, sob

o nome pueril de Arcádia, vem efetuando suas pilhagens desde o dia de sua fundação até hoje, bem poderia subministrar um catálogo dos 15 ou 20 mil acadêmicos, (numa estimativa discreta), acadêmicos que abusivamente se chamam pastores e ainda mais abusivamente se dizem poetas[13].

Por volta de 1769 e antes talvez, andou José Basílio pelo Rio de Janeiro, de onde endereçou carta a Metastasio, respondida de Viena d'Áustria, pelo "poeta cesáreo" e é de crer que tivesse possibilidades de bom êxito, durante a gestão de Giuseppe Brogi, sucessor de Morei na custódia geral, sua tentativa de abrir filial da Arcádia de Roma nesta remota América Lusitana. Numa Ode à Arcádia Ultramarina, Cláudio Manuel da Costa não deixa de incluir seu amigo entre os pastores que iam matizar aquelas campinas de Vila Rica, dantes só habitadas de "rudes e grosseiros povos", com mil galas novas. Aqui, em um tronco, está gravado o nome de "Briareu", acolá o de "Ninfeu", mais além "Eureste" e finalmente, na mais copada faia, aberto com férreo gume, o de Termindo, de mais fácil identificação.

Termindo, porém largará depressa aquele cenário ideal, onde as faias se tornam indispensáveis para completar a paisagem virgiliana. Preferiu regressar a Lisboa onde servirá, num emprego burocrático, à sombra de seu todo poderoso protetor Sebastião de Carvalho. Alvarenga Peixoto, fluminense de nascimento, e que, no entanto, pode ter sido o Eureste de Vila Rica, interrompe a contar de 1761, durante dois anos, os estudos universitários em Coimbra, a fim de visitar o Rio de Janeiro e Minas. Reto-

13. GIUSEPPE BARETTI, *La Frusta Letteraria*, vol. 1.º, Bari, Gius. Laterza & Figli, 1932, p. 282.

ma logo o curso, mas só volta ao Brasil, pela última vez, em 1775, quando nomeado ouvidor da comarca do Rio das Mortes[14]. Em 1776 chega Silva Alvarenga, mineiro como Cláudio e Basílio da Gama, mas que se vai fixar no Rio de Janeiro. Por muitos aspectos é figura à parte no grupo dos árcades. Dirceu, somente em 1782 virá despachado para Vila Rica. Assim sendo, durante longo tempo é Glauceste Satúrnio o único a enriquecer de mimos, povoar de ingratas e de pastores canoros os mesmos sítios que a princípio tanto relutou em comparar aos do Mondego, e muito menos à Arcádia rediviva. Os pastores cujos nomes andavam gravados nas árvores daquelas campinas bucólicas não seriam uma simples fantasia de Cláudio, que se desdobraria em tais figuras assim como o Mantuano se dividiu entre Titiro e Melibeo. É difícil dizer até onde o Conde de Valadares atendeu aos votos de Glauceste, que o queria patrono da Arcádia Ultramarina. A verdade é que o nascente instituto, se alcançou vida mais longa do que muitas das "academias" coloniais, que surgiam e sumiam com os acontecimentos que se propunham celebrar, não podia aspirar à permanência. A Arcádia Ultramarina é Cláudio Manuel da Costa e é ele somente: um poeta que, dono, embora, de seu mister literário, já não consegue, acadêmico, mas acadêmico solitário, realizar nada de comparável ao que realizou durante uma pequena fase realmente produtiva, que principiou pouco antes e se foi apagando pouco depois de sua vinda para o Brasil.

Glauceste que, no começo de sua carreira literária, não soube evitar os "góticos enigmas" do sombrio espanhol e que, de fato, deixou transparecer em seus primeiros versos nítidas reminiscências culteranas, cedeu sem dificuldade ao feitiço da mensagem romana de Termindo. A publicação do *Uraguai* e, talvez, a presença de Basílio no Rio de Janeiro e em Minas Gerais, antes de ir ocupar seu emprego público em Lisboa, parecem ter sido um acontecimento feliz e decisivo na formação da chamada "escola mineira". Esse toque de reunir serviu, com efeito, para irmanar ao cantor de Nize seus confrades mais novos, como Silva Alvarenga e Alvarenga Peixoto que, de públi-

---

14. Esses dados e datas fundam-se em M. RODRIGUES LAPA, *Vida e Obra de Alvarenga Peixoto*, Rio de Janeiro, Instituto Nacional do Livro, 1960, p. XI, onde se retificam notícias anteriores a respeito.

co, e tal como o próprio Cláudio, proclamarão a grata novidade representada por um poema de timbre épico sobre motivo americano. Para Cláudio exatamente haveria alguma coisa de insólito na moda que por essa forma se prenunciava, já que se sentiu durante longo tempo peregrino na própria terra. Ele, que nunca cessara de suspirar saudoso pelas campinas do Tejo e do Mondego era convidado agora a procurar, ao longo do ribeirão do Carmo, um paraíso não menos poético e a imaginar em seu mesmo país, "tão bárbaro país", suaves pastores e rebanhos como os da Arcádia.

Para sempre se havia apartado do convívio de seus conterrâneos aquele que, aparentemente, mais havia contribuído para generalizar entre eles o gosto arcádico, mas não faltaria quem viesse suprir a sua falta. O próprio Basílio terá pressentido que acabaria seus dias longe da companhia dos confrades ultramarinos, entre os quais se contavam amigos e até parentes seus? Embora bem ambientado na Europa, teve presente constantemente a idéia de que pertencia ao novo mundo americano onde nasceu. Não parece arriscado mesmo tentar associar o seu nome pastoril ao grego *thermos,* a apontar para a procedência de quem teve seu berço em lugar de clima quente, ao passo que o cognome adotado resultaria de um anagrama imperfeito de Giuseppe Basilio, associado ao topônimo Sipylus, inseparável da história de Níobe, tão do agrado dos pastores do *boscareccio* onde se acolhe o novo acadêmico. Não se intitula português e sim "americano".

Também na carta que do Rio de Janeiro endereçou ao Metastasio, acompanhando um exemplar do *Uraguai,* faz questão de frisar que a matéria do poema, que acabava de sair dos prelos da Régia Oficina Tipográfica, em Lisboa, era, toda ela, americana: *il di cui soggeto è tutto americano.* Para melhor lisonjear aquele que foi conhecido como o "cantor cesáreo" — assim como Albrecht Dürer foi o "pintor imperial" nos tempos do primeiro Maximiliano —, por isso que residindo habitualmente em Viena, onde passaria o restante de seus dias, se converteu numa espécie de poeta oficial da Corte do Sacro Império Romano da Nação Germânica, apela para uma doce mentira. Espetáculo digno de ver-se, dizia, é o "das nossas índias a chorar, tendo às mãos vossos livros, e a fazer um ponto de honra em não ir ao teatro sempre que o espetáculo apresentado não seja de Metastasio". Dizendo-se o intérprete dos sentimentos da "inculta América", adianta que o nome do "grande Metastasio" é ouvido com admiração no fundo de nossas florestas, e que os suspiros de Alceste e Cleonice são familiares a um povo que nem sabe da existência de Viena[15]. Respondendo no mesmo estilo, o poeta cesáreo declara que sua ignorância crassa do idioma em que é escrito o poema, não lhe escondeu todo o seu valor. Por conta própria já descobriu que, até nas plagas do Rio de Janeiro, Apolo tem seu Delos, seu Cynthius, seu Helicona. E dá-se por feliz com o não secundar-lhe a idade uma violenta tentação de mudar de hemisfério para desfrutar do invejável favor das "ninfas americanas", quando sabe que iria encontrar ali um rival perigoso na pessoa de seu benévolo intérprete.

É de supor que, mesmo entre seus confrades europeus da época, o nome "americano" para indicar um mazombo como José Basílio da Gama passaria por novidade. O topônimo "América", embora relativamente usual no Brasil de então, não o era tanto nas demais colônias européias do Novo Mundo. Nas possessões britânicas seria geralmente desconhecido, e as espanholas, prolongando um equívoco tão remoto como as navegações de Colombo, preferiam dizer Índias: Índias de Castelas. Graças à viagem de Vasco da Gama ficaram os portugueses, de certo modo, prevenidos contra um tal engano, e se ao Conselho da Índia puderam estar afetos, de início, também os negócios do Brasil, sua substituição, ao tempo de D. João IV, por um Conselho Ultramarino tendeu a resolver a dúvida.

Nas colônias inglesas, segundo apurou um erudito investigador, era raro falar-se em América antes de 1759. Até então, os colonos estabelecidos na América do Norte costumavam nomear-se pelas suas províncias — Massachusetts, Pennsylvania... — ou então se diziam simplesmente colonos britânicos. Ocasionalmente falava-se em "colônias americanas" na mãe pátria européia, mas somente depois de 1759, com as celebrações a que deu lu-

15. *Tutte le Opere di Pietro Metastasio*, Milão, Arnaldo Mondadori, Editore, vol. IV, 1954: as cartas de Metastasio e Basílio da Gama acham-se respectivamente às pp. 822 e 897.

gar a captura de Quebec aos franceses, essas palavras passaram a indicar mais do que simples expressão geográfica. O Professor Varg, que associa o aparecimento do termo ao desenvolvimento do nascente nacionalismo nas colônias, aponta para sua presença em dois sermões pregados no Massachusetts, no outono daquele ano, por diferentes clérigos. E observa que George Fischer, ao republicar, também em 1759, um dos seus livros, substitui no prefácio a passagem onde antes havia falado em "muitas coisas de pouco ou nenhum uso nesta parte do mundo", por outra onde se lê: "muitas coisas de uso mais imediato para nós americanos"[16]. São esses alguns dos exemplos onde se arrima o autor para deduzir que só em 1759 e 1760 começou a vulgarizar-se nas área de colonização inglesa o emprego dos vocábulos "América" e "americano".

Também nas colônias espanholas, o uso mais vulgar da expressão "americano" chegou a ser associado, nesse caso por um hispanista eminente, à afirmação mais enfática da identidade nacional, por parte dos crioulos, em oposição aos europeus, mas isso em época mais tardia: *"somente a partir de 1789 passaram os crioulos a dizer-se americanos"*[17]. Não esclareceu Pfandl se, como designação de naturalidade, se teria simultaneamente generalizado entre aquela gente a forma "América" em lugar de Índias. Dela se serviram às vezes os cartógrafos, fiéis neste ponto a uma tradição surgida quando Waldseemüller, já em 1507, quis associar aos mundos recentemente descobertos o nome do navegante florentino que os tornou mais familiares ao grande público na Europa. A essa particular serventia do vocábulo "América" não aludem os autores citados. Por julgarem que a linguagem dos cartógrafos era separada da vulgar por um fosso difícil de transpor? Também não lhes ocorre lembrar que a forma "americano" foi de largo uso para nomear os povos que já habitavam o hemisfério ocidental antes do advento do homem branco, e que servia para os distinguir dos europeus e africanos ou seus descendentes. Um douto ameri-

16. PAUL A. VARG (Michigan State University), "The Advent of Nationalism: 1758-1776", *American Quarterly*, 1964, n.º 2, parte 1.ª, p. 169.

17. LUDWIG PFANDL, *Die Zehnte Muse von Mexico*, Munique, Verlag Hermann Rinn, s. d., p. 23.

canista pôde abonar, valendo-se de exemplos tirados de autores que escreveram em várias línguas, italiano inclusive, como é o caso de Gilij, em 1780, a alegação de que, até inícios do século passado foi costume geral designar por americanos os povos naturais do novo continente[18].

De qualquer modo seria difícil dizer-se simplesmente americano, na década dos sessentas do século XVIII, um filho da América lusitana, descendente de europeus, como José Basílio da Gama. O mais normal seria intitular-se português ou, quando muito, português americano. E pode-se perguntar se a indicação de naturalidade não trai um intento de marcar bem e até com alguma ponta de orgulho, sua condição de filho de um mundo novo e inaugural, apesar de todas as simpatias portuguesas que ostentavam os árcades de Roma. Além disso, aquela "inculta América" de que se fará intérprete na carta ao "poeta cesáreo" não estaria próxima dos ideais arcádicos de bucólica rusticidade, mais do que qualquer recanto da Europa? Intérprete, segundo escreve, dos sentimentos de seu país, dispensa-se agora Termindo de se declarar "americano", como o fez ao registrar-se na Arcádia romana, mas também não se declara "português" como seria lícito esperar[19]. Seria temeridade querer explorar todos os possíveis significados dessa afirmação de naturalidade já destacada da filiação européia, mas não é escusado relem-

18. GEORG FRIDERICI, *Amerikanistisches Wörterbuch und Hilfswörterbuch für den Amerikanisten*, 2.ª ed., Hamburgo, Cram, De Gruyter & Co., 1960, p. 49 e ss.

19. Na versão usada por Antonio Candido da carta de Metastasio, tirada da edição Borghi Compagni de Florença, 1832, o autor do *Uraguai* assina-se "Basílio de Gama, brasiliano". Cf. Antonio Candido, *Formação da Literatura Brasileira*, 1.º volume, São Paulo, Livraria Martins Editora S. A., 1969, p. 345. Na versão dos Classici Mandadori da obra completa do Metastasio, já citada em nota 15 *supra*, à assinatura do brasileiro não se segue a palavra "brasiliano". O anotador, Bruno Brunelli, gulou-se, segundo afirma, pelo copiador das cartas de Metastasio existente na Biblioteca Nacional de Viena para corrigir, não o texto da edição florentina de 1832, mas da triestina de 1857. Quer dizer que, ou a edição mais recente omitiu o "brasiliano" ou uma, talvez duas, das edições anteriores, teriam acrescentado a indicação de naturalidade por conta própria. O anotador da edição Mondadori suscita outro problema ao declarar acerca de José Basílio da Gama que teria sido o fundador "no Rio de Janeiro de uma colônia arcádica *Ultramarina*" sem explicar se essa informação resultaria de papéis que acompanham o copiador de Viena, ou de outra fonte que não indica. É possível que, como Basílio datou do Rio de Janeiro sua carta ao Metastasio, Bruno Brunelli situava ali a colônia arcádica ultramarina existente, de fato, em Vila Rica. De qualquer maneira parece reforçar-se a importância da contribuição de Termindo para o desenvolvimento do gosto arcádico no Brasil setecentista.

brar o que já foi dito aqui dos naturais da Nova Inglaterra que, dez anos antes, começaram a afirmar por essa forma a sua identidade nacional para depois fazerem de "americano" uma palavra sediciosa.

No Brasil, em todo caso, mesmo que se force nesse sentido o "americanismo" do autor do *Uraguai*, será preciso convir em que não teve ele igual seguimento. E os conterrâneos seus, não raro seus amigos, que em 1789 levarão até a inconfidência o desapego à mãe pátria européia, podem falar em América e até em "esta nossa América", mas quando dizem "americano" é em geral para nomear os "americanos ingleses" já emancipados da tutela britânica. Por outro lado, idéias tais como as do Coronel Alvarenga Peixoto, ex-amigo de Basílio, que queria ver pintado nas armas para a bandeira da projetada república, "um Índio desatando a cadeia" com a conhecida legenda latina, segundo depoimento do Tiradentes[20], levam de algum modo à atmosfera propícia à idealização dos antigos naturais da terra, que transpira da carta de Gama a Metastasio. Atmosfera que se faz sensível, por exemplo, em mais de uma iniciativa de D. Luís de Almeida Portugal, 3º Marquês do Lavradio e 11.º Vice-Rei do Brasil, chegado em 1769 ao Rio de Janeiro, onde bem poderia encontrar Basílio, que acabava de transfigurar o índio em matéria épica.

Em Lavradio, às simpatias pelos nativos ou, quando menos ao intento de reparar as injustiças por eles padecidas, de acordo, aliás, com a legislação pombalina que lhe cumpria executar, corresponde uma singular aversão pelos pretos[21]. É conhecida aquela sua portaria de 6 de agosto de 1771, onde manda dar baixa de capitão a certo índio que "sem atenção às distintas mercês com que o havia honrado o vice-rei se mostrara de tão baixos sentimentos que casara com uma preta, manchando o seu sangue com esta aliança...."[22]. No Brasil da época, o favorecimento dos índios, acompanhado ou não do desapreço ao negro, além de afinar com todo o horizonte

20. *Autos da Devassa da Inconfidência Mineira*, vol. IV, Rio de Janeiro, Ministério da Educação — Biblioteca Nacional, p. 52.

21. Sobre a aversão de Lavradio aos negros, em contraste com o tratamento mais benévolo que reserva aos índios, pode ler-se DAURIL ALDEN, *Royal Government in Colonial Brazil*, Berkeley & Los Angeles, University of California Press, 1968, p. 483.

22. JOSÉ PEDRO XAVIER DA VEIGA, *Ephemerides Mineiras*, vol. 1.º, Ouro Preto, s. d., p. 95.

mental da Era das Luzes, já podia encontrar terreno de eleição. Por isto, sobretudo, que largamente dizimado, ou mesclado, ou afugentado para longínquas brenhas, tendo deixado, assim, de significar uma presença incômoda nos centros mais policiados, muitos dos vícios que antes lhe eram assacados, convertem-se agora em virtudes insignes.

Ao estudar a obra de José Basílio da Gama que, idealizando o índio no *Uraguai,* não deixa de celebrar o preto em *Quitubia,* pôde Antonio Candido fixar devidamente os traços desse indianismo setecentista, "tema arcádico transposto em roupagem mais pitoresca", distinto do que irão forjar alguns dos nossos românticos[23]. Cabe lembrar ainda como o encantamento que, no primeiro caso, pôde exercer o primitivo, o natural, a rudeza da "inculta América", chega a situar-se à vontade em um mundo que anda longe de renunciar a formas de vida aristocratizantes para aderir ao culto da espontaneidade, da "alma do povo", até do popularesco, discernível nas nascentes da mentalidade romântica. Mesmo o estereótipo do "nobre selvagem", em que as qualidades varonis se vão somar a uma altanaria arredia e caprichosa, a uma indômita resistência ao labor servil, ao pendor para a vida solta, a uma suscetibilidade vibrátil e constantemente à flor da pele — o ponto de honra —, não parecem criados segundo os padrões de conduta exigidos de cavalheiros e fidalgos?

Para o negro que, mal ou bem, precisou sujeitar-se a imposições que os antigos naturais do país refugavam, quando muito, qualidades que deviam tocar generosos corações e formavam um contraste quase simétrico com aqueles estereótipos senhoriais: aptidão para o esforço braçal continuado, submissão a uma disciplina imposta de fora, fidelidade ao amo, resignação ao mau destino, devotamente amoroso da "mãe preta"... Para os que, situados nos mais altos lugares da hierarquia social, satisfeitos com o reconhecimento tributado às gloriosas virtudes que, por definição, pertencem ao corpo da nobreza, não custava apreciar devidamente as qualidades prestimosas e no entanto prosaicas, emprestadas aos que ficavam nos degraus mais baixos, e mesmo condoer-se do

23. ANTONIO CANDIDO, *Formação da Literatura Brasileira,* S. Paulo, Martins, vol. I, 1969, p. 133.

infortúnio deles. Só é verdadeiramente intolerável, em um mundo que se formou à sombra de venerandas desigualdades, que uma pessoa de serviço tenha a presunção de assumir atitudes que competem naturalmente à gente da nobreza ou vice-versa, pois assim como não haveria de existir cavaleiros se não existissem peões, forçoso é que uns e outros saibam guardar os lugares que previamente lhes foram demarcados. Não faltariam tentativas no sentido de se abrandarem as tiranias dos "maus senhores", mas via de regra se mostraram inexeqüíveis. Além disso denuncia-se em tais casos apenas a ruindade dos donos de escravos, não a ruindade da instituição do trabalho cativo. São esporádicos os casos como o do autor do *Etíope Resgatado* ou de tal ou qual missionário que chegue a criticar a própria existência da escravatura, onde o que os notabiliza é justamente o apartarem-se do consenso. Dentro do consenso, os cordatos não andam longe das recomendações de um tratado seiscentista da economia cristã dos senhores de escravos, onde se lê que os pretos precisam mesmo é de vara e castigo, assim como o ginete precisa de espora e o jumento de freio, mas aplicados com bondade[24].

Essa concepção rudemente hierárquica da sociedade pode ser desdenhosa para com os malnascidos, mas não consagra necessariamente a nobreza de sangue. É própria, antes, de letrados, da família do Desembargador Tomás Antônio Gonzaga, por exemplo, ou do "Abade" José Basílio da Gama, abade no sentido que tem a palavra correntemente durante o século XVIII, quando serve indiferentemente para nomear todas as personagens de reconhecida ilustração e compostura que não sejam nem nobres, nem cardeais e nem oficiais militares. O autor das *Cartas Chilenas* tinha em escassa conta aqueles que pretendiam tirar sua origem dos godos ou de fidalgos da mais alta prosápia, embora se aferrasse aos bons hábitos sociais de antigamente e a velhas etiquetas, as quais já são ameaçadas pela avalanche de plebeus e bufarinheiros que, numa sociedade meio aluvial, ou em crise de crescimento, vão galgando desaforadamente as mais altas posições. Para homens togados e infensos, por educação, a

---

24. JORGE BENCI, *Economia Cristã dos Senhores no Governo dos Escravos* (Livro Brasileiro de 1700), 2.ª ed., Porto, Livraria Apostolado da Imprensa, 1954, pág. 106.

esse meio rasteiro, nada melhor do que apelar para algum refúgio ideal, onde há selvagens sempre nobres e índias de tal mimo e louçania e finura de costumes, que se entregam até ao luxo de ler as composições do poeta cesáreo.

A Roma arcádica a que se filiou Basílio da Gama e que por obra sua, provavelmente conseguiu ramificar-se no aquém-mar, podia acolher de bom grado essas ficções. Ali viveu pela mesma época, ou quase, outro letrado, brasileiro como ele e, como ele, natural de Minas Gerais, que seguiu a seu modo a tendência "indianista". É certo que Santa Rita Durão, no seu longo poema, todo em oitavas camonianas obedece a outro estilo, quase sempre, de cunho retrocessivo, que nada tem a ver com a inspiração dos pastores do Bosque Parrásio. Houve quem, como Teófilo Braga, alegasse que os dois brasileiros conviveram familiarmente na mesma cidade e se fizeram amigos íntimos, mas a probabilidade dessas relações estreitas foi posta em dúvida por um escritor que estudou acuradamente a vida e a obra de Durão, apoiando-se em documentação inédita. Um dos motivos que haviam levado este a fugir de Portugal para ir acolher-se na Itália foi justamente o ter defendido os jesuítas aos quais sempre se mostraria afeiçoado. Além de enaltecer no poema a obra dos padres no Brasil, redigiu uma "informação" onde descreve os esforços desenvolvidos pelo Conde de Oeiras no sentido de chamar a si os jesuítas mais novos e acrescenta que, apesar de tudo, "pouquíssimos tomaram esse partido e alguns que o fizeram, foram tidos em Portugal no conceito que mereciam"[25]. Ora, Basílio da Gama era um desses "pouquíssimos" e para um admirador da Companhia passaria de fato por um renegado.

O livro de Durão foi publicado já no auge da *viradeira*, mas quando vigorava ainda a decisão que suprimiu a Ordem dos Jesuítas ao tempo do Papa Clemente XIV que, já antes de subir ao sólio pontifício, sempre se deu bem com os pastores do Bosque Parrásio. O nome do autor do *Caramuru* não consta dos livros da Arcádia romana, e é pouco provável que pertencesse à academia. Aliás não consta também do rol dos bibliotecários da

---

25. ARTHUR VIEGAS, *O Poeta Santa Rita Durão: Revelações históricas de sua vida e de seu século*, Bruxelas, L'Edition d'Art Gaudio, 1954, p.p. LXII e s.s.

Ordem do Hospital, sem embargo do que dizem alguns dos seus biógrafos. Não me foram dadas facilidades, aliás, para uma pesquisa direta nos arquivos da velha Ordem, velha como as Cruzadas, mas as informações recebidas do funcionário que me atendeu sugerem que aquela ocupação, à época em que, encontrando-se em Roma, poderia exercê-la, se achava confiada a um certo Conti e de que o nome de Durão não figura na lista dos que tiveram algum emprego da casa dos hospitalários. É possível, no entanto, que tais informações possam ser modificadas por algum pesquisador mais diligente do que eu.

Por apartado que andasse o cantor do Caramuru das lides arcádicas, as índias estilizadas de seu poema são, por vezes, dignas de fazer boa companhia àquelas "spiritose ninfe americane", que tanto gabou seu conterrâneo Basílio da Gama. Uma das cenas mais celebradas da obra, foi certamente inspirada no livro IV da *Enêida*, que tantas devoções despertou sempre entre os pastores do Janículo. Sua Moema, assim como a Dido virgiliana, dispõe-se ao último sacrifício, quando se vê desamparada por Diogo Álvares, o novo Eneas. E não é difícil descobrir alguma reminiscência de Metastasio nas increpações com que Dido-Moema fulmina o amante ingrato, até ir desfalecer entre as ondas. Do Metastasio da *Didone Abandonata,* tantas vezes imitada, parodiada, traduzida, musicada, mutilada em vários países, e que levou um destemido admirador do poeta a chamá-lo de Sófocles italiano.

Diversamente do que ocorre com os arcanos da Ordem do Hospital, os manuscritos e impressos da Arcádia podem ser estudados sem problemas maiores. Quem tente reproduzir hoje a façanha de Vernon Lee na busca do local do Bosque Parrásio, não terá as dificuldades de que se queixou a historiadora inglesa. Será bastante subir um breve trecho da Via Garibaldi, correspondente à antiga e tortuosa rampa que leva à Vila Doria Pamphili para dar com ele. A própria Arcádia recuperou um pouco do velho prestígio que possa ter tido, desde que passou a ser uma academia de estudiosos e não de poetas. De fato, em 1926, foi absorvida pela Academia Literária Italiana, que se sobrepôs ao antigo nome. Mas o nome do Bosque Parrásio pôde superar os estragos do tempo e agora designa oficialmente uma breve ladeira que conduz ao primitivo portão de ingresso. A entrada habitual, porém, fica no n.º 32 da Via Porta San Pancrazio. No terreno em três planos, o jardim é hoje bem tratado, em contraste com o que teria sido por volta de 1880. Diante da fachada do prédio ainda podem ler-se, inscritas em grandes tábuas de mármore, as venerandas leis da Arcádia romana. E ao pé do velho portão, que dá para a ladeira, outra inscrição em marmore diz o seguinte:

JOANNI V
Lusitaniae Regi
Pio Felice Invicto
Quod Parrhasi Nemoris
Stabilitati
Munificentissimo
Prospexerit
Coetus Arcadem Universus
Posuit
Andrea de Mello de Castro
Comite das Galveas
Regio Oratore
Anno MDCCXXVI.

O prédio que outrora serviu de sede às sessões e aos famosos prélios da academia, com a presença de representantes ilustres de toda a Itália e do estrangeiro, não parece especialmente vistoso e, muito menos, suntuoso. Restaurado para habitação particular, não é já a morada daqueles rústicos hortelãos que transformaram a sala de recepção em paiol. Tive acesso ao interior e guardo uma impressão de perfeito asseio e boa conservação do local, que já dá alguma idéia do que poderá ter sido a Arcádia nos seus melhores dias. O que falta, porém, são os retratos dos pastores e protetores da academia, que naqueles tempos, e mais tarde, recobriam as paredes. Todos haviam sido transferidos, ao que fui informado, com o pouco que sobrou do antigo mobiliário, além da bibilioteca c do arquivo, para a Academia Literária Italiana. E foi, com efeito, no prédio da Biblioteca Angélica, sede atual da academia, que pude localizar parte daqueles quadros.

Lá estão, por exemplo, o retrato do "abade" Pietro Metastasio, o de Maria Madalena Morelli Fernandez, aliás Corilla Olympica, a mesma que Madame de Staël mudou em Corina, o do Conselheiro Johann Wolfgang Goethe, crismado Megalio Melpomene pelos pastores... Também há personagens de sangue azul como Estanislau I da Polônia, "Cristene Mantineo", ou Frederico Cristiano

261

Xavier, eleitor da Saxônia, sem falar, naturalmente em Cristina, rainha da Suécia. Mas falta justamente aquela figura do doador do Parrásio, El-rei D. João V de Portugal, que arrancou exclamações horripiladas da autora de uma das mais notáveis evocações do *Settecento* intelectual e musical na Itália. Às indagações feitas sobre o paradeiro do retrato do Bragança, não me foi dado receber resposta.

Sabe-se, no entanto, que grandiosas celebrações em homenagem ao monarca lusitano marcaram a estréia do teatro em 1726, o ano da doação, exatamente dois séculos antes de ser incorporada a Arcádia à Academia Literária Italiana. Recitou-se então, ou representou-se, uma égloga especialmente composta para as solenidades e da lavra de um pastor chamado Eupalte Lampeo entre seus confrades. Romano de berço, esse Eupalte chamava-se na vida cotidiana e prosaica Giovan Angelo Salvi, havia sido subcustódio da Arcádia e tinha o título de "abade", como o terá mais tarde o nosso José Basílio da Gama. Na louvação a D. João V, ainda sem as honras de Fidelíssimo, que a Santa Sé só lhe irá conferir em 1748, empenha Salvi todos os esforços para dignamente enaltecer aquele soberano que "vive para além das colunas de Hércules e governa seu remoto reino". "E então, de tão larga distância, pode ele cuidar da sorte dos nossos pastores?", pergunta Melibeo. "Sim", retruca Eupalte. "De tão longe cuida de nós e todos se admiram ante os seus pensamentos e sua magnânima obra"[26].

Não se dissipará pelos anos seguintes essa gratidão exuberante dos gentis pastores ao augusto benfeitor. Entre os livros hoje bem raros que fez imprimir a academia, e que podem ser lidos na atual biblioteca da Arcádia, um folheto existe onde se reúnem as orações rezadas no Bosque Parrásio em regozijo pela "saúde recuperada de Sua Majestade D. João V"[27]. Mireo, como era conhecido, no idioma pastoril, o então Custódio-Geral Miguel José Morei, o mesmo que será responsável pela acolhida a José Basílio da Gama, é quem abre o volume. Depois da

26. *Rima deghli Arcadi,* vol. 10.º, Roma, Stamperia di Antonio de Rossi, 1747.
27. *Adunanza tenuta dagli arcadi per la ricuperata salutsadella Sacra Maesta di D. Giovanni V, Re di Portogallo.* Del Serbatoio di Arcadia. Roma, Stamperia di Antonio de Rossi, 1744.

dedicatória, Monsenhor Marani, agostinho, bispo de Porfírio e prefeito da Pontifícia Sacristia, conhecido na Arcádia como Ipponio Basilido, desenvolve um arrazoado para mostrar como El-rei D. João V, o inolvidável Arete, havia sido outras vezes aclamado no meio da folhagem do *boscareccio*. Reporta-se à infausta notícia da enfermidade do soberano que, enchendo de consternação

um mundo e outro, até onde se estendem seus vastos domínios, fez com que, gélido, escorresse o sangue em nossas veias e, subitamente, nos invadisse o medo de que se apagasse esse lume dos príncipes de nosso século.

Medo, acrescenta,

que não se apoderou apenas dos pastores deste monte. Até os mais vivazes, os mais desempenados, os mais engenhosos, foram vistos cheios de tristeza, de dor, de acabrunhamento, e nem mais se ouviam de suas bocas as graciosas canções. O povo, enquanto isso ia indistintamente silencioso e desconsolado, invadindo os templos para erguer ao céu suas preces...[28].

Além dessa loa, onde El-rei D. João, de passagem, é comparado a Davi, a Constantino o Grande, a Carlos Magno, o renascido júbilo dos pastores sobre: sonetos, epístolas, églogas, elegias, o restante das 159 páginas do volume. Com um soneto contribui o "Abade" Giuseppe Brogi (Acamante Pallanzio), futuro custódio-geral da academia. Outro abade, Mattia Veranzio, crismado na Arcádia com o nome bucólico de Acanto Cordiriaco, também comparece com um soneto, além de uma elegia. Há colaborações impressas em várias línguas, como um soneto de autoria do Doutor Flaminio Scarcelli, secretário do Regimento de Bolonha, que na Arcádia aceitou o nome de Locrezio Tegeo, publicado em italiano, português e latim. Colaboradores lusitanos aparecem também, como um monge jerônimo, D. Antonio de Betencour, aliás Lusisto..., com uma epístola em versos latinos e um soneto em português. E há o Abade Luís Antonio Verney, arcediago da metropolitana de Evora que, com o nome italianizado de Luigi Antonio, e o cognome pastoril de Verenio Origiano, se apresenta com seu soneto em português. Tendo já concluído praticamente o *Verdadeiro Método de Estudar,* que irá sacudir o pensamento português, e não só na pedagogia, o Barbadinho, como costumava

28. *Ibidem,* p. 4.

263

ser chamado esse representante da Ilustração em Portugal, já devia ter mais tempo para se devotar às amenas tertúlias do Janículo.

Os pastores que assim saudavam o feliz restabelecimento de seu generoso mecenas, não poderão naturalmente silenciar quando, passados alguns poucos anos, desabar sobre Roma a cruel notícia de que afinal se apagou para sempre o "lume dos príncipes". Com efeito, em 1751, sai do prelo de Antonio de Rossi, junto à Rotonda, impressor do grêmio pastoril, um novo opúsculo contendo agora, ao longo de 62 páginas, as lúgubres lamentações que se fizeram ouvir na vila do Bosque Parrásio, durante a sessão a que deu lugar tamanha desventura. Acamante Pallanzio, isto é Giuseppe Brogi, produziu um soneto para chorar a perda sem remédio de Sua Majestade Fidelíssima. Uma égloga latina é lida por Archeo Alfejano. Outra égloba, esta em italiano, é declamada pelo Abade Vincenzo Cavazzi, ou Stelideo Frissonio, e nela o pastor Rivisco não hesita em meter até um deus no coro lacrimoso:

> Lo stesso Apollo piange e si disface.
> E chi nel sentir ciò che a noi fe Arete
> No scaccierà dal proprio cor la pace?[29]

Desse teor são as mais composições do volume.

Não cessam aqui, porém, as simpatias lusas ou brigantinas dos árcades de Roma. Vinte anos depois, irá realizar-se outra sessão, não já no Parrásio e sim no Capitólio, onde serão igualmente homenageados Sua Santidade o Papa Clemente XIV e Sua Majestade Fidelíssima El-rei D. José I de Portugal. As declamações em prosa e verso feitas durante a cerimônia procuram mostrar como o tempo e a morte não haviam apagado entre aqueles pastores a gratidão merecida pelo seu régio benfeitor, segundo se pode ver em livro publicado pelos árcades, onde se reúnem os textos apresentados na ocasião[30]. Revestia-se de especial importância para o pontífice o motivo dado

---

29. *Adunanza tenuta degli Arcadi ne Bosco Parrasio in Morte del Fedelissimo Re di Portogallo D. Giovanni V.* Nel Serbatoio di Arcadia. In Roma, 1751. Nella Stampari di Antonio de'Rossi, presso la Rotonda. Con licenza de Superiori.

30. *Adunanza tenuta in Compidoglio daglia Arcadia ad onore della Santità di Nostro Signore Clemente XIV, Pontefice Massimo e di Sua Maesta Fedelissima Giusseppe I, Re di Portogallo etc.* In Roma MDCCLXXI. Per il Casaletti. Con licenza de Superiori.

264

para a celebração. Uma série de desentendimentos, que vinham de 1726, tinha-se aguçado até a ruptura das relações diplomáticas entre Santa Sé e Portugal. A ascensão, porém, ao sólio pontifício, do Cardeal Lorenzo Ganganelli, que tomou o nome de Clemente XIV, significou o triunfo da política tendente à supressão da Companhia de Jesus, que não podia desagradar o pombalismo. A supressão, que ocorrerá de fato em 1773, em virtude do breve *Dominus ac Redemptor*, criou a oportunidade favorável à reconciliação, que já se verificara em dezembro de 1769, sem sanar, embora, embaraços de outra natureza, que ainda existiam entre as duas Cortes.

Apesar de sua austeridade, não parecia Clemente XIV infenso aos pastores do Janículo, tanto que irá concorrer a seu modo para a glória passageira de Corilla Olympica, autorizando-a, em termos que não poderiam ser mais lisonjeiros, a ler livros proibidos. D. José, por outro lado, pertencendo à estirpe de Arete, seria herdeiro digno, talvez, da devoção deste as musas, e ainda da nímia liberalidade com que seu augusto pai havia gratificado a Arcádia. Nada melhor, pois, do que consagrar em um mesmo preito, o chefe da Igreja e o filho do rei magnânimo. Sobretudo porque as celebrações da Arcádia parecem inserir-se entre as festividades com que Clemente XIV decidiu mostrar sua alegria pelo acordo com Lisboa. Tamanhas foram essas manifestações que, segundo um embaixador espanhol, pareciam querer comemorar alguma vitória maior do que Lepanto[31]. Não admira, assim que, excepcionalmente, tenha sido escolhido como palco da sessão arcádica, nada menos do que o Capitólio.

Não foi essa, porém, a razão invocada para celebrar-se a cerimônia na colina histórica, mas sim o inverno extremamente rigoroso que prevalecia. Como o frio aconselhasse os pastores a desistir de realizá-la na Vila do Aventino, batida em duas faces pelos ventos hibernais, não havia remédio senão deixar, no momento, aquele "nosso boscarejo teatro, que alça a fronte, ainda hoje, à glória do imortal Arete, Vosso Grande Genitor", para se acolherem em um sítio como o Capitólio, cortesmente cedido, e onde não lhes faltaria bom abrigo. É o que explica Onofrio Alfa-

31. LUDWIG, FREIHERR VON PASTOR, *Geschichte der Päpste*, vol. XVI, 2.º parte, Friburgo/Roma, 1961, p. 88.

ni, em longa introdução, quase como quem pede desculpas a D. José pelo fato da escolha ter caído em lugar sem dúvida mais imponente e no entanto menos grato aos ternos pastores do que o teatrinho do Janículo. Os poemas compilados no livro são geralmente assinados por "abades" com uma exceção insigne. É que nele, Niccola Jommeli, mestre de capela na Basílica de São Pedro, tendo tido antes igual emprego, durante quinze anos, em Ludwigsburg, junto ao Duque de Würtenberg, contribui para os festejos, não com uma composição musical, que dele seria lícito esperar, e sim com uma ode anacreônica. Note-se que, intimamente associado à mentalidade da Arcádia de Roma, Jommeli havia musicado o *Ezio* de Metastasio que, no ano imediato, será representado em Lisboa, numa versão nova, diferente das que já haviam sido aplaudidas anteriormente em Bolonha (1741), Nápoles (1748) e Stuttgart (1758). O drama metastasiano inspirou, aliás, outros compositores, como Haendel ou Gluck e, segundo pôde apurar o responsável pelo preparo do texto das obras completas do poeta impresso na série dos "Clássicos Mondadori", deu origem a pelo menos 46 partituras de músicos diferentes. No mundo de língua portuguesa é testemunho expressivo da sua extensa popularidade o ter sido encenado, por exemplo, na humilde Cuiabá de 1790, entre as homenagens então prestadas ao Ouvidor Diogo de Toledo Lara Ordonhes, por motivo de seu natalício[32]. Uma celebração tal como essa, ocorrida no extremo-ocidente do Brasil, mal se imaginaria na Lisboa da mesma época, sob a férula de Pina Manique. Nada, provavelmente, haveria a objetar contra o inofensivo drama do Metastasio se os organizadores da festa não tivessem tido o desplante de incluir também no repertório uma peça de Voltaire, e seria o bastante para provocar as truculências do intendente geral de polícia, inimigo rancoroso do reformismo ilustrado e das "idéias francesas", que lhe pareciam inseparáveis de barricadas revolucionárias.

Outros naturais do Brasil, além do autor do *Uraguai,* teriam logrado ingressar na Arcádia de Roma, mas sobretudo no século XIX: patenteia-se então o irremediável declínio da academia, e apesar de nunca ter sido precisa-

---

32. "Notas sobre as festas em Cuyabá no século passado", *Revista do Instituto Historico e Geographico de São Paulo,* vol. IV (1898-9), p. 224.

mente o que se possa chamar um clube muito fechado convém-lhe agora, mais do que nunca, atrair figurões à cata de fáceis honrarias para compensar um pouco a crescente perda de substância. Não é esse naturalmente o caso de nosso José Bonifácio, que poderia freqüentar o Parrásio e ali receber o nome pastoril de Américo Elísio ao tempo de suas andanças de naturalista pela Itália. Apenas ao códice romano onde se registra a inscrição do "abade" Basílio da Gama, faltam hoje numerosas páginas, e entre elas justamente as que, pela data, serviriam para confirmar ou desfazer semelhante suposição. A tal glória não se esquivará, porém, o infalível admirador e amigo dos Andradas, em particular do "Patriarca", Antonio de Menezes Vasconcelos de Drummond que, ao aposentar-se na carreira diplomática, se compraz em fazer desfilar a impressionante procissão de títulos acadêmicos que alcançou no curso de suas peregrinações pelo Velho Mundo[33]. O de árcade nela aparece, com efeito, mas no meio de outros muitos a que parecia dar maior importância, membro que foi da Sociedade de Mineralogia de Iena, do Instituto Histórico de França, da Sociedade de Geografia e da Sociedade Asiática, ambas de Paris, e com a particularidade, que assinala, de o terem "espontaneamente" acolhido em seu grêmio, da Academia de Bruxelas, da Sociedade Literária de Gand, da Real Academia de Nápoles... Depois é que vem o título de pastor arcádico, ao lado de mais alguns de Roma, Florença e outras cidades italianas, e até de um diploma de certa Sociedade dos Antiquários do Norte que não se deu sequer o trabalho de acusar recebido. Se conservados não é provável que esses papéis lhe dessem na história dos brasileiros ilustres, lugar comparável ao que lhe cabe como redator do *Tamoio,* de tamanha influência nos dias que precederam à dissolução, em 1823, da Constituinte do Império. Perderam-se a 10 de agosto de 1860 num incêndio que os consumiu com outras preciosidades.

Mais digna de interesse é a homenagem que, na pessoa do primeiro imperador do Brasil, continuarão a mostrar os poetas do Janículo sua secular afeição à casa de Bragança quando, em 1830, lhe conferem o título de "pastor"

33. "Annotações de A. M. V. de Drummond a sua Biografia". *Annaes da Bibliotheca Nacional do Rio de Janeiro,* vol. XIII, Rio de Janeiro, 1890, p. 130.

que tiveram seus antepassados D. João V e D. José. Dessa vez a homenagem estende-se a outros membros da família imperial, pois no mesmo diploma se incluem "a Majestade D. Pedro I imperador, Dona Amália (*sic*) e Dona Maria da Glória, Infanta do Brasil e Rainha de Portugal". Pesquisa realizada em 1974-75 nos papéis que se conservam no Museu Imperial de Petrópolis, levou-me a localizar ali, por acaso, esse documento onde não poderia esperá-lo. Estava, com efeito numa pasta que, com a indicação *Diversos* (1836-1874), que acompanhava a Coleção Cons.º Zacarias. Transferida a dita coleção em permuta, pouco antes, do Arquivo Nacional do Rio de Janeiro, onde se encontrava, ainda faltava dispô-la na boa ordem em que costuma guardar-se a documentação ali conservada, e isso pode explicar o engano. O fato de ter ficado o diploma na Corte do Rio não sugere que D. Pedro lhe desse especial apreço quando, com o 7 de abril, embarcou para o Velho Mundo a fim de defender os direitos de D.ª Maria ao trono português[34].

Não há no diploma qualquer especificação da data em que foi lavrado, salvo a seguinte, que não me arrisco todavia a tentar traduzir: Olimpiade XXXV Ano 3. Pode deduzir-se, porém, que é de 1830 e, quando menos, de março de 1830, por uma passagem alusiva ao Papa Pio VIII "felizmente reinante há já um ano". De fato, a eleição do Cardeal Castiglione que, no sólio pontifício tomou o nome de Pio VIII, ocorreu a 31 de março de 1829. A 16 de outubro do mesmo ano de 1829 desembarcará no Rio de Janeiro a segunda imperatriz, Dª Amélia de Leuchtenberg. E em sua companhia vinha, de volta da Europa, a princesa brasileira Dª Maria da Glória, rainha de Portugal *in partibus,* como então se dizia. O reconhecimento da independência da monarquia sul-americana verificou-se antes mesmo da escolha do novo papa.

Entre as razões que justificavam o tributo prestado pela Arcádia romana ao imperador do Brasil, menciona o diploma, com a assinatura de Gabriele Laureali, então curador da Academia, seu "amor à bela poesia, que admira e nobremente cultiva", ao lado do pendor para os estudos,

---

34. Não vem arrolado o documento no inventário dos papéis da Casa Imperial do Brasil que existiam no Castelo d'Eu, publicado pela Biblioteca Nacional do Rio de Janeiro antes de virem para o Brasil.

"herança do grande Arete, seu antepassado". Em tais condições não lhe parece exorbitante incluí-lo entre os "pastores régios", onde passa agora a figurar com o nome do Ilocomo Melleo, que significaria "ornamento das selvas da Arcádia o digníssimo senhor dos campos melleos". Melleos porque margeiam o rio Mella, pertencente à geografia arcádica. A augusta consorte de D. Pedro, sempre chamada erradamente Amália, em vez de Amélia, talvez por ser aquele prenome, freqüente na casa da Baviera, de onde vinha pela linha materna, seria agora, entre os pastores, Elionea, ou seja "sol novo". Assim mereceria ser nomeada "no reino do Brasil pelas muitas e esplêndidas obras que vai fazendo amadurecer com agrado e aprovação do mui benigno imperador seu Esposo". E entre as régias pastorinhas aclamadas haveria de ser Elionea Telea. Telea era uma alusão ao tempo de Juno Teleo, e igual cognome já havia sido atribuído a Maria Casimira, rainha da Polônia. Finalmente a Dª Maria da Glória foi reservado o nome de Lirina Ladonia. Em outras palavras: "semelhante ao lírio que floresce às margens do Ladone (um dos rios que banhavam a Arcádia clássica)".

Por volta de 1830 já andariam esquecidos os pastores da verdadeira origem do donativo que lhes permitiu enfim ter sua casa própria no Janículo. O fato é que o Curador Laureali, embora não poupe encômios à memória de D. João V, chamando-o "grande Arete", fala na "ourela triunfal desta colina afortunada e nesta gloriosa morada das musas" para ajuntar que a receberam os "humildes pastores da Arcádia" de um donativo pontifícial. Linhas adiante o rei português, verdadeiro doador da faixa de terreno onde se plantou o Bosque Parrásio, vem mencionado logo em seguida ao pontífice que mais contribuiu em seus começos para o feliz êxito da academia. Ambos são irmanados pelo mesmo cognome, o grande Albano Clemente XI, Pontífice Máximo" e o "grande Arete João V, rei de Portugal". Ou sejam Albano Melleo e Arete Melleo, o ascendente, este, de Ilocomo Melloe, como passa a chamar-se agora D. Pedro I do Brasil. A identidade dos cognomes dados aos dois augustos mecenas da renascente Arcádia, prestava-se a confusões e, de fato, não poucos são os historiadores que dão ao rei de Portugal o título de Albano: Pastor Albano. Pois se alguém o merece, só pode ser o saudoso Cardeal Gian Francesco Albani que, eleito em 1700 para o papado, num dia que a Igreja reservou para celebrar a memória do mártir e Santo Padre Clemente (*circa* 91 da era cristã) se fez chamar Clemente XI. Já antes de sua elevação ao pontificado, e até a hora da morte, profusamente chorada vinte anos mais tarde pelos ternos pastores, jamais deixou de mostrar-se um solícito parcial da academia. Árcade ele mesmo, como árcades foram Alexandre VIII e Inocêncio XII, seus antecessores na Santa Sé, não teve dúvidas em fazer do célebre Giovan Maria Crescimbeni, o custódio mais antigo do cenáculo romano, arcebispo de Santa Maria in Cosmedin, que se situava, por sinal, a cômoda distância do Aventino e do Bosque Parrásio. A outro árcade, Cristoforo Batelli, nomeou-o secretário dos breves pontifícios, função que logo irá acumular com a de bibliotecário do Santo Padre.

Vivendo assim, desde a infância remota, à sombra do Vaticano e dos meios cortesãos mais hospitaleiros, não haveria de ser agora, na melancólica sobrevida a que a condenaram as mundanças dos tempos, que a Arcádia de 1830 ia consentir em emancipar-se da velha tradição. Velha de quase século e meio, quando se tenham em conta aqueles dias felizes em que um bando de belicosos abades romanos conspirava entre os seixos do palácio Corsini, juntamente com a filha de Gustavo Adolfo, para combater até nos mais inesperados redutos aquilo que ainda restasse do "mau gosto" seiscentista. A oportunidade não poderia ser melhor para tamanha empresa entre os que sabiam tingir a esperança das cores da saudade. Com efeito tinham sobradas razões para retomar a iniciativa com possibilidades de feliz sucesso. A ocasião era boa para cortejarem os árcades a memória de Clemente XI na pessoa de outro pastor Albano, do Cardeal Alessandro Albano, que trazia nas veias o sangue do Papa Clemente e representava bem o espírito de seu antepassado mais ilustre junto ao novo Papa Pio VIII que precisamente o nomeou secretário de Estado em 1830. Transformado na personagem mais importante da Santa Sé poucos nomes estariam, no Sacro Colégio, em situação de competir com outros pontificáveis na próxima eleição. Próxima, no entender de muitos, porque Pio VIII tinha idade muito avançada e seus ombros frágeis já suportavam mal o peso da tiara.

270

Ainda que o "teatro" do Aventino não fosse próprio para tão indiscretos pensamentos sorria com certeza a algum pastor da Arcádia a idéia de restaurar sua academia com o prestígio que nos bons e velhos tempos lhes emprestou a solícita cooperação dos dois numes tutelares da casa. A simples presença do Cardeal Alessandro na Secretaria de Estado da Santa Sé já significava um bom começo. Tratando-se no caso de um Albano, como o fora Clemente XI e, como Sua Santidade, de um árcade acolhido nessa condição entre os pastores, tinha tudo quanto fosse necessário para reviver mais essa glória de um dos ornamentos de sua estirpe. E o quadro estaria completo quando pudesse abrigar um descendente legítimo de D. João V, o outro grande protetor da Arcádia romana. Soberano de um império que se presumia fabulosamente rico, o novo Bragança bem poderia renovar aquelas mostras de munificência com que seu antepassado soube conquistar a imortal gratidão dos acadêmicos.

16. DEPOIS DA "SEMANA"

O célebre episódio da Academia Brasileira de Letras, de onde Graça Aranha saiu triunfalmente carregado por Alceu Amoroso Lima e Murilo Araújo e ainda escorado por Prudente de Morais, neto, sugere à primeira vista a persistência desse cunho unitário em que parecia fixado o movimento modernista a partir da Semana de Arte Moderna.

Longe, porém, de significar o coroamento de uma perfeita harmonia de intenções e propósitos entre os participantes da revolução, esse episódio representou, a bem dizer, uma última e desesperada tentativa para sustar a inevitável deterioração daquela unanimidade superficial e, em suma, fictícia.

A unanimidade seria sem dúvida possível, na campanha comum contra uma literatura já esvaziada de todo conteúdo, convertida, na expressão de um dos seus ilustres representantes, em "sorriso da sociedade", e não menos contra certas condições mentais e sociais que tornavam

273

possível esse tipo de literatura. Graça Aranha pretendia mais: pretendia que à unidade na negação correspondesse uma espécie de coerência maciça e implacável nas afirmações.

Ora, se os lemas a que gostaria de ver submissos sem discrepância todos os inovadores pareciam às vezes coincidir com alguns pontos de vista a que estes tinham chegado por conta própria e, fosse como fosse, sem o seu socorro, tratava-se em geral de coincidências fortuitas simplesmente epidérmicas. Em literatura deliciavam-no principalmente certas expressões rutilantes, embora imprecisas, aquelas frases "célebres de antemão" que aprendeu em Chateaubriand (um dos seus três grandes mestres, disse-nos certa vez, além de Spinoza e de Goethe, sem falar em Barrès. Em dado momento, e desde que julgou ter assimilado plenamente, e elaborado a seu modo, as tendências do momento, tentou dar àquelas rutilações uma espécie de valor substantivo, suprimindo praticamente os nexos visíveis entre os vocábulos, como acontece num dos *Ins*, escrito em outubro de 1922 na floresta das Paineiras e publicado em *Klaxon*. Essa a sua tremenda inovação prosódica.

Não eram poucos, mesmo entre seus amigos mais moços, os que preferiamos algumas daquelas sentenças bem torneadas, bem acabadas, um tanto pomposas, do prefácio que redigiu para a correspondência entre Machado de Assis e Nabuco. Especialmente a formosa descrição do cortejo de jubileu da Rainha Vitória, que certa noite nos leu em primeira mão nos seus aposentos no Hotel de Estrangeiros, grifando com um característico falsete as passagens de maior efeito, como aquela, por exemplo, onde descreve o velho Salisbury a sorrir "nos seus dentes postiços".

Por outro lado, não era difícil perceber que seu aplauso incondicional à poesia dos modernistas provinha talvez do que me parecia ser uma estranha insensibilidade a toda espécie de poesia, à moderna tanto quanto à antiga. Essa insensibilidade que levava a uma fundamental indiferença, deixava-o disponível para aceitar e até para aplaudir calorosamente, neste caso, qualquer novidade. Não raro exibia, ente desmesurados elogios, produções de algum "candidato ao modernismo" que se destacasse

274

apenas pela sem-cerimônia com que infrigia os cânones tradicionais. Em ocasiões tais dava-se por vencido e acabava quase sempre sorrindo, se alguém lhe mostrasse a inconsistência do mostrengo poético. Assim também fizera, já na Semana de Arte Moderna, quando Mário de Andrade interrompeu seu discurso com um violento "não apoiado", na parte onde ele, Graça, reclamava para o artista uma liberdade absoluta.

Onde não havia meios de transigir era diante de alguma infração aparentemente deliberada às suas idéias estético-filosoficas. Pregava um nacionalismo simplesmente dinâmico e progressista, e um ideal de progresso aprendido entre mestres oitocentistas presidia, nesse ponto, a todas as suas concepções. Lembro-me de que se extasiou quando viu erguerem-se no Rio os primeiros edíficios de dez e mais andares, e suspeito que êxtases como esse devem ter contribuído, mais do que outros motivos, para sua adesão ao "modernismo" literário.

Pela mesma razão mostrava-se intolerante em face de qualquer complacência com as manifestações de "primitivismo", destoantes da civilização moderna e cosmopolita. Essa, uma das causas da divergência com Oswald de Andrade, já anterior ao rompimento com a Academia, e que representou, do seu ponto de vista, a primeira "defecção" no modernismo. Através dos poemas "Pau-Brasil", — que seriam publicados aliás com prefácio-manifesto de seu amigo Paulo Prado — Oswald havia revelado uma cumplicidade absolutamente nefasta com o "terror cósmico".

Igual aversão apartava-o de quaisquer formas de subjetivismo. "Proust não *nos* interessa", exclamou certa vez. Também não *nos* interessavam a imaginação pura, o subconsciente, o surrealismo porque *nos* destacavam do "Todo Universal". Ao ler as explicações de Valéry Larbaud sobre o que o escritor francês chamava monólogo interior ou dramático em James Joyce, logo pontificou: não é a "solução". A solução estava na Viagem Maravilhosa, o romance que ia redigindo. A curiosidade pelas coisas do passado e pela tradição parecia-lhe perigosa, podendo denunciar um puro saudosismo, capaz de impedir a "integração na Unidade Infinita do Cosmos". O mesmo sucederia com o interesse pelos problemas regionais, folclóricos, que

275

tanto vinham preocupando os "modernistas" de São Paulo. Abria em certos casos exceção para os folguedos do carnaval, especialmente do carnaval carioca, uma vez que as suas manifestações dionisíacas seriam uma expressão da alegria cósmica.

Quando em 1924 Prudente de Morais, neto, convidou-me para dirigir em sua companhia a revista *Estética,* destinada a ser, cronologicamente, o segundo órgão de "modernismo", Graça, que acolheu com entusiasmo a iniciativa, prontificou-se logo e expressamente — o que de bom grado aceitamos — a redigir o artigo de apresentação. O próprio nome dado à revista, que a alguns pôde parecer fruto de uma suposta inclinação *avant la lettre* para o estetismo dos nossos atuais pós-modernistas, foi pura sugestão sua. Tenho certeza de que concordamos um tanto contra a vontade e na falta de inspiração melhor. De qualquer modo não tínhamos certamente, nem os tinha, aliás, Graça Aranha, pendores para qualquer coisa que se assemelhasse ao estecismo e à arte pela arte. Apenas para nós, Prudente e eu, a palavra "estética" encerrava um significado amplo, capaz de abrigar as mais diversas expressões de modernismo, aquelas, inclusive que, sobretudo em São Paulo, tendiam a uma franca dissidência com a orientação do autor de *Canaã.* Graça, no entanto, pensava claramente em sua "concepção estética do Universo" na filosofia expressa em *Estética da Vida.*

À medida que se acentuavam as manifestações discordantes, mais se afirmava o entusiasmo com que nosso Graça ia assimilando às suas as idéias do "verdadeiro" modernismo. Um episódio bem característico dessa tendência empolgante ocorreu em resultado de certo anúncio, em *Estética,* dos artigos "a sair nos próximos números". Na relação publicada constava um de minha autoria sobre a obra de James Joyce. A larga publicidade em torno do escritor irlandês levara-me a procurar e ler a maior parte de seus livros. Faltou-me, durante algum tempo, um deles, exatamente o mais importante, e então praticamente inacessível, *Ulisses,* que saiu em Paris, em 1922, publicado pela "Shakespeare and Company" de Sylvia Beach, uma edição quase clandestina e caríssima. O problema resolveu-se quando Paulo Prado chegou da Europa trazendo entre suas bagagens, justamente em 1922, o volume cobiçado. Li e reli, de empréstimo, as 756 páginas da grossa brochura azul, com títulos em letras brancas, que deve encontrar-se hoje na Biblioteca Municipal de São Paulo, entre os livros de Prado, tentando, o melhor que pude, inteirar-me do conteúdo. Realizada a proeza, ficou mais ou menos assentado que eu escreveria (mas não escrevi), alguma coisa a respeito. Essa a razão do anúncio.

Algum tempo depois, entretanto, chega-me às mãos com uma carta do norte, assinada por José Lins do Rego (ou seria Luís da Câmara Cascudo?), recorte de certo artigo publicado em Pernambuco sobre *Ulisses*. O nome do articulista era tão desconhecido de mim, ou de qualquer de nós como o do próprio missivista. Chamava-se Gilberto Freyre. Não guardo o artigo, mas tenho a nítida lembrança da passagem onde há referência a críticos que, "à sombra das bananeiras cariocas" já se metem a anunciar artigos sobre o dificílimo Joyce.

Embora a alusão zombeteira tivesse meu endereço, o trabalho deixou-me boa impressão. Era melhor do que tudo quanto eu fosse capaz então de escrever sobre o assunto, por isso aceitei meio esportivamente a direta. E como o terceiro número de *Estética* já andasse no prelo, resolvi que o reproduziríamos, em resenha, no quarto, que afinal não chega a sair. Graça, a quem mostrei o recorte, tomou-o para ler. Devolvendo-o ao dia seguinte, faz-me esta observação:

Este Freyre é nosso inimigo. Estive sabendo que foi pessoa do Oliveira Lima na briga com Nabuco. Não *nos* convém publicar.

Ora, nada tínhamos pessoalmente, Prudente e eu contra Oliveira Lima, ou contra seus amigos. Apenas a antiga incompatibilidade que o separou de Joaquim Nabuco — uma das constantes devoções de Graça Aranha (à mesa de cabeceira ele tinha sempre uma fotografia de Nabuco, ladeado dele, Graça, e de Magalhães de Azevedo) — bastava, a seu ver, para interdizer qualquer contato seu com o modernismo tal como o entendia.

Essa atitude absorvente, que em suma não chegava a ser antipática, se foi aguçando nele, justamente à medida que pareciam extraviar-se, um a um, os pretensos discípulos. Graça, conforme observei, não era inacessível a certos argumentos que contrariassem suas próprias opiniões. Isso preservava-nos, com nossa inde-

277

pendência, da possibilidade de qualquer atrito sério. Se houve atrito, nunca chegou, pelo menos em *Estética,* a converter-se naquele "ataque" a Graça Aranha, que, segundo referiu em entrevista recente Peregrino Júnior, suscitou dele — do entrevistado — um pronto revide.

Acrescenta esse prezado acadêmico que o tal ataque, confirmado pelos diretores da revista, deu lugar a uma carta-aberta de Mário de Andrade, solidarizando-se conosco e rompendo com Graça. Quem queira percorrer a coleção de *Estética* verá como tudo isto é bastante fantasioso. O incidente referido por Peregrino resultou não de um ataque a Graça, mas de uma nota crítica, publicada no segundo número, sobre certo livro de Ronald de Carvalho. Apesar de seu tom geralmente benévolo, não deixava de fazer reservas a uma obra que, boa talvez, ou informativa, para o público mexicano a que fora inicialmente destinada, não oferecia aos brasileiros nada que justificasse bem o título de *Estudos.*

O caso é que a nota não agradou a Ronald, nem a seus amigos mais próximos, Graça Aranha inclusive. A própria expressão "excelente poeta" com que nela brindamos o autor dos "Epigramas", foi tida como restritiva, e pensamos bem, acho hoje que não sem alguma razão. Contudo o próprio Graça fez o possível para harmonizar logo depois as coisas, e num almoço a que me convidou, no Hotel dos Estrangeiros — Prudente achava-se ausente do Rio, creio que em Caxambu —, mostrou-se compreensivo e plenamente conciliatório. Quanto à carta aberta de Mário de Andrade, interpretada como um rompimento com o autor de *Estética da Vida,* pertence a data posterior e nada tem a ver com este caso.

As discrepâncias surgidas a propósito da crítica a Ronald vieram mostrar, em todo o caso, que o modernismo estava longe de representar um bloco unitário, compacto e obediente a uma orientação precisa. E mostrou, ainda, a inutilidade de esforços que visassem a dar-lhe uma homogeneidade forçada. Graça Aranha não entendeu sempre assim: denunciava e condenava, quase como reprovável moralmente, tudo o que lhe parecesse extravios de uma doutrina que, a rigor, só ele aceitava.

Mas cairá em erro quem, com base nessa sua atitude, procurar diminuir o papel considerável, verdadeiramente decisivo, que lhe coube no desenvolvimento do modernismo. Pode-se pensar que com ele, ou melhor com o comando que foi tentado a exercer, e não conseguiu, o movimento estaria condenado a minguar pouco a pouco; mas é preciso frisar que sem ele, sem sua presença empolgante, dificilmente teria no momento, como teve, um alcance verdadeiramente nacional.

Deve-se ainda reconhecer que, em alguns pontos essenciais, de fato os mais significativos, Graça Aranha se irmanou plenamente aos outros no esforço comum. Até então os nossos escritores tinham sido, em sua generalidade, simples literatos, como tais indiferentes ao que não fosse beleza formal e ornamental. Ou serviam-se das letras como de um trapolim para ascenderem a posições prestigiosas em outro domínio. Sempre marcando, porém, uma fronteira rígida entre a arte e a vida prosaica e cotidiana. Agora, todos eles, num acordo tácito, eram levado e transcender a simples preocupação estética, no sentido corrente da palavra, preocupação que conduz a literatura a estiolar-se na literatice e a arte a dissipar-se no artifício. Nos seus caminhos e descaminhos, os modernistas procuraram, bem ou mal, e cada um a seu modo, terrenos mais largos, onde seu esforço se revelou afinal atuante nos mais variados setores da vida brasileira. E é essa uma circunstância que hoje se inscreve claramente no seu ativo.

COLEÇÃO DEBATES

1. *A Personagem de Ficção*, A. Rosenfeld, A. Cândido, Décio de A. Prado, Paulo Emílio S. Gomes.
2. *Informação, Linguagem, Comunicação*, Décio Pignatari.
3. *O Balanço da Bossa e Outras Bossas*, Augusto de Campos.
4. *Obra Aberta*, Umberto Eco.
5. *Sexo e Temperamento*, Margaret Mead.
6. *Fim do Povo Judeu?*, Georges Friedmann.
7. *Texto/Contexto*, Anatol Rosenfeld.
8. *O Sentido e a Máscara*, Gerd A. Bornheim.
9. *Problemas de Física Moderna*, W. Heisenberg, E. Schoröedingcr, Max Dorn, Pierre Augei.
10. *Distúrbios Emocionais e Anti-Semitismo*. N. W. Ackerman e M. Jahoda.
11. *Barroco Mineiro*, Lourival Gomes aMchado.
12. *Kafka: Pró e Contra*, Günther Anders.
13. *Nova História e Novo Mundo*, Frédéric Mauro.
14. *As Estruturas Narrativas*, Tzvetan Todorov.
15. *Sociologia do Esporte*, Georges Magnane.
16. *A Arte no Horizonte do Provável*, Haroldo de Campos.
17. *O Oorso do Tigre*, Benedito Nunes.

281

18. *Quadro da Arquitetura no Brasil*, Nestor Goulart Reis Filho.
19. *Apocalípticos e Integrados*, Umberto Eco.
20. *Babel & Antibabel*, Paulo Rónai.
21. *Planejamento no Brasil*, Betty Mindlin Lafer.
22. *Lingüística. Poética. Cinema*, Roman Jakobson.
23. *LSD*, John Cashman.
24. *Crítica e Verdade*, Roland Barthes.
25. *Raça e Ciência I*, Juan Comas e outros.
26. *Shazam!*, Álvaro de Moya.
27. *Artes Plásticas na Semana de 22*, Aracy Amaral.
28. *História e Ideologia*, Francisco Iglésias.
29. *Peru: Da Oligarquia Econômica à Militar*, Arnaldo Pedroso D'Horta.
30. *Pequena Estética*, Max Bense.
31. *O Socialismo Utópico*, Martin Buber.
32. *A Tragédia Grega*, Albin Lesky.
33. *Filosofia em Nova Chave*, Susanne K. Langer.
34. *Tradição, Ciência do Povo*, Luís da Câmara Cascudo.
35. *O Lúdico e as Projeções do Mundo Barroco*, Affonso Ávila.
36. *Sartre*, Gerd. A. Bornheim.
37. *Planejamento Urbano*, Le Corbusier.
38. *A Religião e o Surgimento do Capitalismo*, R. H. Tawney.
39. *A Poética de Maiakóvski*, Bóris Schnaiderman.
40. *O Visível e o Invisível*, M. Merleau-Ponty.
41. *A Multidão Solitária*, David Riesman.
42. *Maiakóvski e o Teatro de Vanguarda*, A. M. Ripellino.
43. *A Grande Esperança do Século XX*, J. Fourastié.
44. *Contracomunicação*, Décio Pignatari.
45. *Unissexo*, Charles Winick.
46. *A Arte de Agora, Agora*, Herbert Read.
47. *Bauhaus — Novarquitetura*, Walter Gropius.
48. *Signos em Rotação*, Octavio Paz.
49. *A Escritura e a Diferença*, Jacques Derrida.
50. *Linguagem e Mito*, Ernst Cassirer.
51. *As Formas do Falso*, Walnice N. Galvão.
52. *Mito e Realidade*, Mircea Eliade.
53. *O Trabalho em Migalhas*, Georges Friedmann.
54. *A Significação do Cinema*, Christian Metz.
55. *A Música Hoje*, Pierre Boulez.
56. *Raça e Ciência II*, L. C. Dunn e outros.
57. *Figuras*, Gérard Genette.
58. *Rumos de uma Cultura Tecnológica*, Abraham Moles.
59. *A Linguagem do Espaço e do Tempo*, Hugh M. Lacey.
60. *Formalismo e Futurismo*, Krystyna Pomorska.
61. *O Crisântemo e a Espada*, Ruth Benedict.
62. *Estética e História*, Bernard Berenson.
63. *Morada Paulista*, Luís Saía.
64. *Entre o Passado e o Futuro*, Hannah Arendt.
65. *Política Científica*, Darcy F. de Almeida e outros.
66. *A Noite da Madrinha*, Sergio Miceli.
67. *1822: Dimensões*, Carlos Guilherme Mota e outros.
68. *O Kitsch*, Abraham Moles.
69. *Estética e Filosofia*, Mikel Dufrenne.

70. *O Sistema dos Objetos*, Jean Baudrillard.
71. *A Arte na Era da Máquina*, Maxwel Fry.
72. *Teoria e Realidade*, Mario Bunge.
73. *A Nova Arte*, Gregory Battcock.
74. *O Cartaz*, Abraham Moles.
75. *A Prova de Gödel*, Ernest Nagel e James R. Newman.
76. *Psiquiatria e Antipsiquiatria*, David Cooper.
77. *A Caminho da Cidade*, Eunice Ribeiro Durhan.
78. *O Escorpião Encalacrado*, Davi Arrigucci Junior.
79. *O Caminho Crítico*, Northrop Frye.
80. *Economia Colonial*, J. R. Amaral Lapa.
81. *Falência da Crítica*, Leyla Perrone Moisés.
82. *Lazer e Cultura Popular*, Joffre Dumazedier.
83. *Os Signos e a Crítica*, Cesare Segre.
84. *Introdução à Semanálise*, Julia Kristeva.
85. *Crises da República*, Hannah Arendt.
86. *Fórmula e Fábula*, Willi Bolle.
87. *Saída, Voz e Lealdade*, Albert Hirschman.
88. *Repensando a Antropologia*, E. R. Leach.
89. *Fenomenologia e Estruturalismo*, Andrea Bonomi.
90. *Limites do Crescimento*, Donella H. Meadows e outros.
91. *Manicômios, Prisões e Conventos*, Erving Goffman.
92. *Maneirismo: O Mundo como Labirinto*, Gustav R. Hocke.
93. *Semiótica e Literatura*, Décio Pignatari.
94. *Cozinhas, etc.*, Carlos A. C. Lemos.
95. *As Religiões dos Oprimidos*, Vittorio Lanternari.
96. *Os Três Estabelecimentos Humanos*, Le Corbusier.
97. *As Palavras sob as Palvaras*, Jean Starobinski.
98. *Introdução à Literatura Fantástica*, Tzvetan Todorov.
99. *Significado nas Artes Visuais*, Erwin Panofsky.
100. *Vila Rica*, Sylvio de Vasconcellos.
101. *Tributação Indireta nas Economias em Desenvolvimento*, John F. Due.
102. *Metáfora e Montagem*, Modesto Carone.
103. *Repertório*, Michel Butor.
104. *Valise de Cronópio*, Julio Cortázar.
105. *A Metáfora Crítica*, João Alexandre Barbosa.
106. *Mundo, Homem, Arte em Crise*, Mário Pedrosa.
107. *Ensaios Críticos e Filosóficos*, Ramón Xirau.
108. *Do Brasil à América*, Frédéric Mauro.
109. *O Jazz, do Rag ao Rock*, Joachim E. Berendt.
110. *Etc... Etc... (Um Livro 100% Brasileiro)*, Blaise Cendrars.
111. *Território da Arquitetura*, Vittorio Gregotti.
112. *A Crise Mundial da Educação*, Philip H. Coombs.
113. *Teoria e Projeto na Primeira Era da Máquina*, Reyner Banham.
114. *O Substantivo e o Adjetivo*, Jorge Wilheim.
115. *A Estrutura das Revoluções Científicas*, Thomas S. Kuhn.
116. *A Bela Época do Cinema Brasileiro*, Vicente de Paula Araújo.
117. *Crise Regional e Planejamento*, Amélia Cohn.
118. *O Sistema Político Brasileiro*, Celso Lafer.

119. *Êxtase Religioso*, Ioan M. Lewis.
120. *Pureza e Perigo*, Mary Douglas.
121. *História, Corpo do Tempo*, José Honório Rodrigues.
122. *Escrito sobre um Corpo*, Severo Sarduy.
123. *Linguagem e Cinema*, Christian Metz.
124. *O Discurso Engenhoso*, António José Saraiva.
125. *Psicanalisar*, Serge Leclaire.
126. *Magistrados e Feiticeiros na França do Século XVII*, R. Mandrou.
127. *O Teatro e sua Realidade*, Bernard Dort.
128. *A Cabala e seu Simbolismo*, Gershon G. Scholem.
129. *Sintaxe e Semântica na Gramática Transformacional*, A. Bonomi e G. Usberti.
130. *Conjunções e Disjunções*, Octavio Paz.
131. *Escritos sobre a História*, Fernand Braudel.
132. *Escritos*, Jacques Lacan.
133. *De Anita ao Museu*, Paulo Mendes de Almeida.
134. *A Operação do Texto*, Haroldo de Campos.
135. *Arquitetura, Industrialização e Desenvolvimento*, Paulo J.V. Bruna.
136. *Poesia-Experiência*, Mario Faustino.
137. *Os Novos Realistas*, Pierre Restany.
138. *Semiologia do Teatro*, Jacó Guinsburg e J. Teixeira Coelho Netto.
139. *Arte-Educação no Brasil*, Ana Mae Barbosa.
140. *Borges: Uma Poética da Leitura*, Emir Rodríguez Monegal.
141. *O Fim de uma Tradição*, Robert W. Shirley.
142. *Sétima Arte: Um Culto Moderno*, Ismail Xavier.
143. *A Estética do Objetivo*, Aldo Tagliaferri.
144. *A Construção do Sentido na Arquitetura*, J. Teixeira Coelho Netto.
145. *A Gramática do Decamerão*, Tzvetan Todorov.
146. *Escravidão, Reforma e Imperialismo*, Richard Graham.
147. *História do Surrealismo*, Maurice Nadeau.
148. *Poder e Legitimidade*, José Eduardo Faria.
149. *Práxis do Cinema*, Noël Burch.
150. *As Estruturas e o Tempo*, Cesare Segre.
151. *Poética do Silêncio*, Modesto Carone.
152. *Planejamento e Bem-Estar Social*, Henrique Rattner.
153. *Teatro Moderno*, Anatol Rosenfeld.
154. *Desenvolvimento e Construção Nacional*, S.N. Eisenstadt.
155. *Uma Literatura nos Trópicos*, Silviano Santiago.
156. *Cobra de Vidro*, Sergio Buarque de Holanda.
157. *Testando o Leviathan*, Antonia F. P. de Almeida Wright.
158. *Do Diálogo e do Dialógico*, Martin Buber.
159. *Ensaios Lingüísticos*, Louis Hjelmslev.
160. *Tentativas de Mitologia*, Sergio Buarque de Holanda.
161. *O Realismo Maravilhoso*, Irlemar Chiampi.
162. *Semiótica Russa*, Boris Schnaiderman.
163. *Salões, Circos e Cinemas de São Paulo*, Vicente de Paula Araújo.
164. *Sociologia Empírica do Lazer*, Joffre Dumazedier.
165. *Física e Filosofia*, Mario Bunge.

Composto e impresso na
IMPRENSA · METODISTA
São Bernardo do Campo - SP